Cómo ser como Rich DeVos

Cómo tener éxito con integridad tanto en los negocios como en la vida

Pat Williams
y Jim Denney

TALLER DEL ÉXITO

Publicado por:
Taller del Éxito, Inc.
1669 N.W. 144 Terrace, Suite 210
Sunrise, Florida 33323
Estados Unidos

Editorial dedicada a la difusión de libros y audiolibros de desarrollo personal, crecimiento personal, liderazgo y motivación.
Diseño de carátula y diagramación: Diego Cruz
Primera edición impresa en 2012 por Taller del Éxito

ISBN 10: 1-607381-06-0
ISBN 13: 978-1-60738-106-8

Printed in the United States of America
Impreso en Estados Unidos

14 15 16 17 18   R|UH 13 12 11 10 09

CONTENIDO

PRÓLOGO

Me encantó saber que Pat Williams estaba trabajando en un libro acerca de Rich DeVos. Rich es uno de los hombres más sobresalientes y admirables que he conocido en toda mi vida. Me lo presentaron en 1975 cuando hablé en una cena de Gospel Films en Michigan. En ese entonces no sabía mucho acerca de Amway (aunque cuando estuve en la Casa Blanca, siendo Nixon el Presidente, el conductor que me llevaba en la limosina era distribuidor independiente de esta marca y yo le compraba sus productos cuando me llevaba de regreso a mi hogar en la noche).

Por años mantuve contacto con Rich viéndolo en diferentes eventos y por medio de correspondencia esporádica. En una ocasión leí un artículo en un periódico que decía que él guardaba una copia de mi libro *Born Again* en su bote, a bordo del cual navegaba por el río Potomac y recibía a muchos políticos. Le escribí dándole las gracias y desde entonces hemos mantenido un contacto frecuente por correspondencia.

> *"Como cristiano, americano y empresario, Rich DeVos es un personaje único".*
> —William F. Buckley Jr.
> Fundador de *National Review*

Su espíritu humilde y generoso, así como su deslumbrante carisma personal, me impresionaron a medida que pasaban los años e iba conociéndolo más y más. Rich DeVos no era nada de lo que habría esperado en un líder corporativo billonario. Cuando lo escuché hablar, descubrí que es uno de los mejores oradores de nuestra era.

En una ocasión estuve en el Oeste de Michigan y pasé por sus oficinas principales. Esa visita me dio una maravillosa percepción sobre Rich DeVos. Ese día varios distribuidores de Amway estaban reunidos en el vestíbulo en una fila de recepción y Rich interrumpió nuestra reunión para saludarlos. Lo seguí por las escaleras y lo vi con ellos. Saludó a cada uno como si fueran los mejores amigos. El tiempo que pasó con ellos no lo cansó, ¡lo energizó e inspiró! Me impresionó ver cómo durante ese encuentro, irradió sinceridad, entusiasmo y amor por esas personas.

Rich ha sido un generoso patrocinador de nuestro ministerio llamado Prison Fellowship (una confraternidad carcelaria). En 1996 visité a Rich y a su esposa Helen en su casa en Manalapan, Florida. Al sentarme con ellos en su sala, me impactó ver sus sencillas y humildes raíces holandesas. A pesar de todo su entusiasmo e inspiración, toda su fortuna y éxito, Rich sigue siendo el que siempre ha sido desde el comienzo: un niño de corazón, lleno de entusiasmo y sueños, henchido de amor hacia Dios y la gente. Él logró llegar a la cima trabajando duro, y respeta y aprecia a todas las personas que trabajan de igual modo.

Rich y Helen acababan de dar un muy generoso donativo a Prision Fellowship y les agradecí por ello. De inmediato los dos protestaron "¡No, no! ¡No nos agradezcas! ¡Gracias a *ti* por lo que estás haciendo! Tú eres el que está realizando el trabajo importante. ¡Nosotros sólo giramos un cheque y eso no es más de lo que debemos hacer!".

Helen habló acerca de cómo aprendió a dar el diezmo cuando era una adolescente. "En casa, dijo, siempre diezmábamos. Invariablemente apartábamos el primer 10% para la obra del Señor". Helen, la adorable y graciosa ex maestra de escuela, sólo quiere devolverle a Dios una porción de lo que ha recibido. De hecho, ¡cuando le aceptas un cheque, ella te hace sentir como si tú le estuvieras haciendo un favor a *ella* al ayudarla a poner en práctica su fe! Es realmente extraordinario.

Las personas adineradas y prominentes a menudo emplean sus recursos para salirse con la suya, incluso cuando donan para una buena causa. Ese no es el caso de Rich y Helen DeVos. Ellos nunca usan su dinero para obtener poder sobre otros. Simplemente lo utilizan para servir a Dios y ayudar a los demás.

Tenemos un ministerio orientado hacia los hijos de presidiarios, llamado Angel Tree. Cuando le hablé a Rich que habíamos decidido llamar nuestras becas de campamento de verano de Angel Tree las "becas Rich y Helen DeVos", los ojos se le llenaron de lágrimas. "Yo de verdad no merezco este honor", dijo, y estaba sinceramente conmovido. Hasta el día de hoy, Rich se asombra de la manera como Dios lo ha bendecido con tanta abundancia y que él haya podido usar su fortuna para ayudar a otras personas.

El día de Año Nuevo de 1997 llamé a Rich para desearle felicidades y me dijo que partiría hacia Inglaterra donde pensaba practicarse una cirugía de trasplante de corazón. Su voz sonaba melancólica y creo que no esperaba volver vivo a casa. Me pregunté si alguna vez lo volvería a ver en esta tierra. Antes de colgar le recordé que "los cristianos nunca decimos adiós, así que sólo digamos '*Au revoir*, hasta la próxima'".

Siete meses más tarde tuve el gozo de visitarlo en su suite de hotel en Londres, poco después de su asombrosa cirugía de trasplante de corazón. Tuvimos un tiempo maravilloso gozándonos sobre el segundo aire que Dios le había dado en la vida. Parecía un hombre nuevo, como Lázaro llamado desde la tumba por la voz del mismo Jesús. Toda su antigua fuerza, determinación y optimismo estaban completamente restaurados. Adicionalmente a eso había en él una nueva perspectiva sobre el significado de la vida. "Dios me ha mantenido vivo con un objetivo", me dijo. "Invertiré el resto de mi vida en lo que realmente vale para Él".

Definitivamente Rich DeVos será recordado como uno de los grandes empresarios de nuestra era. Él y su socio, Jay Van Andel,

"La mejor parte de mi trabajo es que he llegado a conocer a Rich DeVos. Él es el único hombre más importante que jamás haya conocido, un gran hombre. Ha tenido un enorme impacto en mi vida. No puedo dejar de aprender de él. Lo llamo Cometa Halley porque es la clase de hombre que sólo surge una vez cada setenta y cinco años. La gente me pregunta ¿cómo es él? ¿De verdad es un gran hombre? Sí, lo es".
—Joe Tomaselli,
Vice Presidente
y Gerente General,
Hotel Amway Grand Plaza

comenzaron desde ceros y construyeron una compañía que ha proporcionado significativas oportunidades de negocios para millones de personas, literalmente. Esa entidad ha dado nacimiento a toda una nueva manera de empresa individual. La firma que fundaron sigue siendo uno de los extraordinarios fenómenos culturales y sociales de nuestros tiempos.

A pesar de todo lo que Rich ha logrado, creo que sus mayores contribuciones al mundo todavía están por venir. Sin duda algunos de esos aportes se harán mientras la gente lee este libro. Gracias, Pat Williams, por escribir esta crónica sobre la vida de Rich, junto con las lecciones espirituales y principios de vida que podemos aprender de él. Y gracias, Rich DeVos, por ser el amigo y líder generoso, humilde y piadoso que eres.

—Charles W. Colson

CAPÍTULO 1

Mi amigo Rich DeVos

Nunca olvidaré el momento en el que conocí a Rich DeVos. Había recorrido medio país en avión sólo para pasar 45 minutos con este hombre. Extendí mi mano y dije: "Sr. DeVos, es un placer conocerlo".

Él me estrechó firmemente la mano y con una amplia sonrisa dijo: "Olvida eso de 'Sr. DeVos'. Yo soy Rich".

Para mis adentros pensé: *¡Sé que eres Rich! ¡Es por eso que estoy aquí!*

Y eso era cierto. Había volado desde Orlando, Florida, hasta el Oeste de Michigan en busca de una oportunidad para hablar con uno de los hombres más ricos del mundo. Pero en ese momento no tenía idea de cuánto ese apretón de manos y esa primera presentación, iban a cambiar mi vida. En los años posteriores a ese encuentro mi amistad con Rich DeVos ha enriquecido mi vida de maneras que nunca soñé posibles.

Permíteme volver al comienzo, cómo llegué a conocer a Rich DeVos. Era el año 1990 y el equipo Orlando Magic acababa de jugar su primera temporada como franquicia de la Asociación Nacional de Baloncesto. En esa época trabajé como el primer Gerente General del equipo y acabando de lanzarlo como un equipo de baloncesto profesional, me pregunté: *¿Por qué no iniciar un equipo de béisbol de ligas mayores en Orlando?* Los propietarios de los Magic (cuyo inversionista principal en esa época era Bill DuPont, de los DuPonts de Wilmington Delaware) estaban interesados en dar el paso hacia el béisbol así que comenzamos a perseguir ese sueño.

Desarrollar un equipo de ligas mayores es increíblemente oneroso. El sólo costo de expansión era de $95 millones de dólares y eso no incluía todos los gastos de inicio. Debíamos presentar nuestra solicitud ante la liga el martes 4 de septiembre de 1990, el día siguiente al Día del Trabajo. En julio, faltando solamente seis semanas para la fecha límite, Bill DuPont vino a mi oficina. "He decidido no seguir con la posibilidad del béisbol", dijo.

Mi corazón cayó al piso, temblando como gelatina. "Pero ¿por qué?" pregunté.

Me dijo que su empresa de bienes raíces había realizado unas inversiones que no analizó detenidamente y no estaba en posición de asumir nuevos proyectos, especialmente algo tan costoso como la expansión de un equipo de béisbol de grandes ligas.

Así que sin tanto ruido salí en la búsqueda de un nuevo propietario principal pero no había interesados. Para mediados de agosto la fecha límite se acercaba rápidamente. Un nombre seguía viniendo a mi mente: Rich DeVos, Cofundador de la Corporación Amway y uno de los hombres más ricos del planeta. Lo conocía exclusivamente por su reputación pero no tenía idea de cómo contactarlo.

Hablé con mi viejo amigo Bobby Richardson, ex segunda base de los Yankees y le conté mi aventura y aflicción. "Bobby, dije, el hombre que necesito es Rich DeVos".

"Ah, eso es fácil", dijo Bobby. "Puedes llegar a él por medio de Billy Zeoli".

¡Billy Zeoli! Había conocido a Billy por años como orador, autor y Presidente de Gospel Films (ahora Gospel Communications International). Resultó que Rich DeVos era el Presidente de la Junta de Gospel Films, y Billy, quien es conocido con el apodo de Z, era un confidente cercano de Rich DeVos.

Así que llamé a Billy y le conté lo que estábamos tratando de lograr. "Z, dije, ¿tú crees que Rich DeVos estaría interesado en ser dueño de un equipo de béisbol?".

Z es muy intenso y cuando habla sus frases son como ráfagas de ametralladora. "No sé. No sé" dijo. "Te volveré a llamar".

Pasó una semana y yo ya me había comido las uñas hasta el codo cuando finalmente Billy llamó. "Rich está interesado" dijo. "Déjame organizar una reunión". Fueron necesarios unos días más para arreglarla. Finalmente Z me llamó y dijo: "La tengo arreglada. Te reunirás con Rich el 30 de agosto en Grand Rapids, Michigan".

¡Agosto 30! ¡Eso era muy cerca a la fecha límite!

"Te hospedarás en el Hotel Amway Plaza en el centro de Grand Rapids".

"Muy bien Z", dije. "Sólo dime qué hacer y lo haré".

Una decisión de $95 millones

Dejé todo a un lado y volé a Grand Rapids. Billy Zeoli me recogió en el aeropuerto y me llevó al hotel. Temprano, a la mañana siguiente, condujimos hacia las oficinas principales de la Corporación Amway en Ada, Michigan. Allá conocí a Bill Nicholson, el Director de Operaciones de la compañía y un hombre muy orientado hacia los deportes. Durante cerca de una hora me escuchó y todo parecía ir bien... Luego Billy Zeoly entró a la habitación. Estaba pálido. "Hay un problema", dijo. "Rich está en su casa de verano en Holland y hoy no va a venir".

Yo parpadeé. "¿Tiene una casa en Los Países Bajos?"

"Holland, Michigan", respondió Z.

"Ah".

Bueno, Z estaba frenético. Tomó el teléfono y de hecho ¡regañó a Rich DeVos! Yo pensé: *"¡Vaya, probablemente eso no sea una buena idea! ¿No deberíamos tratar a esta persona con guantes de seda?".*

"Rich, le dijo Z, ¡debes venir! ¡Este hombre vino desde Orlando!"

Cuando Billy Zeoli colgó el teléfono suspiró de alivio. "Él viene para acá", dijo Z. "Ahora, Pat, cuando Rich llegue acá, quiero que te mantengas fuera de su vista. ¡Cuando llegue al vestíbulo no dejes que te vea!".

"¿Por qué?" pregunté.

"Porque a Rich DeVos le encanta la gente y le encanta hablar" dijo Z. "Si te ve en el lobby, comenzará a hablar contigo de inmediato y ¡nunca lograremos que suba a una reunión!".

Alrededor de la 1 p.m. Z me llevó al vestíbulo y me hizo parar detrás de una planta en la esquina. Poco después escuché el sonido de los rotores de un helicóptero. Me asomé por detrás de la planta y vi al helicóptero aterrizar sobre el pasto frente al edificio. Al mismo tiempo hubo una gran conmoción en el vestíbulo, gente hablando al tiempo y corriendo a ver quién salía del helicóptero.

Como una docena de distribuidores japoneses de Amway, que habían hecho su peregrinaje hasta las oficinas principales, rodearon el helicóptero cuando se abrió la puerta y su héroe, Rich DeVos, salió. Sus cámaras destellaron al tiempo con la amplia sonrisa de Rich. Él les estrechó las manos a todos y luego ingresó al vestíbulo.

Siguiendo las instrucciones de Billy Zeoli, me hice invisible detrás de la planta mientras Rich cruzaba el vestíbulo, subía las escaleras y desaparecía dentro de sus oficinas en el segundo nivel. Pocos minutos después Billy Zeoly regresó y me escoltó hasta la oficina de Rich. Z nos presentó.

Nos sentamos ante una mesa de conferencias y empezamos a hacer negocios. Normalmente cuando hablas sobre un acuerdo de negocios que implica decenas de millones de dólares, haces una presentación multimedia, completamente llena de cuadernillos con información de mercadeo y estudios demográficos. Pero yo había llegado a esa reunión con solamente una cosa en mi mano: un cuaderno sobre el que había dibujado un gráfico circular con un bolígrafo. Ese gráfico hecho a mano era mi única ayuda visual. Mostraba la estructura del grupo de propiedad propuesto para el equipo de béisbol. Hoy tengo enmarcado ese trozo de papel en la pared de mi oficina.

> *"Mis compañeros de equipo y yo apreciamos a Rich DeVos. La organización Magic es una familia y Rich es como un abuelo para el equipo. Cuando nos habla, nosotros escuchamos por la sabiduría que imparte".*
> —Pat Garrity
> Jugador de Los Orlando Magic

Mi conversación con Rich no duró más de 45 minutos. Entonces no lo sabía pero ese fue el comienzo de la que se convertiría en una duradera amistad entre Rich DeVos y yo. Él escuchó atentamente, luego dijo: "Mira, ¿esperarías por unos minutos en el pasillo? Quiero hablar al respecto con mis socios, luego te daré mi respuesta".

Así que esperé en el pasillo mientras ellos hablaban, pero no por mucho rato. Aproximadamente diez minutos después, Rich, Z y Bill Nicholson salieron. Rich me dijo: "Dile a la Liga Nacional que iré adelante con ellos. Que tengas un buen fin de semana".

Y con eso se fue.

Por varios segundos me quedé aturdido de asombro, luego miré a Z y le dije: "¿Qué acaba de suceder acá?".

"Ya lo oíste ", dijo Z. "Él te dijo que lo va a hacer".

"¿Quieres decir", dije completamente impresionado, "que Rich DeVos tomó una decisión de 95 millones así de rápido?".

"Así de rápido", dijo Z. "Él está 100% contigo".

Yo suspiré. "¡Vaya!".

Y esa fue mi presentación con Rich DeVos.

Desde presidentes hasta cuidadores de autos

Z me llevó al aeropuerto. ¡Yo me sentía tan energizado y emocionado que habría podido volar hasta Orlando sin necesidad de un avión! Como todo resultó después, los planes de expansión para tener béisbol en Orlando nunca se hicieron realidad. La Liga Nacional omitió a Orlando favoreciendo a Denver y Miami.

Pero a pesar de eso algo bueno salió de aquellos esfuerzos. Rich DeVos y otros miembros de la familia DeVos quedaron encantados con la magia de Orlando, Florida, y con el equipo Orlando Magic. En agosto de 1991, la familia DeVos los compró y Rich pasó a ser mi jefe y mi amigo. Al momento de escribir esto, han sido ya más de trece años en los que he podido estudiar la vida de este asombroso hombre.

Antes de venir a Orlando, trabajé como Gerente General de equipos de la NBA en Filadelfia, Chicago y Atlanta. He trabajado para muchos propietarios brillantes, personas que he admirado y respetado. Pero tengo que decir que Rich DeVos es una clase en sí mismo. No solamente ha creado una gran marca en los deportes profesionales, sino que ha hecho una profunda marca en mi vida. Estoy orgulloso de llamarlo mi amigo.

En el otoño de 2001 escribí un libro llamado *How to Be Like Mike* para Health Communications Inc. Ese libro, que exploraba los rasgos del carácter y secretos de éxito de Michael Jordan, fue tan exitoso que mi editor, Peter Vegso, me pidió que considerara otras ideas para una serie *How to Be Like (Cómo ser como)*. Me reuní con Peter y le mostré una lista de ochenta personas famosas que habían tenido vidas extraordinarias y ejemplares. Peter miró la lista y eligió algunos nombres, luego señaló un nombre en particular.

"Quiero hacer un libro sobre este hombre", dijo. "¿Puedes hacerlo?"

El nombre que señaló: Richard M. DeVos

Yo pensé: *¿Puedo hacer un libro sobre Rich DeVos? ¿Puedo hacer un libro acerca de un hombre que no sólo es mi jefe sino también mi mentor y amigo?*

"Peter, dije, si Rich me da su aprobación al proyecto, me sentiré honrado de escribir ese libro".

En ésa época, Rich recientemente había tenido su cirugía de trasplante de corazón en Londres, la última batalla en una guerra de más de veinte años contra una enfermedad cardiaca. Él acababa de publicar un libro de su autoría: *Hope From My Heart: Ten Lessons for Life*. Lo busqué y le pedí permiso para escribir este libro y Rich no solamente accedió, sino que me dio acceso completo a su mundo. Me indicó qué personas lo conocían bien, ex Presidentes de los Estados Unidos, Directores Generales de empresas *Fortune 500*, líderes de iglesias, estrellas de la NBA, conserjes y aparcacoches. La lista de admiradores de Rich es extensa y representa el espectro más amplio que se pueda imaginar.

"Rich DeVos es único, sin nada de lujos. Él es el hombre que parece ser. Con Rich, no hay pretensiones porque él vive lo que enseña. Su carácter y sus valores nunca cambian y es por eso que su mensaje tampoco cambia".
—Donald Buske, líder de negocios de Grand Rapids

Pasé muchos meses rastreando a cientos de personas que conocían bien a Rich DeVos y ellos generosamente compartieron sus historias conmigo. El resultado es un libro que, estoy seguro, impactará profundamente tu vida, de la misma manera como el conocer a Rich DeVos ha impactado la mía. En estas páginas descubrirás a un auténtico americano, una de las personas más admirables y ejemplares que jamás haya vivido.

Aquí hay sólo unas pocas razones por las cuales Rich DeVos es único: comenzó desde el fondo y se forjó trabajando duro. Él ha disfrutado de una amistad de toda la vida y una relación de negocios con un socio, Jay Van Andel; esa sociedad ha durado casi sesenta años. Ha disfrutado más de cincuenta años de matrimonio con su única mujer. Ha desarrollado su empresa sobre el principio de ayudar a las personas. Ha mantenido una firme fe en Dios a pesar de muchos obstáculos, pruebas y adversidades. En su ascenso hacia el éxito, ha permanecido fiel a los valores y principios que aprendió siendo niño. Rich ha donado millones a buenas causas y su generosidad y filantropía continúan hasta la actualidad. Rich y Jay han pasado exitosamente el liderazgo de su empresa a sus hijos y sabiamente se han hecho a un lado, permitiendo que la siguiente generación construya un nuevo legado.

Otros líderes de negocios han logrado mayores fortunas que la de Rich DeVos. Otros líderes de negocios han logrado mayor fama que la de Rich DeVos. Pero ¿cuántos líderes de negocios de la riqueza e influencia de Rich pueden decir que han mantenido relaciones tan excelentes y gratificantes con sus esposas, hijos, nietos, colegas y empleados? ¿Cuántos son tan apreciados universalmente y aplaudidos por su fe, generosidad, compasión, valor y excelente carácter? ¿Cuántos han logrado tal paz y satisfacción en la vida? La mayoría de los famosos tienen dificultades para estar a la altura de su reputación pública; la reputación de Rich, sin mancha como es, no alcanza a hacerle justicia.

"La singularidad de Rich DeVos no tiene nada que ver con su fortuna y su poder. Tiene todo que ver con su amor hacia Dios y las personas. Rich es un ser humano hermoso".
—Joyce Hecht, líder comunitaria de Grand Rapids

Cuando aplicas todos los criterios por los cuales una vida humana puede ser medida, debes concluir que indudablemente Rich es uno de los seres humanos más exitosos que jamás haya vivido. Su carácter, actitudes y acciones, lo han hecho una persona que vale la pena estudiar e imitar. Es por eso que he escrito este libro.

Cada uno de los siguientes capítulos explora una faceta del carácter de Rich, una cualidad que le ha permitido superar grandes obstáculos y lograr el más alto nivel de éxito y plenitud. La buena noticia es que todos tenemos la capacidad para desarrollar esas cualidades en nuestra propia vida. Todos podemos ser más como Rich DeVos, y en el proceso, lograremos niveles de éxito y plenitud jamás soñados para nosotros mismos.

Así que démosle una buena mirada a esta asombrosa vida. Permíteme presentarte a mi buen amigo Rich DeVos.

CAPÍTULO 2

¡Párate y lidera!

"Hijo, ten tu propia empresa. Es la única manera de controlar tu propio futuro. Tenla, trabaja duro en ella, trázate metas altas y nunca te des por vencido, no importa qué obstáculos se te presenten". Desde el momento en que perdió su empleo durante la Depresión hasta el día en que murió a la edad de cincuenta y nueve años debido a un ataque cardiaco, Simon DeVos repetidamente le reforzó ese mensaje a su hijo Rich. Y Rich DeVos tomó en serio ese mensaje, construyendo no sólo una empresa sino todo un imperio.

Richard Marvin DeVos nació el 4 de marzo de 1926 en Grand Rapids, Michigan, tres años antes del colapso de la Bolsa de Valores que desencadenó la Gran Depresión. Cuando su padre perdió el empleo durante esa época, su familia se mudó a vivir en el ático de la casa de sus abuelos. Al vivir allá sin tener que pagar renta, pudieron rentar su propia casa y seguir pagando las cuotas de $25 dólares mensuales correspondientes a la hipoteca.

Los padres de Rich, Simon y Ethel DeVos, lo criaron en un entorno de amor, unidad familiar y actitud positiva hacia la vida. "Crecimos pobres", recuerda Rich, "pero en realidad no éramos más pobres que la mayoría de la gente durante la Depresión. Mi padre empacaba harina en la trastienda de un comerciante durante la semana, y los sábados vendía medias y ropa interior en una tienda para hombres".

Aunque su familia luchaba financieramente cuando Rich ingresó a la secundaria, sus padres se sacrificaron usando ropa de segunda mano para poder enviarlo a una escuela privada religiosa, la Escuela Secundaria Cristiana de Grand Rapids. Ninguno de sus logros académicos lo evidenciaron como un futuro líder de negocios, él fue un estudiante promedio que obtenía calificaciones promedio.

"Durante mi primer año de secundaria", recuerda Rich, "pasé mucho tiempo conquistando chicas y perdiendo el tiempo. Soy la clase de persona que tiene que aplicarse para obtener buenas calificaciones, ¡y no lo hice!

Aunque en realidad no perdí ninguna clase, hubo varias en las que hice únicamente lo mínimo para obtener la calificación necesaria como para aprobar. Por ejemplo, apenas pude aprobar latín. Mi maestro me dijo: 'Te daré una D si prometes nunca volver a tomar esta clase'".

"Mi padre estaba muy descontento con mis calificaciones. Me dijo: 'Hijo, si esto es todo lo que vas a lograr en una escuela privada, ¿por qué he de desgastarme para pagar tus estudios? Puedes perder el tiempo en la escuela pública y no me costará nada'. Así que el siguiente año mi padre me envió allí para que aprendiera un oficio y me convirtiera en electricista. Fui catalogado como 'no apto para la universidad'. Todo ese año en la escuela pública me sentí miserable. Por primera vez comprendí todo lo que había perdido al no aprovechar mi tiempo en la escuela privada.

"Rich cuenta la historia de un hombre que tenía su propia granja. Este hombre le ponía luces a su tractor para poder trabajar en la noche. ¿Haría eso si trabajara para otro hombre que tuviera una granja?".
—Peter Secchia, líder comunitario y de negocios en Grand Rapids

Así que decidí regresar y terminar mi educación secundaria en la Escuela Secundaria Cristiana. Esa fue la primera vez que tomé una decisión con consecuencias. Cuando le dije a mi padre lo que quería hacer, él dijo: '¿Quién va a pagar?' 'Yo lo haré', dije, 'Hallaré trabajos ocasionales para ganar dinero extra'. La segunda vez que estuve en la Escuela Secundaria Cristiana lo tomé en serio y obtuve mejores calificaciones".

Hasta el día de hoy Rich agradece el privilegio, un privilegio que se *ganó*, de estudiar en una escuela que le reforzó las lecciones de fe, optimismo y trabajo duro que estaba aprendiendo en casa. También está agradecido porque fue en la Escuela Secundaria Cristiana que conoció a Jay Van Andel, quien llegó a ser su mejor amigo y socio por casi sesenta años.

Jay tenía un auto, pero Rich, que era dos años menor, no. Así que Rich le pagaba a Jay 25 centavos a la semana para que lo llevara y trajera de la escuela. Durante esos recorridos juntos, Rich y Jay descubrieron que tenían muchos intereses en común, incluyendo el mismo sueño de llegar a ser empresarios independientes. Los padres de Jay lo criaron con las mismas actitudes positivas y ética de trabajo duro que inspiraban al joven Rich DeVos. La posibilidad de trabajar para un jefe nunca les pasó por la mente ni a Rich ni a Jay. Ellos se veían como líderes, no como seguidores; como empresarios, no como empleados.

Rich y Jay estudiaron en la Universidad Calvin de Grand Rapids. Prestaron servicio militar en la Fuerza Aérea en partes distintas del mundo.

Durante la guerra mantuvieron contacto por medio de V-mail (Correo de la victoria), haciendo planes para iniciar juntos una empresa, después que la guerra terminara. De hecho, la Fuerza Aérea les dio la idea para iniciar su primera compañía: una escuela de aviación y un servicio de vuelos chárter.

Después de la guerra, Rich y Jay volvieron a los Estados Unidos, convencidos que la aviación civil era la ola del futuro. Ellos creían que llegaría un momento en el que cada hogar estadounidense tendría un avión en su garaje, y millones de personas aprenderían a volar. Así que volvieron a casa en Michigan y fundaron el Servicio Aéreo Wolverine.

Aunque Rich y Jay eran veteranos de la Fuerza Aérea, ninguno de los dos era piloto. "No permitimos que nada desalentara nuestro entusiasmo", recordó Rich después, "ni siquiera un pequeño detalle como no saber volar". Rich y Jay contrataron a algunos de sus amigos de la Fuerza Aérea y a otros pilotos experimentados para que se encargaran de volar mientras ellos permanecían en tierra haciendo las ventas.

> *"Todos somos creados por Dios y somos iguales delante de Él. Ese es el fundamento de mi empresa".*
> —Rich DeVos

El Servicio Aéreo Wolverine fue una idea perfecta en su momento. Rich y Jay aprovecharon el creciente interés público en la aviación civil con el eslogan, "Si puedes conducir un auto, puedes volar un avión". Juntaron sus ahorros, compraron un avión Piper Cub usado y comenzaron a desarrollar un servicio aéreo. Desde el mismo comienzo, la perseverancia y la solución de problemas de manera creativa demostraron ser la clave para el éxito en el negocio de la aviación. Cuando la compañía de construcción les dijo que las pistas de aterrizaje no se iban a terminar a tiempo para la gran inauguración de Wolverine, Rich y Jay equiparon su avión con pontones y usaron el Río Grand como pista y problema resuelto. El Servicio Aéreo Wolverine abrió sus puertas justo según lo programado.

En el área de Grand Rapids había otros servicios aéreos tratando de despegar pero Rich y Jay llegaron primero y superaron a la competencia. En pocos meses pasaron de tener sólo un avión Piper Cub a una flota de doce aeroplanos. El Servicio Aéreo Wolverine tuvo mucho éxito, e inspiró su segunda empresa.

Rich y Jay notaron que la gente disfrutaba al ir al aeropuerto a ver los aviones despegar y aterrizar. ¡Su empresa de servicios aéreos se había convertido en una atracción! Entonces ¿por qué no aprovechar al público que habían generado? Así que decidieron abrir un restaurante. El hecho de no saber nada acerca del negocio de restaurantes tampoco los hizo dudar ni un momento.

En un viaje a California, ellos habían visto una clase de restaurante completamente nuevo consistente en dar servicio de comida a los autos. Los clientes se estacionaban, les daban sus pedidos a una mesera que los atendía en sus autos y luego les llevaba la comida. Así que Rich y Jay iniciaron un restaurante al lado del aeropuerto al que llamaron Restaurante con Servicio a los Autos Riverside, el primer restaurante de esa clase en aquella parte de Michigan.

> *"Rich y Jay desarrollaron su empresa desde ceros. Lo hicieron por el camino difícil. Ellos saben qué es ser pobre. Es imposible reemplazar esa experiencia".*
> —Dexter Yager
> Empresario independiente

La noche de inauguración del Restaurante con Servicio a los Autos Riverside casi se cancela cuando la empresa de energía no cumplió con conectar la electricidad. Muchos sencillamente habrían cancelado la apertura, pero Rich y Jay no. Ellos habían anunciado una gran inauguración para su nueva empresa y lo iban a hacer. Así que fueron a la ciudad, rentaron un generador de electricidad a gasolina y abrieron justo según lo programado, usando electricidad casera a manivela.

Rich DeVos y Jay Van Andel siempre miraban más allá del horizonte. Ellos pudieron ver que, aunque sus empresas estaban prosperando, el interés público en la aviación podía disminuir en el futuro. Concluyendo que el auge de la aviación no seguiría indefinidamente, Rich y Jay decidieron vender el Servicio Aéreo Wolverine y el Restaurante Riverside.

Era hora de despegar en otra dirección, ¿pero cuál dirección? Comenzaron a buscar un nuevo proyecto que pudiera darles éxito durante las siguientes décadas, y no pasó mucho tiempo para que lo encontraran.

La historia de Amway

> *"Era divertido ver a papá y a Rich juntos. Cuando estaban en la misma habitación, había electricidad por todas partes".*
> —Dave Van Andel,
> hijo menor de Jay

En 1948, Rich DeVos y Jay Van Andel vendieron el Servicio Aéreo Wolverine. Luego compraron un velero de treinta y ocho pies y zarparon hacia el Caribe. Después de su aventura de un año (más pronto que tarde) comenzaron a distribuir suplementos nutricionales para una empresa con base en California llamada Nutrilite. Rich y Jay compraron un paquete de ventas Nutrilite y en su tiempo libre comenzaron a vender vitaminas Nutrilite y productos nutricionales. A principios de los años 1950 asistieron a seminarios de negocios de Nutrilite y visitaron las instalaciones de producción de Nutrilite en Buena Park, California.

A finales de los años 1950 surgieron problemas en la organización de Nutrilite debido a que sus ramas de producción y distribución eran dos entidades corporativas independientes y se generaron algunas dificultades.

Rich y Jay estaban consternados al ver cómo los enfrentamientos al interior de Nutrilite estaban afectándolos a ellos y a otros distribuidores. Las ventas y las utilidades estaban en peligro.

Así que en 1959 Rich y Jay hicieron lo lógico, algo emprendedor: fundaron su propia empresa la cual se llamó Amway, que era una abreviación de algo cercano y querido para los dos, el estilo de vida americano. Desarrollada sobre lo que habían aprendido como distribuidores de Nutrilite. Rich DeVos y Jay Van Andel adaptaron y refinaron el clásico plan de mercadeo de Nutrilite y obtuvieron un plan que era exclusivamente Amway.

Rich sirvió como Director Ejecutivo de la empresa, Jay como Presidente de la Junta Directiva. Aunque tenían las mismas metas e intereses, contaban con diferentes personalidades y habilidades. Ésa fue una sociedad bien equilibrada porque se complementaban mutuamente sus fortalezas de liderazgo mientras compensaban las debilidades del otro. La responsabilidad en la toma de decisiones se compartía por mitades.

"Si pasas tiempo con los fracasados y adoptas sus actitudes, también serás un fracaso. Si ves a las personas exitosas como un modelo, si escuchas lo que dicen, si trabajas duro y perseveras como ellas lo hacen, lo lograrás".
—Rich DeVos

"La razón por la cual nos llevamos tan bien", recuerda Jay Van Andel, "fue por nuestra total confianza mutua. Rich y yo siempre buscamos los mejores intereses del otro. A veces podíamos no estar de acuerdo, pero sin importar cuánto discrepáramos en esto o aquello, los dos sabíamos que podíamos contar con la completa lealtad del otro. Tuvimos una impresionante relación de amistad y de trabajo y aprendimos mucho el uno del otro. Participamos en experiencias comunes en los negocios y la vida familiar y compartimos una fe en común. Nuestra amistad fue la base de nuestra exitosa sociedad.

Cuando teníamos una nueva idea, casi nunca podíamos decir que había sido idea de Rich o mía. Las nuevas ideas parecían llegarnos a los dos al mismo tiempo. Nos conocíamos tan bien el uno al otro que prácticamente podíamos leernos las mentes. Nos sentábamos a hablar y lanzábamos ideas de aquí para allá y cada nuevo concepto parecía surgir por esa sinergia entre los dos. Teníamos tal confianza mutua que cualquier cosa que yo decía comprometía a Rich y cualquier cosa que él decía me comprometía a mí.

Nadie jamás pudo ponernos en contra porque nos conocíamos y confiábamos completamente el uno en el otro".

Aunque siguieron vendiendo productos Nutrilite, añadieron sus propios productos a la línea, comenzando con un limpiador para el hogar concentrado y biodegradable llamado Frisk, al cual posteriormente se le cambió el nombre a Limpiador Orgánico Concentrado, o L.O.C. para abreviar.

Rich y Jay reclutaron una red de distribuidores que vendían productos haciendo demostraciones de los mismos en las casas de los consumidores. En 1960, su primer año completo de negocios, hicieron ventas por más de medio millón de dólares. Al año siguiente abrieron su propia planta de producción cerca de Grand Rapids. Rich y Jay habían aprendido del fiasco de Nutrilite. Ejercieron un liderazgo firme sobre toda la organización y mantuvieron el mercadeo y la producción bajo un mismo techo. Como consecuencia, Amway nunca vivió enfrentamientos internos como el que casi destruye a Nutrilite.

Casey Wondergem, un ex ejecutivo de Amway, pasó más de dos décadas observando a Rich y a Jay en sus respectivos papeles de liderazgo con Amway. "La harmonía entre Rich y Jay era notable", recuerda. "Estuve en cientos de reuniones con ellos, y nunca vi que uno se enojara contra el otro. Pueden no haber estado de acuerdo siempre, pero siempre fueron amables.

Un día, un periodista le pregunto a Rich si consideraría postularse para Gobernador de Michigan o Presidente de los Estados Unidos. Rich respondió: 'Lo haré si Jay va conmigo'. Esa respuesta describe perfectamente a Rich y Jay en sus papeles de liderazgo. Rich disfrutaba estar al frente, ser el vendedor y animador. Jay era el ejecutivo, el gerente, él quería estar al interior, haciendo que la compañía funcionara tranquilamente. Era el matrimonio ideal de talentos y habilidades".

El congresista de los Estados Unidos, Vern Ehlers, también se maravilla por la singular química de liderazgo de estos dos amigos de toda la vida. "Rich y Jay siempre mantuvieron un profundo respeto mutuo", recuerda, "y compartían los mismos valores. Ambos son cristianos devotos y muy activos en la iglesia. Jay era el hombre callado que se encargaba de los detalles de dirigir una empresa exitosa, y Rich era el soñador, el predicador, el hombre que inspiraba a audiencias y que le vendió el concepto de Amway a millones de personas. Rich y Jay son excelentes líderes ejecutivos porque dividieron muy bien sus funciones".

La empleada de Amway, Joan Williamson, ha conocido a Rich y a Jay por muchos años. "Como líderes y ejecutivos, dice, Rich y Jay siempre se han complementado muy bien el uno al otro. Además de ser socios, siempre han sido buenos amigos. Eran tan similares en su compromiso, valores y fe cristiana, y al mismo tiempo tan opuestos en sus personalidades y habilidades. Eran la pareja ideal, cada uno compensaba las carencias del otro, y esa es una de las razones por las cuales Amway tuvo tanto éxito".

El empresario independiente Jerry Meadows ofrece esta opinión respecto a la forma como Rich y Jay engranaron sus papeles de liderazgo: "Rich y Jay iniciaron una empresa con una profunda amistad y preocupación el uno por el otro. Cada uno respetaba los talentos y habilidades del otro. Si alguno de los dos votaba en contra, la propuesta no se realizaba. Siempre presentaron un frente unido y los distribuidores necesitaban ver eso. Como empresarios independientes, no siempre estuvimos de acuerdo con las decisiones que Rich y Jay tomaron, pero siempre supimos que ellos estaban trabajando juntos para hacer lo correcto para todos nosotros".

> *"Jay fue uno de esos estudiantes que podía obtener solamente A's sin ni siquiera abrir un libro. Su mente almacena y procesa información como un computador. Puede mirar un problema, evaluarlo, trazar los pros y los contras y dar las razones que respaldan su punto de vista. Realmente es asombroso".*
> —Rich DeVos

Durante los años 1960, Amway siguió expandiéndose, añadiendo productos como utensilios de cocina y cosméticos. También amplió su territorio extendiéndose por todos los Estados Unidos y hasta Canadá. En 1972 la compañía compró Nutrilite Products Inc. y los suplementos alimenticios que Rich y Jay vendían mientras desarrollaban su empresa de mercadeo multinivel en los años 1950, pasó a ser una de las más grandes líneas de productos de Amway.

La explosión de las ventas llevó a que 1980 fuera nombrado el primer "Año del Billón de Dólares" de Amway. Durante la década de los años 1980, la compañía expandió sus instalaciones principales a nivel mundial en Ada y edificó una nueva planta de cosméticos. En los años 1990, una nueva generación asumió la dirección de Amway al Dick DeVos suceder a su padre Rich como Director Ejecutivo y Steve Van Andel sucedió a Jay como Presidente de la Junta Directiva. En la actualidad, el hijo menor de Rich, Doug, es el Director Ejecutivo.

La empresa iniciada por Rich y Jay en los sótanos de sus casas sigue creciendo a medida que avanza hacia el nuevo milenio. En octubre del año 2000, Amway pasó a ser una de tres filiales bajo una nueva matriz, Alticor; las otras dos filiales son Quixtar Inc., una oportunidad de negocios con base en internet en América del Norte, y Access Business Group LLC, un proveedor de producción y logística para Amway y Quixtar, así como para otras empresas. Las ventas mundiales de Alticor en el año 2003 llegaron a $4,9 billones de dólares en productos de nutrición y bienestar, cuerpo y belleza, hogar y otros productos y servicios por medio de 3,6 millones de empresarios independientes en más de ochenta países y territorios.

"La sociedad de Rich y Jay es un reflejo del carácter de ambos. Los dos son notablemente altruistas. Siempre han trabajado juntos para el bien común".
—Gen. Alexander M. Haig Jr., ex Secretario de Estado de los Estados Unidos

Rich DeVos atribuye el fenomenal crecimiento de la compañía al hecho de que los productos Amway son distribuidos por medio de empresarios independientes cuya capacidad de ganancias sólo se ve limitada por su deseo y arduo trabajo. Al usar los principios de Amway, muchos empresarios independientes obtienen ingresos de seis cifras. (El término "empresario independiente" reemplaza el antiguo término "distribuidor" para describir a los millones de personas en todo el mundo que acogen la oportunidad de negocios originalmente creada por Rich y Jay). Alticor y sus filiales emplean a casi once mil personas en todo el mundo.

Algunos de los oradores motivacionales y de liderazgo más famosos del país han hablado en reuniones de negocios de Amway, incluyendo ex Presidentes de los Estados Unidos como Gerald Ford, Ronald Reagan y George Bush.

Pero los amigos más importantes que Rich DeVos ha hecho no fueron los artistas y presidentes que conoció, sino los miles de personas comunes y corrientes que lo han conocido y amado. La historia de éxito de Rich DeVos está fundamentada en los miles de historias de éxito de empresarios independientes y empleados de Alticor de todo el mundo.

"Durante más de veinte años he observado la forma entusiasta como las personas responden cuando están delante de Rich. No es a su dinero ni poder a lo que ellos responden. Es a su energía personal y liderazgo".
—Bob Kerkstra
Ejecutivo retirado de Amway

Como jefe, Rich DeVos nunca fue "el jefe". Siempre fue un líder y un amigo. Cuando caminaba por la planta de producción en Ada, Michigan, las personas que trabajaban para él le sonreían y decían "¡Hola Rich!" Lo saludaban por su nombre, y él los saludaba de la misma manera. Quienes trabajaban con Rich se veían a sí mismos como miembros de su equipo, compañeros en su misión, amigos y colegas de su empresa. Ésa es una de las claves de su estilo de liderazgo y de su éxito extraordinario.

Un ejemplo de liderazgo audaz

En septiembre de 1991, Rich, Helen y otros miembros de la familia DeVos compraron el equipo Orlando Magic por cerca de $80 millones de dólares. ¿Por qué querría Rich los dolores de cabeza que genera dirigir una franquicia de la NBA? Porque Rich DeVos es un *líder*. Él sabía que el mundo de los deportes profesionales le daría una plataforma más amplia para ejercer influencia y liderazgo en nuestra sociedad. Él sabía que

> *"Después de trabajar con el Sr. DeVos por ocho años como auxiliar de vuelo, honestamente puedo decir que no hay un mejor hombre para quien trabajar".*
> —Missy Conroy,
> auxiliar de vuelo,
> Magic Carpet Aviation

ser el dueño de un equipo de la NBA aumentaría ampliamente la audiencia para su mensaje de éxito por medio de la fe, el optimismo, la perseverancia y el trabajo duro.

"Una de las razones por las cuales compramos a los Magic", recuerda Rich, "fue para ampliar la oportunidad de compartir nuestros valores con nuestros jugadores, la comunidad de Orlando, y a la larga, con el mundo. Queríamos tener un impacto positivo sobre todas estas personas.

En enero de 2002, aproximadamente cuatro años y medio después de mi trasplante de corazón, decidí salir del negocio de los deportes y tomar la vida con más tranquilidad. Anunciamos públicamente que la familia DeVos había decidido vender los Magic de Orlando. Pero después de unas semanas comencé a tener dudas.

Poco después de poner a los Orlando Magic a la venta, fui a una fiesta en Palm Beach. Allá me encontré con el locutor deportivo Curt Gowdym quien me dijo: 'Me enteré que estás vendiendo al equipo. ¿Es eso cierto?' Yo comencé a decir: 'Sí', pero casi no pude hablar, casi me ahogo en esa palabra. Fue en ese momento que entendí que no podía romper con los Magic. Así que fui a casa y le dije a mi esposa: 'He cambiado de opinión. No puedo vender el equipo. Vamos a conservarlo'.

En marzo anunciamos públicamente que la familia DeVos había decidido no vender el equipo. No mucho después de eso, vi a Bill Walton en un juego. Se me acercó y dijo: 'Nunca te salgas de este negocio. Te necesitamos. Necesitamos que tus valores sean parte de la NBA'".

En el mundo de la NBA, Rich DeVos realmente es único. No hay otro dueño como él. El ex entrenador en jefe de los Magic, Brian Hill, lo dijo de esta manera: "Cuando Rich le habla a los jugadores, ellos lo escuchan. ¿Por qué? Porque él te hace sentir como si fueras la persona más importante del

"A Rich le encanta pasar tiempo con el equipo en los vestidores. Él habla con el equipo como un todo y toma tiempo con cada uno de los jugadores. Es muy abierto respecto a su fe y valores cristianos. Él es el que paga los salarios para todos estos jugadores de baloncesto millonarios, pero él se les acerca con humildad y les dice: 'Soy un pecador salvado por la gracia de Dios'. Y estos chicos lo escuchan".
—John Gabriel, Gerente General, Orlando Magic

mundo. Cuando viene a los vestidores para hablar con el equipo, los jugadores nunca piensan: 'Ah, aquí viene el dueño a darnos otro discurso de ánimo'. Siempre es: 'Nos encanta por la manera como nos trata. Realmente nos gusta estar con él'".

Rich DeVos tiene un lugar especial en su corazón para los jóvenes, y quiere que la juventud de hoy entienda las mismas lecciones que él aprendió siendo joven: cualquiera puede tener éxito en una tierra de oportunidades como los Estados Unidos de América, si está dispuesto a trabajar duro y cumplir con sus deberes. "Puedes ser el propietario de una gran empresa", dijo Rich en una ocasión, "pero eso no impresiona a la mayoría de jóvenes. ¡Pero cuando eres el dueño de los Orlando Magic y te tomas fotos con Shaquille O'Neal, los chicos te escuchan!".

Cómo solucionar problemas a la manera de Rich

Una de las razones por las cuales Rich DeVos es un líder tan bueno es que es muy acertado solucionando problemas. Su amigo, Paul Conn, autor y Presidente de la Universidad Lee, recuerda una situación que ilustra el método sencillo y directo de Rich para solucionar problemas:

"En una ocasión Rich vino a la Universidad Lee como invitado de honor. Le hicimos una recepción e invitamos a profesores, al personal, estudiantes y otros asistentes. Mientras la gente estaba de pie alrededor de las mesas de comida, conversando y socializando, uno de los miembros del profesorado comenzó a quejarse: '¿Cómo puedes comerte estas pequeñas salchichas cuando no hay tenedores?' Él siguió y siguió quejándose al punto de hacer sentir avergonzadas a las personas que estaban a su alrededor.

Rich lo escuchó y le dijo al hombre: 'Te traeré un tenedor'. Buscó un mesero, le pidió un tenedor, lo trajo de vuelta y se lo entregó al profesor. El hombre tomó el tenedor y comenzó a comerse sus pequeñas salchichas. A su manera sencilla y tranquila, Rich estaba tratando de enseñarle algo a ese hombre, pero no creo que haya entendido el punto.

Estoy seguro que Rich estaba pensando lo mismo que yo: *sólo quisiera que él se callara*. Pero Rich, siendo el solucionador de problemas que es, vio que era más fácil conseguir el tenedor y detener las quejas de ese hombre. Esta anécdota nos deja ver la clase de solucionador de problemas que es Rich DeVos. Su actitud es, 'solucionemos el problema, así la solución sea tan simple como conseguir un tenedor'. A Rich no le importó ser el invitado de honor, ni haber viajado toda esa distancia en su jet privado. Él es un servidor y un solucionador de problemas y no es demasiado importante como para conseguir un tenedor".

¿Cómo respondes cuando surgen los problemas? En el mundo hay dos tipos de personas cuando se presentan crisis: los que se quejan y los que solucionan los problemas. ¿De cuál tipo eres tú? Rich es uno que soluciona los problemas. Si quieres ser como Rich también debes ser alguien que soluciona problemas. A raíz de entrevistas que he realizado a personas que conocen bien a Rich, he identificado siete características esenciales que muestran el método de Rich DeVos para solucionar problemas:

1. Sé proactivo

Rich DeVos no espera que los problemas lo encuentren. Él es proactivo. Él busca los problemas. Se asegura de atraparlos cuando son pequeños, antes de que empiecen a salirse de las manos. El ex empleado de Alticor, Steve Hiaeshutter, recuerda un incidente que ilustra el método proactivo de Rich para solucionar problemas:

"En Amway Rich realizaba 'Sesiones Exprésate'", recuerda Steve. "Podías sentarte con él y ventilar tus sentimientos, quejas o sugerencias, y Rich escuchaba y respondía a tus preocupaciones. Yo tenía 19 años y trabajaba en la planta cuando asistí a mi primera "Sesión Exprésate". Había como 25 personas sentadas alrededor de una mesa. Yo estaba al lado de Rich.

Rich abrió la sesión y luego sencillamente cada uno tuvimos el turno para hablar y expresar nuestras quejas o problemas. Alguien dijo: 'No hay 7UP en las máquinas expendedoras'. Otra persona dijo: 'El color de estos uniformes no hace juego con el color de las paredes'. Yo escuché y no podía creer todas las tonterías, cada queja era completamente trivial.

Yo hice un comentario sarcástico, y Rich se volteó y dijo: '¿Puedo saber cuál es tu problema?' Yo dije: 'Todas estas quejas son tan insignificantes que no vale la pena mencionarlas. Esto es un gran desperdicio de tu tiempo'. Rich dijo: 'No importa cuán grandes o pequeñas sean las quejas. Si hay algún problema, quiero saberlo'.

Luego, Rich vino a verme y me llevó aparte. 'Déjame explicarte algo, Steve', dijo. 'Esas reuniones son mi unidad de medida'. Voy buscando problemas y espero que cada problema que encuentre sea tan trivial como 'no hay 7UP en las máquinas expendedoras'. Si ese es el problema más grande que tenemos, entonces yo estoy complacido. Eso significa que la empresa va bien'.

Yo nunca lo habría pensado de esa manera. Era tan sencillo, genialidad pura. Nunca olvides esa lección: sé proactivo. Ve identificando los problemas antes que se vuelvan demasiado grandes".

2. Define el problema

Tan pronto se ha identificado un problema, necesitas definir en qué consiste para poder resolverlo. Eso quiere decir que debes reunir la información y examinar todos los elementos que lo conforman para que tengas una imagen clara de él. La hija de Rich, Cheri Vander Weide, ha crecido con este maestro solucionador de problemas. Ella recuerda: "Papá siempre dijo que 'definir el problema es el 90% de la solución. Cuando el inconveniente ha sido definido, usualmente la solución se presenta por sí sola'. Papá definía el problema reuniendo a las personas involucradas, poniendo toda la información sobre la mesa y preguntando el punto de vista de cada quien. A veces se generaba consenso con sólo presentar la situación por resolver. En ese punto papá ofrecía una sencilla solución. Todo comienza con la definición del problema. Un líder que resuelve problemas debe estar dispuesto a escuchar a su gente".

3. Mantenlo sencillo

La complejidad paraliza el pensamiento. La sencillez trae claridad. A menudo, tan pronto como se aclara la confusión de la complejidad, se evidencia la solución al problema. Bob Schierbeek, un consejero de negocios de Rich DeVos, dice: "En cuestiones de negocios, Rich es rápido para comprender un concepto, simplificarlo, repetirlo, tomar la decisión que hay que tomar y proceder".

Brian Hill está de acuerdo: "Rich DeVos tiene la habilidad para evaluar rápidamente un problema complejo, reducirlo a lo esencial y luego darte una solución sencilla para enfrentarlo".

Rick Breon, un Director Ejecutivo del área de la salud en Grand Rapids, añade: "Rich DeVos se sienta en nuestra Junta y funciona como catalizador para la solución de problemas y toma de decisiones. Él no domina la discusión. Más que todo escucha. Pero cuando habla, la gente le presta atención porque tiene una habilidad única de examinar cuidadosamente todas las complejidades, llegar al centro del asunto y ofrecer una solución sencilla y práctica".

4. Tómalo paso a paso

Cuando has identificado una solución sencilla y práctica, es importante implementarla de manera cuidadosa y paso a paso. "La sabiduría de papa", dice el hijo de Rich, "es ceñirse a lo básico, mantener un proceso claro y sin complicaciones, y hacer todo en el orden adecuado. Comienza con A, luego pasa a B, luego procede a C. Cada problema grande se puede solucionar cuando ha sido desglosado en trozos sencillos y del tamaño de un bocado".

5. Toma tu tiempo

Suena trillado, pero es absolutamente cierto: la prisa produce desperdicios. Rara vez un problema necesita ser resuelto en medio del pánico y las soluciones impulsadas por ese sentimiento usualmente empeoran el problema, no lo mejoran. El yerno de Rich y Director Ejecutivo de los Orlando Magic, Bob Vander Weide, dice: "Aunque Rich definitivamente tiene la personalidad tipo A, puede ser muy paciente. A veces, cuando ve que las personas tratan de apresurarse o forzar una decisión o la solución de un problema, él propone, 'Tómate tu tiempo. Consúltalo con la almohada. Sabremos más, más adelante'. Rich nunca pierde su compostura en medio de una crisis. Nunca lo he visto presionar el botón de pánico. Rich es calmado y deliberativo por su disciplina interior, su consistencia y la fuerza que viene de sus valores centrales".

6. Escucha tu intuición

Después de haber definido el problema, simplificándolo hasta lo más esencial, y haber desglosado la solución en una serie de pasos prácticos, pregúntate: *¿Qué dice mi intuición? ¿Todavía hay una pequeña voz dentro de mí tratando de captar mi atención y advertirme? O ¿mi intuición y mi intelecto están de acuerdo?*

El principal Asesor de Negocios de Rich, Jerry Tubergen, dice: "Rich tiene muy buenos instintos y él se apoya en ellos para tomar buenas decisiones. Él fundamenta en gran parte la toma de decisiones en su intuición. Tiene una buena cabeza para los hechos pero le gusta presentarlos de manera sencilla. Le agradan las cosas despejadas, no tener muchas tareas para hacer, ni contar con demasiada información. Su estilo es separar rápidamente lo relevante de lo irrelevante, escuchar su intuición, tomar una decisión y proceder. Él no se estanca en las cosas. No mira hacia atrás. Confía en sus instintos".

7. Conserva la calma bajo presión

Una de las cualidades más importantes que necesita un solucionador de problemas es la habilidad de mantener la calma en medio de una crisis. El pánico nubla la mente y paraliza la voluntad, imposibilitando la solución de problemas. En mis entrevistas con personas que conocen a Rich DeVos, escuché una y otra vez que él tiene una asombrosa habilidad para conservar la calma y la mente clara en medio de una emergencia.

Una tarde en el verano de 1996, Rich y Helen DeVos estaban de vacaciones en Nantucket. "Nuestro bote estaba atado a popa", recuerda Helen, "así que para llegar a la orilla debíamos caminar por nuestra rampa. Esa tarde en especial habíamos estado en una fiesta en el muelle. El clima estaba frío y estábamos usando chaquetas, Rich tenía una chaqueta forrada. En ese entonces los problemas cardiacos de Rich eran severos lo cual hacía que se cansara fácilmente, así que salimos temprano de la fiesta y volvimos al bote.

Llegamos a la rampa y Rich dijo que 'primero las damas'. Así que yo pasé primero. Cuando entré al bote, Rich comenzó a caminar por la rampa junto con su guardaespaldas, Jim Shangraw. Escuchamos un crujido y la rampa se partió bajo el peso de Rich y del otro hombre. Los dos cayeron al agua".

Jim Shangraw continúa con el relato. "¡Esa agua estaba helada!" recuerda con escalofrío. "Realmente era peligrosa para el Sr. DeVos, porque desde su ataque cardiaco en 1992 había estado muy mal de salud. Era de noche, así que estaba oscuro y hacía frío, y cuando salí a flote no pude ver a Rich por ningún lado. Él estaba bajo el agua".

"Rich tenía esa chaqueta forrada", añade Helen, "la cual estaba absorbiendo el agua. El peso lo estaba hundiendo. Finalmente Jim Shangraw agarró a Rich y lo sacó a la superficie, pero fue todo lo que pudo hacer para mantenerse él y a Rich a flote. Había tan poco espacio entre nuestro bote y el rompeolas que era difícil ayudarlos".

"Estábamos chapoteando", dice Jim Shangraw, "tratando de mantener nuestras cabezas sobre el agua y de encontrar algo de qué agarrarnos. Recuerdo haber mirado la cara de Rich y no había ni una sombra de pánico en sus ojos. De hecho me miró y me dijo: '¡Helen se va a enfadar conmigo! ¡Me dijo que no debo mojarme!' Ahí estaba yo, congelándome, empapado y tratando de mantenernos a flote a los dos, pero tuve que reírme".

"Ese es Rich", concluyó Helen. "¡Ahí tienes a un hombre con una seria condición cardiaca, chapoteando en agua helada, y haciendo *bromas* al respecto! Su gracia bajo la presión ayudó a aliviar la tensión hasta que logramos que alguien los ayudara a salir".

Bill Nicholson, ex Director de Operaciones de Amway, me dijo: "Rich es la persona que deseas tener a tu lado en una emergencia. Él conserva la calma en medio de una crisis. Se mantiene concentrado en lo que hay que hacer. Su actitud permanece positiva. Encuentra el problema y lo resuelve".

Si quieres ser un líder como Rich, entonces haz lo que hace Rich: conviértete en un solucionador de problemas.

Por décadas Rich ha sido un líder nacional, un incansable defensor de los valores americanos. Como orador público, ha compartido su mensaje de éxito, esperanza y "Capitalismo solidario" con audiencias de todo el mundo. Una de sus charlas grabadas, "Vendiendo los Estados Unidos", fue premiada por la Fundación Libertad con el premio Alexander Hamilton para la Educación Económica.

Rich también ha sido un líder en el mundo empresarial, habiendo servido en muchas juntas directivas de corporaciones, como Gospel Communications International y Butterworth Health Corporation. Ha demostrado la consciencia social y compasión de un líder, habiendo donado generosamente de su tiempo y dinero a esfuerzos humanitarios como la Organización Nacional para la Discapacidad, la Comisión Presidencial para el Sida y el Ejército de Salvación. Su trabajo lo ha llevado a ganar docenas de prestigiosos galardones como el premio Adam Smith a la Libre Empresa (del Consejo Americano de Intercambio Legislativo), el premio William Both (del Ejército de Salvación), el premio Humanitario (de Casa de Esperanza) y muchos honores. También ha recibido numerosos doctorados honoríficos de universidades e instituciones de todo el país.

Rich DeVos también es un líder espiritual. Tiene una pasión por hablarle a los demás acerca de su amigo Jesucristo. Audazmente ha compartido sus convicciones cristianas en tres poderosos libros: *Believe! (¡Cree!)* en 1975, un clásico motivacional espiritual; *Compassionate Capitalism (Capitalismo solidario)* en 1992, publicado un año después de su segunda cirugía de bypass cardiaco; y *Hope From My Heart: Ten Lessons for Life* en el año 2000, un libro de regalo con muchas lecciones de vida y pensamientos después de su milagrosa cirugía de trasplante de corazón.

Siguiendo asombrosamente activo y vigoroso después de un ataque cardiaco, un bypass triple y poco después una infección por estafilococos que requirió tres cirugías más en 1992, además de un trasplante de corazón a la edad de setenta y un años, Rich DeVos se rehúsa a retirarse de la vida pública. Sigue siendo un líder en el mundo de Alticor y en la organización del equipo Orlando Magic y sigue siendo un ejemplo de liderazgo audaz para todos los americanos. Mi propia vida ha cambiado profundamente porque he tenido el privilegio de conocer a Rich DeVos como mentor, líder y amigo.

Principios de liderazgo efectivo

¿Cuáles son las cualidades de Rich De-Vos que lo han hecho un gran líder en tantas esferas como los negocios, la política, la sociedad y la religión? Con los años, he hecho un estudio intensivo sobre el liderazgo. En mi libro, *The Paradox of Power*, desglosé el arte del liderazgo en siete principios esenciales de un líder efectivo:

1. Visión
2. Habilidades de comunicación
3. Don de gentes
4. Buen carácter
5. Competencia
6. Audacia
7. Un corazón de siervo

> *"Por muchos años he reflexionado en el tema del liderazgo, en las cualidades que hacen que un hombre sea un buen líder y he concluido que el respeto hacia los demás es la primera de la lista. Es imposible ser un líder efectivo sin tener respeto hacia los demás".*
> —Rich DeVos

Rich DeVos ejemplifica cada uno de esos siete principios. Démosle una mirada más de cerca a las siete cualidades y miremos cómo tú y yo podemos aprender a liderar como Rich DeVos.

Principio de liderazgo número 1: visión

La visión es la habilidad de imaginar un futuro brillante y optimista. Todos los grandes líderes tienen la habilidad de visualizar un mejor mañana, para luego animar y motivar a los demás a hacer ese sueño realidad. Alticor hoy es una corporación de muchos billones de dólares porque Rich DeVos tuvo la visión de una compañía que le permitiría a miles de empresarios independientes realizar sus propios sueños personales de un mejor futuro. Pero en un sentido muy real, la creación de Amway no sólo fue el resultado de la visión de Rich, sino de su padre.

"Rich es un hombre de gran visión y tiene las habilidades de comunicación para motivarte hacia tu propia visión".
—Beurt SerVaas, Editor, Saturday Evening Post

Pensando en su niñez, Rich recuerda: "Mi padre me dijo muchas veces, 'Rich, algún día tendrás tu propia empresa'. Él puso ese sueño en mi mente. Nunca dudé que el sueño de mi padre se haría realidad. Creo que fuimos creados por Dios para soñar en grande".

Durante la mayor parte de su niñez, el joven Rich DeVos no se veía ni actuaba como alguien que tuviera grandes sueños. "Apenas iba pasando las clases en la escuela", dice. "Obtenía calificaciones nada impresionantes y no poseía una meta concreta en la vida. Tenía una vaga idea de que conseguiría mi propia empresa pero sin la menor idea de cómo lo iba a lograr".

Un día, en una asamblea de la escuela secundaria sucedió algo que de inmediato convirtió al adolescente Rich DeVos en un visionario: "Un joven vino a nuestra escuela a hablarnos acerca de trazar metas para nuestra vida. Nos dijo que él se había trazado veinte 'metas casi imposibles' de lograr. Una de ellas fue haber viajado por todo el mundo para cuando hubiera cumplido los dieciocho años. Luego hizo una presentación de las diapositivas de su viaje. Yo quedé asombrado. ¡Este joven había recorrido el mundo a los dieciocho! Esa misma noche, después de la asamblea, comencé a escribir metas y sueños para mi vida. Desde ese día en adelante tuve un objetivo y una visión para el futuro y mi vida nunca volvió a ser la misma".

Poco antes de graduarse de la Escuela Secundaria Cristiana de Grand Rapids, Rich tuvo otra experiencia que reforzó su visión de sí mismo como un futuro líder de negocios. "Tenía un maestro llamado doctor Leonard

Greenway", recuerda Rich. "Al final de mi último año de escuela, él firmó en mi anuario escolar: 'A un impecable joven con talentos para el liderazgo en el Reino de Dios'. Él vio algo en mí que yo nunca antes había notado. Nunca olvidé esas palabras".

"Cuarenta años después fui a una reunión de ex alumnos y ahí estaba el doctor Greenway. Yo había sido el Presidente de la clase de último año, así que fui el maestro de ceremonias del evento. Dije: 'Doctor Greenway, usted escribió algo en mi anuario, ¿recuerda qué fue?' Asombrosamente él se puso de pie y lo citó con exactitud. Con frecuencia me pregunto si había escrito eso en los anuarios de todos los estudiantes pero no creo. La visión del doctor Greenway me capacitó para ver mi propio potencial como líder cristiano".

Rich sabe cómo su vida ha sido formada por un sentido de visión y anima a la gente de todas partes a tener grandes sueños y visualizar un mejor futuro. Hace algunos años, el hijo de Rich, Doug, invitó a casa a varios de sus amigos de la universidad para las vacaciones de primavera. Cuando Doug y sus amigos se sentaron alrededor del comedor, Rich le preguntó a cada uno: "¿Qué quieres hacer con tu vida?" Uno de los amigos de Doug, Greg Bouman, respondió: "Quiero dirigir una pequeña empresa". Rich respondió: "¿Una *pequeña* empresa? ¿Por qué no una empresa *grande*?". Eso es muy típico en Rich DeVos, él siempre anima a la gente a soñar grandes sueños.

Rich es rápido para mostrar que no es suficiente sólo con tener un gran sueño para visualizar una enorme visión. Nuestros grandes sueños y visiones no serán nada si no nos mantenemos concentrados en ellos y los vemos hechos realidad.

"Tener un sueño ayuda a fortalecer tu confianza", dice Rich. "Pero junto con el sueño debes trazar metas tangibles y alcanzables y ceñirte a ellas. Muchas personas se antojan del pasto al otro lado de la cerca, y cada dos

> *"Estuve en la escuela secundaria con Rich. Él era atrevido y confiado pero siempre afable y amigable con todos. No logré anticipar todo el increíble éxito que él ha tenido pero tampoco me sorprende".*
> —Dr. Louis Helder, amigo de Rich DeVos por mucho tiempo

o tres años salen corriendo hacia una nueva oportunidad. Y aunque no hay nada mal con buscar oportunidades, para encontrarlas debes ser un constructor. Quienes se mantienen revoloteando de un sueño a otro, son a quienes llamo 'buscadores de oportunidades', no constructores. La gente que todo el tiempo se mete en algo nuevo se pasa la vida volviendo a empezar".

Edwin J. Feulner, Presidente de la Fundación Heritage, me dijo: "Rich DeVos ha inspirado a innumerables personas de todo el mundo a soñar en grande. Ha dejado una impresión permanente en la Fundación Heritage,

en mi familia y en mí. Después de visitar a nuestro equipo en nuestras oficinas principales, Rich me tomó aparte y me dijo: 'Lo que esta organización
necesita es una declaración de visión. Tú y tu equipo requieren de una visión en común si han de tener un impacto duradero en la política social de
Estados Unidos. Una visión audaz pero práctica te ayudará a alcanzar esas
metas a largo plazo de las que me has estado hablando'.

> *"El liderazgo no está condiciona-*
> *do a dónde vives y la educación*
> *que tengas. Puedes comenzar*
> *donde estás. Cualquier persona*
> *puede llegar a ser un líder".*
> —Rich DeVos

Yo sabía que tenía razón porque había
visto su éxito fenomenal como empresario
y líder. Quedé tan cautivado por su entusiasmo que comencé a trabajar en una declaración de visión con el liderazgo de Heritage.
Trabajamos en esa declaración por casi tres
años, creando docenas de borradores hasta
que tuvimos la correcta. Recibimos consejos
y sugerencias de empleados, administrado-
res, donantes y muchos congresistas y senadores. Cada vez que revisába-
mos esa declaración, sabíamos que no sólo estábamos cambiando palabras,
sino que estábamos forjando el futuro de nuestra institución".

"Mi esposa Linda y yo pudimos visitar a Rich en Londres y oramos
con él mientras esperaba su trasplante de corazón. ¡Aunque estaba muy
enfermo, él quería saber ¡cómo nos estaba yendo con nuestra declaración
de visión! Después de su exitosa cirugía, volvió a los Estados Unidos y nuevamente comenzó a ofrecer conferencias, inspirando a miles de personas
con su testimonio personal y cómo Dios milagrosamente le había dado un
nuevo corazón y una nueva vida.

Una semana después que la Junta Directiva aprobó nuestra declaración
de visión final, me reuní con Rich en una gran convención donde él era uno
de los oradores invitados. Le mostré nuestra declaración terminada, diecisiete palabras que representaban tres años de trabajo. Le dije: '¿Sabes Rich?,
esa declaración de visión va a dirigir todo lo que nuestra organización haga
de aquí en adelante y te debemos esta declaración a ti'.

Rich quedó tan conmovido y emocionado por el impacto que había tenido en nuestra organización que de inmediato decidió cambiar el discurso
que había programado dar. Se sentó y garabateó unas notas, luego salió
y dio un discurso conmovedor que él llamó 'Nuestra visión para Estados
Unidos'. Debido a la visión de Rich DeVos, la Fundación Heritage y sus
doscientos mil patrocinadores están concentrados en la meta representada
en esta declaración de visión: 'La Fundación Heritage está comprometida
con desarrollar unos Estados Unidos donde la libertad, la oportunidad, la

prosperidad y las sociedad civil florezcan'. ¡Dios bendiga a los Estados Unidos y Dios bendiga Rich DeVos!".

Cada organización, corporación o equipo necesita de una visión. Sin una visión, ¿cómo sabrás qué es el éxito? Es más, ¿cómo sabrás cómo llegar allá? Tu visión es tu definición del éxito. Ésta evalúa tu imaginación y te arrastra. Tu visión es aquello por lo que luchas, compites y te sacrificas. Los grandes líderes como Rich DeVos son personas de visión.

Principio de liderazgo número 2: habilidades de comunicación

> *"La gente que anhela sueños imposibles y se esfuerza por alcanzarlos, en el proceso eleva la estatura del hombre en una fracción de pulgada, así gane o pierda".*
> — Rich DeVos

Un gran líder también es un gran comunicador. ¿Qué puede lograr una excelente y optimista visión del futuro si no logras comunicar esa visión a las personas que te rodean? Un líder visionario debe estar en capacidad de articular esa visión, promoverla y venderla a sus empleados, socios y compañeros de equipo. "Mi visión" debe convertirse en "nuestra visión", una visión conjunta, para que todos en la organización puedan moverse en formación hacia una misma meta.

Rich DeVos es un gran líder especialmente porque es un gran comunicador. Daremos una mirada más de cerca a sus habilidades de comunicación en el capítulo 4, pero por ahora es suficiente observar que su éxito e influencia como líder vienen de su asombrosa habilidad de comunicar esperanza, entusiasmo, energía y confianza a las personas de su equipo, así ese equipo sea de empresarios independientes o empleados de Alticor o los Orlando Magic. Rich continuamente comunica optimismo, y su optimismo es contagioso.

Desde luego, hablar es sólo la mitad de la ecuación de comunicación. La otra mitad es *escuchar*. "Mi empresa salió a la Bolsa en 1993", recuerda el amigo de Rich, Peter Secchia, líder comunitario y de negocios de Grand Rapids y ex Embajador de los Estados Unidos en Italia. "Rich estaba en mi Junta Directiva. Venía a las reuniones y se sentaba en silencio, sólo escuchaba la discusión. Cuando al fin hablaba, todos volteaban a mirarlo. Él tiene la habilidad de escuchar todos los puntos de vista y luego resumir todos los elementos de una discusión en unas pocas y sencillas observaciones. Sus habilidades para escuchar son iguales a sus habilidades para hablar. Es por eso que es un líder tan bueno".

"Rich DeVos es un líder que escucha", dice Jon Nunn, un líder comunitario de Grand Rapids que conoce bien a Rich. "Cuando Rich va al Hotel Grand Plaza, habla con el portero, el botones, el maitre. Hace preguntas: '¿Cómo te parece trabajar aquí? ¿Qué podemos hacer para mejorar las condiciones de trabajo? ¿Cómo podemos mejorar el servicio para nuestros clientes?' Esa clase de 'liderazgo que escucha' realmente anima el espíritu de equipo al interior de una organización".

Joe Tomaselli, Vicepresidente y Gerente General del Hotel Amway Grand Plaza está de acuerdo: "Rich es tan buen oyente y a veces es tan encantador, que en ocasiones tengo que recordarme a mí mismo, '¡Él es mi jefe!'. Tiendes a verlo como tu amigo. Cuando tienes una conversación con él, te deja sintiéndote muy bien. Te dice: 'Estás haciendo un trabajo excelente. Estoy orgulloso de ti'".

Los grandes líderes saben que la auténtica comunicación es de doble vía. Los líderes no sólo hablan. Ellos escuchan.

Principio de liderazgo número 3: don de gentes

J. Paul Getty, el gran industrial petrolero y filántropo, dijo en una ocasión: "El conocimiento y la experiencia que tengas no hace mucha diferencia; si no puedes lograr resultados por medio de la gente, no tienes valor como líder". Hoy Rich DeVos es exitoso e influyente porque puede lograr resultados por medio de la gente. Él tiene las mejores habilidades con la gente que cualquiera que haya conocido.

El don de gentes de Rich nace de su amor genuino hacia los demás. El escritor Frederick L. Collins en una ocasión dijo: "Hay dos tipos de personas: quienes entran a una habitación y dicen '¡Bien, aquí estoy!', y quienes entran y dicen '¡Ah, ahí estás!' Rich DeVos está en la segunda categoría. Él es un genuino amante de la humanidad.

Un líder con muy buen don de gentes siempre es respetado y admirado por aquellos que sirven bajo su dirección. Puedes escuchar el respeto y la admiración en las voces de quienes sirven bajo la dirección de Rich DeVos. "Rich siempre tiene una actitud positiva hacia todo en su vida y eso contagia a los demás", dice Marvin Van Dellen, un amigo desde la secundaria. "Él es un verdadero discípulo de Dale Carnegie. A dondequiera que va, Rich hace amigos e influye a la gente. Hay una magia en su personalidad y ha construido todo un imperio sobre esa base".

"Rich DeVos ama a la gente" concuerda Patrick Broski, un empleado de Rich y Helen DeVos desde hace mucho tiempo. "Es al primero que veo en la mañana y siempre dice '¡Buen día Patrick!' Y es genuino y entusiasta. A todo el mundo lo trata igual, desde presidentes hasta taxistas. Tiene un interés genuino en todas las personas".

Rich cree que la forma como tratamos a los demás es importante para nuestro éxito como líderes. ¿Cómo funciona eso? John Weisbrod, Jefe de Operaciones del equipo Orlando Magic, explica: "Muchos líderes le dicen a sus equipos que 'deben hacer esto y aquello para que me hagas quedar bien'. Y hacen uso de la intimidación y las sanciones para generar resultados.

Pero Rich enseña que hay una manera mucho mejor para motivar a la gente a generar resultados. Él dice: 'Asegúrate de que tus empleados sepan que te interesas en ellos como personas, que sus familias te interesan. Trátalos justamente y con compasión, y ellos se sentirán inspirados a dar lo mejor de ellos por ti. Ellos producirán mucho más para ti porque te aman y no quieren defraudarte. El amor es un motivador mucho más poderoso que el temor al castigo'. Esa es una valiosa perspectiva de liderazgo y nunca la he olvidado".

En el capítulo 6 daremos una profunda mirada al don de gentes de Rich DeVos.

Principio de liderazgo número 4: buen carácter

Un líder debe tener un buen carácter a fin de inspirar a otras personas con su visión para el futuro. Como lo dijo el gurú del liderazgo John Maxwell: "la gente adquiere al líder antes de adquirir la visión del líder".

En una ocasión escuché al General Norman Schwarzkopf hablar en un evento en Orlando y dijo algo que desde ese momento se me quedó en la memoria: "La gente elige a su líderes según el carácter. Yo juzgo el carácter no por la forma como los hombres tratan con sus superiores, sino por la forma como ellos tratan a

> *"Me encanta el espíritu emprendedor de Rich. Me impactó la forma en que usaba su yate y hoteles como incentivos para los empleados. En mi empresa comencé a hacer exactamente lo mismo".*
> — Tom Monaghan
> Fundador de Domino's Pizza

sus subordinados. Así es como identificas cómo es el verdadero carácter de un hombre". Rich DeVos tiene muchas cualidades admirables en su carácter: humildad, integridad, honestidad, compasión, generosidad, perseverancia, valor. Pero uno de los rasgos de su carácter más sobresaliente es el que el General Schwuarzkopf identifica como *respeto* por quienes están bajo su mando.

He hablado con muchas personas que han hecho parte de los empleados de Rich, y todos describen una imagen consistente de un hombre que respeta a su gente y que es respetado y apreciado por ellos. Muchas personas me han hablado de las visitas de Rich a la planta de producción en Ada, Michigan, donde los productos son fabricados. Él caminaba por las instalaciones, saludaba a la gente por su nombre, se detenía a hablar con la gente, les preguntaba por su familia, tomaba tiempo extra con quienes tenían una esposa enferma u otros problemas familiares. Sus empleados lo saludaban con sonrisas y de corazón gritaban "¡Hola, Rich!".

El mundo de los negocios está lleno de jefes. Pero para los empleados de Alticor y de la organización del Orlando Magic, Rich no es un jefe. Él es un *líder* y un amigo. Las personas alrededor de Rich DeVos adquieren su visión y liderazgo porque es alguien de carácter fuerte.

Principio de liderazgo número 5: competencia

Sin importar cuál sea tu área de liderazgo, una organización, corporación, unidad militar, iglesia o equipo deportivo, la gente que te rodea sólo seguirá tu liderazgo si tiene plena confianza en tu capacidad para liderar. Observa que las primeras seis letras de la palabra "competencia" son las mismas de la palabra COMPETIR. Las personas a quienes lideras deben saber que eres un líder *competente y competitivo*. Necesitan creer que lucharás duro para ayudarlos a ser ganadores. Ellos necesitan ver que tienes la sabiduría, la habilidad y la experiencia para convertirlos en un equipo competente y competitivo.

"Reprendo a cualquiera que se refiere a un trabajador no profesional como 'es sólo un mecánico' o 'es sólo un vendedor', o 'es sólo' lo que sea, diciéndole: 'Él es un afectuoso, dadivoso y altamente complejo ser humano, hecho a la imagen de Dios. Es la columna vertebral de este país. Prácticamente estallo de orgullo por su logro y respeto por lo que es'".

—Rich DeVos

Rich DeVos ha demostrado que es un líder competente. Demostró su competencia y competitividad con:

1.   Una importante trayectoria. La gente sabe que Rich DeVos es competente porque ha experimentado el

éxito; la gente está dispuesta a seguirlo porque es un triunfador demostrado.

2. La habilidad para delegar. Rich no trata de hacerlo todo él mismo. Él es el visionario, el guardián y custodio del cuadro completo. Como maestro en delegar, Rich confía en que otras personas competentes se encargarán de los detalles y les llama a cuentas para que lleven a cabo sus tareas. El éxito de ellos se convierte en su propio éxito.

3. Un compromiso con la excelencia. Rich DeVos traza normas altas pero realistas para él mismo y para su organización. Nunca está satisfecho con lo "apenas bueno". Continuamente trabaja para mejorar los servicios y productos de sus organizaciones.

4. Un compromiso con el crecimiento personal constante. Rich DeVos es un ávido lector, una esponja para la información nueva y las ideas innovadoras. Los líderes competentes constantemente tienen sus antenas activas para captar nuevos conceptos y tendencias.

5. Un compromiso con el trabajo duro. Desde muy temprano en la vida Rich aprendió las lecciones del trabajo duro y siempre se aseguró de que nadie en sus organizaciones trabajara más duro que él. Un líder competente continuamente se esfuerza por alcanzar su siguiente nivel de potencial.

6. Un compromiso para ganar. A Rich le encanta competir porque le encanta ganar. Uno de los amigos de Rich compartió una historia conmigo que ilustra la tendencia competitiva de Rich: "Un día estaba jugando tenis con Rich en su casa en Grand Rapids. Debo admitir que el tenis no es una de mis actividades deportivas favoritas. Cuando juego, es más un pasatiempo que una competencia. Pero Rich juega para ganar. Así que cuando comenzamos a jugar, él observó que yo estaba perdiendo. Dijo: '¿En serio no quieres ganar, cierto?' Bueno, ¡eso me estimuló a mejorar mi juego! Ese día Rich me enseñó algo: hagas lo que hagas, compite para ganar. Alinea completamente tu meta con tu comportamiento".

> *"Rich es excelente para delegar. Te contrata para que hagas un trabajo, luego te deja solo para que lo hagas. Su ejemplo me ha demostrado que los grandes líderes no ejercen dirección a nivel micro de los detalles. Los grandes líderes inspiran a las personas a dar lo mejor de sí".*
> — John Weisbrod, Jefe de Operaciones, Orlando Magic

Principio de liderazgo número 6: audacia

Si un líder no es audaz, no es un líder. Un líder intrépido asume riesgos y anima la toma de riesgos en toda la organización. Ningún equipo de futbol jamás ha llegado al Súper Tazón despejando cada situación de cuarto y uno. En las campañas militares, la victoria usualmente va del lado de cuyos líderes trazan planes de batalla audaces y creativos. Y en el mundo de los negocios, las mejores empresas usualmente son las que son lideradas por ejecutivos intrépidos e innovadores.

La audacia de Rich DeVos es legendaria, y en el capítulo 3 daremos una mirada más cercana a la naturaleza intrépida de este líder audaz y emprendedor.

Principio de liderazgo número 7: un corazón de servicio

Poco después de la cirugía de trasplante de corazón de Rich, tuvimos una reunión con la organización deportiva RDV, la empresa matriz de los Orlando Magic. La reunión fue en Grand Rapids. Rich, quien estaba en Londres recuperándose de su cirugía, se unió a la reunión vía satélite. El primer punto en la agenda era la tienda que se llamaba el Ático de Aficionados al equipo de los Magic. Se había hecho evidente que era necesario reducir el tamaño de la tienda, lo cual implicaba la eliminación de dieciséis empleos.

> *"Rich es un excelente jugador de ping pong, y yo también lo soy. Incluso cuando Rich tuvo su ataque cardiaco, seguía venciéndome cuatro de cinco veces".*
> —Bill Britt
> Empresario independiente

Por casi veinte minutos debatimos sobre el tema. Durante el debate Rich permaneció en silencio. Finalmente habló: "Este funeral ha durado mucho. Es hora del entierro". Era la manera metafórica de Rich para decir que era hora de terminar con la discusión y tomar la decisión. Luego preguntó: "¿Qué pasará con los dieciséis empleados que van a ser excluidos?".

Se ofrecieron varias sugerencias.

"No importa qué haya que hacer", dijo Rich, "quiero que nos ocupemos de ellos. Reubíquenlos en la organización si pueden. Si no, asegúrense de que obtengan beneficios de indemnización y ayuda para hallar nuevos empleos. Sólo asegúrense de cuidar de ellos".

Rich no conocía personalmente a ninguna de las personas que trabajaban en el Ático de Aficionados de los Magic, pero eso no importó. Él se interesaba por su gente, así nunca los hubiera conocido. Y se consideraba a sí mismo como el servidor de esas personas, no su jefe.

Hablé con un líder de negocios de Grand Rapids quien sirvió con Rich en la junta directiva de una organización de caridad. Ese hombre hizo una fascinante observación acerca del estilo de liderazgo de Rich: "Si Rich es parte de una organización, dijo, y ve que el liderazgo se está desempeñando de manera efectiva, estará agradado de ser un seguidor". Deja que otros lideren. En otras palabras, Rich no solamente es un gran líder sino también un gran seguidor. No se siente obligado a asumir los procesos o forzar su camino hacia la posición de liderazgo". Este hombre está describiendo una extraña cualidad en los líderes y especialmente entre líderes del nivel de éxito y logros de Rich.

Rich DeVos entiende que el liderazgo auténtico no se trata de ser el jefe. Se trata de ser un *siervo*. Él modela su estilo de liderazgo según el mayor líder y mayor siervo de todos los tiempos: Jesucristo. Jesús en una ocasión se sentó con los doce hombres de su organización y les dijo de qué se trataba el liderazgo: "Ustedes han observado cómo los gobernantes impíos muestran su importancia... y cuando la gente obtiene algo de poder, cuán rápido se les sube a la cabeza. Así no ha de ser con ustedes. Cualquiera que desee ser grande debe ser un siervo. Cualquiera que desee ser el primero entre ustedes, debe ser su esclavo". (Marcos 10:42-44, *El Mensaje*).

Si quieres ser como Rich, debes liderar. Y si quieres liderar, debes servir. Si no entiendes el servicio, no entiendes el liderazgo. Rich no sólo entiende el servicio, lo ejemplifica y es por eso que es un gran líder.

> *"Rich DeVos cree que todos somos hijos de Dios y está comprometido con romper las barreras de raza y color. Después que el Hotel Amway Grand Plaza abriera, se aseguró de que el administrador del hotel pusiera planes en práctica para contratar cantidades importantes de personas representantes de minorías. Él quiere asegurarse de que la gente tenga oportunidades para triunfar, sin importar su raza u origen étnico".*
> —Paul Collins, artista premiado

CAPÍTULO 3

¡Arriésgate!

Después de vender el Servicio Aéreo Wolverine en 1948, Rich DeVos y Jay Van Andel decidieron que necesitaban unas vacaciones. Habían leído un libro escrito por un hombre que navegó por el Caribe antes de la Segunda Guerra Mundial. Inspirados por sueños de aventura en alta mar, Rich y Jay compraron una goleta Nova Scotia con casco de madera de treinta pies, la cual estaba en dique seco en Connecticut. Su plan era navegar hacia el sur por la costa de los Estados Unidos hasta Florida, luego ir a Cuba (esto fue antes de Castro), y luego por todo el Caribe hasta América del Sur.

Su goleta (llamada *Elizabeth*, que significa "Dios es buena fortuna") apenas estaba en condiciones para navegar, pero Rich y Jay amaban cada trozo pelado y cada gotera de la misma. ¡Ellos asumieron que *todos* los botes necesitaban mucho desagüe para mantenerse a flote! Sabiendo casi nada acerca de navegar, constantemente se perdieron y encallaron en su recorrido por la Costa Este. En un punto, navegaron por el camino errado hasta el Canal Intracostero de New Jersey y se atascaron en un pantano.

"Estábamos tan perdidos" recordó Rich después, "¡que incluso la Guardia Costera no nos pudo encontrar! ¿Qué se puede decir de tus habilidades de navegación si ni siquiera puedes encontrar el Océano Atlántico? Terminamos en los pantanos tierra adentro, a millas del océano. La Guardia Costera nos buscó todo el día y cuando finalmente nos localizaron no podían creer dónde estábamos".

Finalmente Rich y Jay llegaron a Florida, desaguando y bombeando todo el camino. Pusieron una alarma nocturna para despertarse después de medianoche para poder encender las bombas de desagüe. Si no lo hacían, la cubierta estaría casi inundada en la mañana.

Saliendo de Florida hacia la Habana, Rich y Jay pensaron que tenían controlada la situación de las filtraciones. Pero mientras navegaban a lo largo de la costa norte de Cuba, el bote empezó a hacer agua. Se detuvieron para hacer reparaciones, pasando dos semanas en Cuba mientras calafa-

> *"He visto cómo muchas personas fracasan debido al temor. La gente teme iniciar empresas porque teme tomar riesgos. Cuando comenzamos la compañía de aviación, Jay y yo no sabíamos nada de volar y tuvimos éxito. Después compré un bote a pesar de nunca antes haber navegado. Cierto, mi primer bote se hundió, ¡pero en poco tiempo yo ya estaba compitiendo en yates y ganando! ¿Cómo puedes ganar si nunca te arriesgas?".*
> —Rich DeVos

teaban de nuevo su bote. Luego volvieron a hacerse a la mar, y el bote empezó a hundirse. ¡La nueva calafateada tenía muchas más filtraciones que la original!

En algún momento después de medianoche, mientras ellos se revolcaban en el Canal de las Bahamas, se abrieron múltiples filtraciones en el *Elizabeth* y comenzó a hundirse. Las bombas de desagüe se esforzaban por mantener el bote a flote, pero sin ningún provecho. Entendiendo que su bote se iba a pique, Rich y Jay dispararon bengalas y destellaron mensajes de S.O.S. con sus linternas. A las 2:30 de la mañana un carguero americano, el *Adabelle Lykes* los sacó de la cubierta de su goleta que se hundía. Minutos después el *Elizabeth* se deslizó bajo las olas.

Viviendo la aventura

"Después que el Elizabeth se hundiera", recuerda Rich, "nuestros amigos y familiares en casa pensaron: *'Bueno, sus pequeñas aventuras terminaron. Ahora vendrán a casa'.* Pero Jay y yo no habíamos llegado hasta ese punto sólo para regresar. Es cierto, habíamos perdido nuestro bote, pero todavía teníamos mucho que ver del mundo".

El carguero americano dejó a Rich y a Jay en Puerto Rico, donde se vincularon a bordo de un buque carguero como marineros. Trabajaron en su camino hacia Curasao en las Antillas Holandesas, luego abordaron un pequeño avión hacia Venezuela. Después de Venezuela recorrieron Colombia, viajando en un bote a vapor de ruedas de paletas a lo largo del río Magdalena, luego pasaron a un ferrocarril de trocha angosta que los llevo hasta la Costa Pacífica. Desde ahí viajaron hacia el sur por toda la costa hasta Chile, allá reservaron un vuelo sobre los Andes hasta la Costa Atlántica, y luego viajaron por tierra y agua de regreso hasta la Costa Caribe.

"Ese viaje cambió mi vida" dice Rich. "A ambos nos enseñó muchas lecciones de vida que nos sirvieron mucho en los años posteriores. Cada emprendimiento en que he participado desde aquellos días se ha beneficiado por las lecciones que aprendí en esa aventura única en la vida.

Ese viaje también reforzó una verdad que Jay yo ya sabíamos: si no corres riesgos, no estás viviendo. Debes tomar riesgos y crear tus propias oportunidades. Debes probar nuevas experiencias y ver qué pasa. No importa tu edad, o si eres rico o pobre. Debes saltar hacia la vida y vivir la aventura.

Toda la vida es un riesgo. Cuando comienzas una empresa corres un riesgo. Casarse es un riesgo. Tener hijos es un gran riesgo. Tener amigos es riesgoso. Cuando corres un riesgo, siempre hay posibilidades de perder. Pero si nunca lo tomas, pierdes la oportunidad de ganar. Así que para ganar debes arriesgar. Si nunca reúnes el valor y te pones en camino hacia una nueva dirección, entonces llegará el día en el que te darás cuenta que toda tu vida se te ha escapado".

> *"Rich DeVos siempre vive en el presente y pensando en el futuro. Casi nunca mira atrás ni duda de sus decisiones. Siempre se concentra en el siguiente paso".*
> — Jerry Tubergen, Asesor Principal de Negocios

Si hay un factor común entre todas las personas exitosas, es la elevada capacidad para correr riesgos. Las personas exitosas aprovechan las oportunidades. Eso no quiere decir que sean temerarios ni mucho menos. Ellos corren riesgos *calculados*. Reúnen información y consideran las posibilidades. Planean eventualidades. Pero al mismo tiempo se rehúsan a quedar paralizados por el temor y la indecisión. Cuando es el momento de actuar, lo hacen y lo hacen audazmente.

Principios transformadores en la toma de riesgos

Aquí tenemos unos principios transformadores que podemos aprender de Rich DeVos y su aventura en el mar:

Principio número 1 en la toma de riesgos: sé decisivo

"Nunca aprenderás a navegar quedándote en la orilla", dice Rich. "Toma decisiones audaces y llévalas a conclusión".

Las almas tímidas que posponen una decisión hasta que todo esté completamente claro, generalmente deciden demasiado tarde. Las personas exitosas saben que la ventaja es para quienes deciden rápida, firme y audazmente. Cuando tengas que tomar una decisión, no esperes a conocer todos los hechos. Resuelve el 75% o incluso el 50% de los hechos. Evalúa la situación lo mejor que puedas, haz una revisión rápida de tus instintos y de tu intuición, luego lánzate intrépida y decididamente.

"Nunca vas a tener toda la información que quisieras tener", dice Rich, "pero está bien. ¡De todas maneras toma una decisión! ¡Hazlo! ¡Sé audaz!

¡Sé agresivo! No permitas que tu falta de confianza te retenga. La confianza se obtiene con la práctica".

"Es más riesgoso no hacer nada que hacer algo".
—Trammell Crow, inversionista de finca raíz

"Cuando ves una empresa exitosa", dice el gurú de la gestión Peter Drucker, "es por que alguien en algún momento tomó una decisión valiente". Definitivamente eso es lo que se puede decir de Rich DeVos y Jay Van Andel y su exitosa compañía.

Cada decisión implica un elemento de incertidumbre y riesgo. Si no hubiera incertidumbre, no sería necesario tomar una decisión. De hecho, una decisión se requiere porque el mejor curso de acción no es obvio. Las personas exitosas toman las mejores decisiones que pueden, incluso cuando el resultado no está asegurado.

Para ser decisivo hay que tener valor y audacia. Debes estar dispuesto a tomar una decisión, aceptar las consecuencias de esa decisión y seguir avanzando. No hay tiempo para detenerse y retorcerse las manos preguntándose si tomaste la decisión correcta. Debes seguir mirando hacia adelante, hacia la siguiente decisión. ¿Qué si tomaste la decisión errada? Sencillo: toma otra decisión, corrige tus errores y sigue avanzando.

La guía de Rich DeVos para tomar buenas decisiones

Tras años de trabajo con Rich DeVos en la Organización Magic, lo he visto tomar muchas decisiones intrépidas, arriesgadas y de muchos millones de dólares. Al verlo y hablar con él en esos momentos de decisión, he identificado ocho principios que Rich usa cuando debe tomar una decisión difícil. Esos ocho principios lo han llevado a ser una de las personas más efectivas y exitosas en la toma de decisiones de todos los tiempos.

1. Ora

La oración es una comunicación de doble vía, así que habla con Dios y pídele sabiduría, luego escucha su respuesta.

2. Define cuál es la decisión que hay que tomar

Pregúntate: ¿Qué es lo que estoy tratando de lograr con esta decisión? ¿Cuál es el problema a resolver? ¿Cuáles son mis opciones? Evita mirar la decisión en términos de este u oeste. A menudo hay tres o más opciones para cualquier decisión, así que piensa creativamente y expande tus opciones.

3. Reúne información

Obtén la mayor cantidad de información que puedas, pero no esperes mucho tiempo para decidir. Evita quedar atrapado en "la parálisis del análisis". Usualmente se puede tomar una buena decisión con mucho menos que el 100% de la información disponible; usualmente es suficiente con el 50% al 75%.

4. Haz una lista de pros y contras

Esto te ayudará a pensar con claridad y lógica en cuanto a la decisión que debes tomar.

5. Escucha a tus instintos y tu intuición

Eso no quiere decir, "Confía en tus sentimientos". Los sentimientos nunca son un buen sustituto de un análisis claro. Pero la mayoría de las decisiones mejoran al escuchar tu intuición y también tu lógica.

6. Si todavía estás indeciso, considera el peor de los casos

¿Qué es lo peor que puede suceder si decides esto o aquello? Considerar el peor de los casos te ayudará a identificar la incertidumbre y ansiedad que te impide decidir y eso dará claridad a tu pensamiento.

7. Busca consejo de asesores confiables

Proverbios 11:14 (edición de la Biblia, Reina Valera) nos dice: "En la multitud de consejeros hay seguridad". A veces una perspectiva externa puede traer claridad a la situación. No tienes que seguir el consejo de otras personas, pero es sabio escucharlo y por lo menos considerarlo.

8. Toma una decisión

No evadas, no procrastines, decide. Luego procede según tu decisión y confía en la dirección que Dios te dio en respuesta a tu oración.

Theodore Roosevelt dijo en una ocasión: "Lo mejor que puedes hacer en cualquier momento de decisión es hacer lo correcto. La siguiente mejor cosa es la equivocada. Y lo peor que puedes hacer es no hacer nada". La persona exitosa mira el problema que todos llaman "imposible" y sólo ve una decisión audaz que hay que tomar. De hecho, esta es una buena regla de oro para una toma de decisión exitosa: *entre más intrépida la decisión, más exitoso el resultado*. Alvin Toffer, autor de *Future Shock (Conmoción Futura)* lo dijo de esta manera: "Es mejor errar por atreverse que por contenerse".

Si quieres ser como Rich DeVos, entonces no esperes a atacar cuando la plancha está caliente, ¡caliéntala atacándola! No te preocupes inquietándote respecto a si vas por buen camino o no; ¡sólo traza tu propio camino! Sé intrépido, sé decisivo, y llegarás a ser un poco más como Rich.

Principio número 2 en la toma de riesgos: sé flexible

"En ese viaje al Caribe", dice Rich, "aprendí la importancia de improvisar y ajustarse a condiciones cambiantes. Si tu bote se hunde, aprende a nadar. Si una puerta se cierra en tu cara, abre una ventana. Cuando enfrentas un reto, sé flexible. Usa tu ingenio. No digas '¡Oh no! ¡Un obstáculo! ¡Algo imposible! ¿Qué hago ahora?' En lugar de eso di '¡Vaya! ¡Un reto! ¡Una oportunidad! ¡Esta es una encrucijada para ver qué tan creativo soy en realidad!'".

Mi hijo David es Sargento de la Marina de los Estados Unidos y veterano del frente de la Operación Libertad en Iraq. Los marines tienen dos lemas, uno oficial y uno no oficial. El lema oficial es *Semper fidelis*, o "siempre fiel". El lema no oficial es *Semper gumby*, que significa "siempre flexible". En otras palabras, los marines son como Gumby, ese títere animado de barro flexible de la televisión. Los marines son creativos, adaptables, ansiosos por probar nuevos métodos y enfoques. Se flexionan y estiran de cualquier manera para alcanzar el objetivo.

No puedes tener éxito si estás estancado en la rutina. No puedes ser como Rich si eres rígido e inflexible. ¿Rich DeVos traza horarios, agendas y objetivos? ¡Claro que sí! ¿Es él un esclavo de los horarios, las agendas y los objetivos? ¡Definitivamente no! Cuando surge una oportunidad o una necesidad humana, Rich cambia de marcha rápidamente y también rápidamente cambia de dirección, es rápido para flexionarse.

Si hay una constante en la vida, esa es el cambio. La vida esta llena de sorpresas. Si eres rígido y obstinado respecto a ceñirte a tu horario y tu agenda, estás condenado a la frustración. Pero si siempre estás abierto al cambio, si no dejas que las sorpresas te tumben, entonces estarás en capacidad de ajustarte y adaptarte a lo que se te presente en el camino. Como sabiamente lo dijo Chuck Smith, pastor de la iglesia Calvary Chapel, Costa Mesa, California, "Bienaventurados los flexibles, porque se doblarán y no se quebrarán". Así que si quieres ser como Rich, entonces *¡sé semper gumby!*

Principio número 3 en la toma de riesgos: no dejes que otros pisoteen tu sueño

¿Recuerdas la canción de Sinatra, "Así es la vida"? Una frase habla de

personas (y estoy seguro que has conocido
a algunas así) que piensan que es divertido
pisotear los sueños de los demás. El mundo
está lleno de pisoteadores de sueños. Muchos de ellos van por todas partes pisotean-
do los sueños de los demás sólo por envidia,
porque no tienen sueños propios. No dejes
que ellos te desanimen. Sé fiel a tus sueños.
Asume riesgos para tus sueños. Asegúrate
de que tus sueños se hagan realidad. ¡Imagí-
nate lo bien que te sentirás cuando alcances
aquella meta que todo el mundo te dijo que
era imposible de alcanzar!

> *"Me asombra la historia de papá y Jay navegando en el Caribe en ese bote con filtraciones. Ellos no sabían nada de navegar, ¡pero salieron a mar abierto! ¿En qué estaban pensando? ¡Si alguna vez veo a mis hijos hacer algo así, les golpearé las cabezas!".*
> — Doug DeVos, hijo menor de Rich y Presidente de Alticor

Rich DeVos lo dice de esta manera: "Nunca hay escasez de personas que se paran a los lados del camino y te dicen que '¡eso no puede hacerse!' Hay abundancia de personas que piensan que te están haciendo un favor al decirte que te rindas y dejes de intentarlo. A veces no tienen que decirlo con palabras, sus miradas o el tono en sus voces son suficientes para desanimarte. ¡No escuches a esas personas! No le temas a la crítica o al rechazo. No dejes que ellos siembren temores en tu mente. Si tienes un sueño, atrévete a creerlo, atrévete a hacerlo, atrévete a convertirlo en realidad. Si Dios ha encendido la llama de un sueño dentro de ti, no dejes que nadie la apague.

Tus mejores activos son tus sueños. No dejes que nadie te los robe. Únete a otros que respaldan tus sueños y pueden ayudarte a hacerlos realidad. Lo que sea que sueñes, siempre cree que lo puedes hacer".

Principio número 4 en la toma de riesgos: piensa "¡Yo puedo!"

Henry Ford dijo en una ocasión: "Si crees que puedes o crees que no puedes, tienes razón". El autor de libros exitosos en ventas, Harvey Mackay, lo dijo de otra manera: "Los optimistas tienen la razón. Igualmente los pesimistas. De ti depende cuál vas a ser".

Cuando asumas un riesgo asegúrate de hacerlo con una actitud optimista de "¡Yo puedo!" Los optimistas tienen la confianza, el entusiasmo y la energía para lograr resultados exitosos. Los pesimistas son derrotados antes de comenzar porque se involucran en situaciones riesgosas con una actitud que dice "Esto probablemente no funcione. Mi meta en realidad no es alcanzable. Probablemente fracase". Si comienzas una empresa con limitaciones autoimpuestas en tu mente, entonces estás comenzando con

"Papá es un empresario. La toma de riesgos y el trabajo duro están en su sangre. Papá nunca tuvo un jefe en su vida, así que se le dificulta pensar como empleado porque nunca ha estado ahí. Para él es difícil entender la lucha entre la seguridad y el riesgo de una persona común. Para él en realidad no vives a menos que estés tomando riesgos".
—Dick DeVos, hijo mayor de Rich

dos *strikes* en contra y una bola rápida hacia tu cabeza.

Así que comienza con una actitud de "¡Yo puedo!" Tu "¡Yo puedo!" es más importante que tu coeficiente intelectual. Tu "¡Yo puedo!" puede ser justo la ventaja que necesitas para convertir tu sueño de éxito en realidad. Rich DeVos recuerda: "Mi padre siempre me enseñó a creer en el potencial ilimitado del esfuerzo e impulso individual. Cuando era niño, cada vez que decía 'no puedo', él me detenía y decía: 'La frase *no poder* no existe' ¡Él tenía razón! Piensa al respecto: ¿Hay un buen uso que se le pueda dar a la frase 'no puedo'? ¡Ninguno! 'No puedo' es una declaración autoderrotista; 'puedo' es una declaración de confianza y poder".

Principio número 5 en la toma de riesgos: aprende las lecciones del fracaso

Cuando asumes un riesgo, debes aceptar la posibilidad real del fracaso. De hecho, si vivimos tomando riesgos, con *seguridad* fracasaremos de vez en cuando, pero el fracaso nunca es definitivo a menos que fallemos en aprender del mismo. Proverbios 24:16 (edición de La Biblia Reina Valera NVI) nos dice: "Porque siete veces podrá caer el justo, pero otras tantas se levantará". Esa es la historia de Rich DeVos en una frase. Aunque es uno de los hombres más exitosos que ha vivido, Rich conoce el fracaso. Antes que él y su amigo Jay Van Andel fundaran la Corporación Amway, sufrieron una serie de fracasos.

Inmediatamente después que su goleta, *Elizabeth*, se hundiera en el Caribe, Jay y Rich comenzaron a trazar planes para su siguiente emprendimiento. Decidieron que, a su regreso a los Estados Unidos, iniciarían una empresa de importaciones para llevar tallas en madera desde Haití. Dieron inicio a este nuevo emprendimiento con mucho optimismo y energía juvenil, ¡y su empresa de importaciones cayó de cara!

Luego iniciaron una heladería la cual fracasó rápidamente. Después de eso vino una fábrica que producía caballos mecedores de madera y nuevamente fracasaron. En ese punto, Rich y Jay probablemente estaban empezando a preguntarse por qué habían vendido el Servicio Aéreo Wolverine y el restaurante Riverside, las únicas empresas en las que realmente habían tenido éxito. Habían fracasado como marineros y empresarios, pero a pesar de eso, no permitieron que el fracaso los dominara.

"Así es como veo el fracaso", dice Rich. "Es una experiencia de aprendizaje. Aprendes mucho más del fracaso que del éxito instantáneo. Así que cuando fracases, debes aprender lo que más puedas de esa experiencia. Si aprendes una lección de un billón de dólares por un fracaso de un millón, entonces valió la pena, ha sido una preparación barata. Sólo debes enfrentarlo con una actitud de aprendizaje".

> *"No me habría postulado para Princeton si no hubiera aprendido a asumir riesgos. Mi abuelo me inspiró a tomar riesgos. Así es como él vivió su vida. Siempre nos dice '¡hazlo!'".*
> — Elissa DeVos, nieta de Rich, (Hija de Dick y Betsy)

Para Rich y Jay el fracaso fue solamente una experiencia de aprendizaje en el camino hacia un mayor éxito. Ellos sabían que con perseverancia, imaginación y toma de riesgos con valentía, iban a tener éxito nuevamente. Y, como lo ha demostrado la historia de Alticor, no podían haber tenido más razón.

Así que si quieres ser como Rich, si quieres tener el éxito y ejercer una influencia positiva sobre las personas que te rodean, entonces ¡sé intrépido! ¡Toma riesgos! ¡Vive la aventura!

CAPÍTULO 4

¡Exprésate!

Kim Bruyn ha conocido a Rich DeVos por más de veinte años. "Conocí a Rich DeVos en 1982", dice ella, "cuando entré a trabajar con la Corporación Amway en la división de relaciones públicas. Rich era el Presidente de Amway en esa época y tuve el privilegio de ser parte del equipo que viajaba con él por todo el país en las charlas que dirigía a miles de empresarios independientes. También trabajé con Rich en otros cargos de relaciones públicas y de él aprendí mucho del arte de comunicar una visión, la energía y el entusiasmo hacia los demás".

El espíritu emprendedor de Rich DeVos siempre se evidenciaba en su acercamiento inspirador y motivador con las personas, era contagioso. Después de una carrera de dieciséis años, Kim se retiró de Amway y dio inicio a su propia firma de comunicaciones, mercadeo y relaciones públicas. Hoy ella dirige una exitosa firma de relaciones públicas en Grand Rapids y sigue trabajando con Rich y Helen DeVos en sus muchos proyectos así como con otros clientes. Una de las impresiones más duraderas que ella tiene de Rich DeVos es su habilidad como orador. Kim compartió conmigo un recuerdo de Rich DeVos que particularmente sobresale en su mente.

"Rich DeVos era el orador principal en un almuerzo de la Cámara de Comercio", recuerda ella. "El almuerzo se estaba realizando en un hotel. Cientos de ejecutivos estaban dispuestos a escuchar los secretos del éxito de un billonario autoformado. Yo era una de los muchos ejecutivos de la Corporación Amway que habían llegado en helicóptero con él al evento. A medida que pasábamos por encima de las copas de los árboles, al acercarnos, noté que Rich DeVos parecía completamente relajado. No estaba nada amedrentado o nervioso acerca de hablar ante una multitud de personas.

> *"Rich DeVos es el mejor orador que haya escuchado, incluso mejor que Ronald Reagan. Cuando habla, la gente se emociona en cuanto a la vida, en cuanto a Estados Unidos".*
> — John C. Gartland, ex ejecutivo de la Corporación Amway

Antes que el helicóptero aterrizara, él saco sus notas del bolsillo de su abrigo, las cuales consistían en nada más que unos pocos puntos a tratar escritos por detrás de un sobre. Les dio un rápido vistazo y luego volvió a meterlos al bolsillo.

Rich DeVos nunca habló con un texto o un guión escrito. Un sobre o sólo una hoja de papel doblada con unos pocos puntos a tratar escritos a mano fue todo lo que le vi usar cuando daba un discurso. Había estado dando discursos de esa manera desde que comenzamos a motivar a multitudes de distribuidores de la vitamina Nutrilite en los años 1950. Su habilidad para motivar a la gente al hablar en público, sin duda empezó mucho más atrás, en los días cuando sus emocionantes discursos lo llevaron a ser elegido el presidente de su clase de secundaria.

La estructura de sus discursos era sencilla: tres puntos principales, varios relatos poderosos y una conclusión. Los títulos de estas conferencias también eran sencillos, como 'Inténtalo o llora', y ¡Las tres As: Actitud, Acción y Atmósfera'. Hacía bromas diciendo que todas sus conferencias en realidad eran el mismo discurso con diferentes títulos, porque cuando hablaba, su tema siempre era el mismo: animar y motivar a la gente a dar lo mejor de sí.

"Rich fue el Presidente de la clase de último grado en la escuela secundaria. Lo recuerdo preparando su discurso de graduación titulado '¿Qué depara el futuro?' Lo ensayó una y otra vez y papá estaba ahí, dándole indicaciones sobre su postura, movimientos y voz".
—Jan Courts, hermana de Rich

Cuando Rich DeVos se puso de pie ante la multitud, fue presentado con una larga lista de impresionantes logros y títulos. Pero al estar ahí ante la multitud y mientras esperaba que el aplauso cesara, yo no vi a un hombre que disfrutara la gloria de sus propios logros. En lugar de eso, vi a un hombre que parecía notablemente humilde. 'Gracias por esa generosa presentación, dijo, pero antes de comenzar, ustedes deberían saber quién soy en realidad. Soy un pecador salvado por gracia'.

Luego giró su cabeza a la derecha y a la izquierda abarcando la totalidad del comedor. En seguida bromeó: 'He dado muchos discursos en el circuito del pollo de goma (refiriéndose a la mala comida en las cenas de esa índole), pero ¡este es mi primer discurso en el circuito del cuello de goma!'.

En menos de treinta segundos, Rich DeVos había hecho una conexión personal con todos en ese salón. Esos empresarios sabían que él era un hombre de genuina humildad con un sentido del humor muy aterrizado. Durante la siguiente media hora, la audiencia olvidó que estaba escuchando a uno de los hombres más exitosos del planeta y miembro de la lista de los 400 americanos más adinerados de la revista *Forbes*. En esos momentos, sólo era Rich, tan modesto y sin pretensiones como cualquier vecino.

El tema de su charla fue 'Enriquecedores de vida', respecto a cómo cada uno de nosotros puede enriquecer la vida de otros. Contó historias acerca del impacto que nuestras palabras y acciones tienen sobre los demás. Habló acerca de la gente que les roba los sueños a los demás y acerca de aquellas personas que animan a otros a seguir sus sueños. Compartió eventos sobre sus propios éxitos y fracasos. Terminó con una historia de Charles Swindoll acerca de un profesor que animó a un estudiante con dificultades que venía de un hogar roto a tener éxito y convertirse en médico.

Después del discurso, yo me paré al lado de la puerta a medida que la gente salía. Escuché por casualidad muchas conversaciones animadas de personas que habían sido estimuladas a hacer una diferencia en la vida de sus empleados y compañeros de trabajo. Vi a varias personas secándose los ojos con pañuelos, evidentemente conmovidas por

> *"Papá usa sus habilidades de oratoria para mejorar la vida de los demás. Cuando habla, le transfiere esperanza a la gente".*
> — Doug DeVos, hijo menor de Rich y Presidente de Alticor

las poderosas historias de Rich DeVos. Muchos habían ido a aprender cómo hacer dinero. Se fueron con un inmenso deseo de hacer una diferencia en la vida de otras personas".

Cómo hablar como Rich DeVos

Como Kim Bruyn, he tenido el privilegio de escuchar a Rich DeVos en muchos de sus discursos. Sin duda, es el mejor comunicador que haya escuchado jamás. En entornos de comunicación uno a uno, es un consejero sabio y un buen oyente. En entornos de grupos pequeños como en una reunión de Estrellas de la NBA, es cálido, atractivo e inspirador. Frente a una gran convención de Amway, genera respeto y cautiva la atención de una multitud de cuarenta mil personas.

El éxito y la influencia de Rich DeVos se deben, no en poco, a su extraordinaria habilidad como orador y narrador de historias. Nadie puede llegar al nivel de éxito de Rich únicamente por sus propios medios. Para obtener resultados de un billón de dólares, debes poder trabajar con la gente, inspirarlos y motivarlos a hacer que tu sueño se haga realidad. Tu éxito personal y profesional está en gran parte determinado por tu habilidad para hablar ante una audiencia.

Tom Michmershuizen, un empleado por mucho tiempo, ahora retirado, quien ingresó a Amway durante sus primeros años, me dijo: "Nunca he escuchado a un mejor orador que Rich DeVos. Durante la primera década de la existencia de Amway, la gente del departamento de pedidos podía adivinar cuando Rich estaba en un tour de conferencias porque siempre había un incremento en el volumen de ventas en cada ciudad que visitaba. Jan Mangnuson, quien estaba a cargo del pronóstico de ventas de Amway, siempre quería saber a dónde iba a hablar Rich para poder llenar el almacén de esa área. Como coordinador de área, a menudo viajé con Rich y siempre volvía feliz porque nuestro volumen de ventas llegaba a un nuevo tope cada vez que hablaba".

"Rich tiene un sentido del humor contagioso. Siempre abre una reunión con una historia chistosa que rompe el hielo y le permite a la gente saber que se puede relajar y disfrutar lo que viene a compartirles".
—Edwin Meese III Ex Fiscal General de los Estados Unidos

Con el paso de los años, las palabras habladas no sólo han movido las ventas. Han movido naciones, cambiado la Historia y reformado al mundo. Los mejores Presidentes de Estados Unidos siempre han sido excelentes comunicadores. L. William Seidman, ex contador de Amway y economista en la administración del Presidente Ford, me dijo: "A comienzos de los años 1980 yo quería que Rich se postulara a la presidencia, pero él rechazó la propuesta debido a los problemas de salud por los que estaba pasando en ese tiempo. Estoy seguro que tomó la decisión correcta, pero habría sido un candidato creíble y un verdadero factor en la competencia, y habría sido un gran presidente. Nunca he visto a nadie comunicarse como lo hace Rich DeVos, incluyendo a Ronald Reagan. Rich se comunica con la gente y la inspira. Y de verdad puede vender".

He tenido la oportunidad de ver a Rich hablar muchas veces. Me considero un experto orador, en promedio hago 150 presentaciones al año, estoy en la lista de las 100 mejores agencias de conferencias de Estados Unidos. Pero cuando escucho a Rich hablar, ¡veo cuánto tengo que aprender! Las habilidades oratorias de Rich le han dado un incalculable impulso a los Orlando Magic, como organización y equipo de baloncesto.

Mick Smith, el entrenador físico del Orlando Magic, recuerda: "Antes de mi primer juego con los Magic, Rich DeVos vino a los vestidores. Lo miré y pensé: *"Un hombre con apariencia promedio, buen traje, le estrecha las manos a todos, parece como un buen hombre"*. Luego se paró frente al equipo y comenzó a hablar. Pensé: *"¡Vaya! ¡Éste hombre de verdad se co-*

necta!". Dijo: 'Todos somos familia. Los quiero chicos y si hay algo que necesitan, estoy disponible'. Cuando terminó de hablar, me sentí como si hubiera estado en la iglesia".

Bob Hill, ex entrenador asistente del Orlando Magic, me dijo: "Durante un año entrené con el entrenador principal Brian Hill en Orlando. Bob Vander Weide invitó al equipo a una cena en su casa antes del partido inaugural de la temporada en Miami. Casi al final de la tarde Rich DeVos nos pidió a todos que fuéramos a la sala para hablar un rato. Le habló al equipo respecto a lo que se necesita para tener éxito. Se podía ver alrededor de la sala a todos esos jugadores y ver cómo su imaginación se encendía. ¡Qué despedida! ¡Fuimos a Miami y sencillamente acabamos con los Heat! ¡Shaquille O'Neal sólo anotó treinta y seis puntos! No puedo dejar de pensar que el discurso de Rich tuvo mucho que ver con eso".

El ex entrenador asistente, Tom Sterner, recuerda cuando en 1995, nuestro joven club de baloncesto llegó a las finales de la NBA. "Al comienzo de las finales", dice: "Rich vino a hablar con el equipo. El club estaba nervioso y ansioso debido a la presión, pero cuando los jugadores vieron lo calmado y tranquilo que estaba Rich, en realidad se tranquilizaron. Rich orientó su charla en jugar duro y disfrutar la experiencia, no en ganar. Él dijo: 'Los respeto chicos, y los amo'. Luego hizo una pausa y dijo: '¿Por qué no nosotros? ¿Por qué no ahora?' Bueno eso cautivó la atención del equipo. Todos saltaron y tomaron el refrán '¡Sí! ¿Por qué no nosotros? ¿Por qué no ahora?'".

> *"Me asombra ver hablar a Rich. Él escribe seis palabras en un trozo de papel, luego da un discurso de 45 minutos sobre esas seis palabras. Es muy efectivo estimulando a la gente, inspirándola y retándola a dar lo mejor de sí. Y es igualmente efectivo hablando delante de un grupo de cualquier edad".*
> — Betsy DeVos
> Nuera de Rich (Esposa de Dick)

Richie Adubato, ex entrenador de los Magic recuerda esa reunión. "'¿Por qué no nosotros? ¿Por qué no ahora?' Esa frase realmente encendió al equipo. Rich entendió que cuando tienes una oportunidad para ganar un torneo, vas por él *de inmediato*, porque es probable que no tengas otra oportunidad así. Rich realmente nos inspiró y nos motivó con esa charla. Aunque perdimos ante Houston en las finales, tuvimos una gran temporada y jugamos fuerte. El discurso de Rich fue el salto de inicio que nos encendió para jugar a un nivel muy elevado para ese equipo tan joven".

A Rich le encanta inspirar y motivar en todos los niveles. Jill Grzesiak, ejecutiva asistente de Rich, compartió esta historia conmigo: "El nieto de diez años de Rich, Dalton, tenía un juego de fútbol. Su equipo perdió y

> *"Rich es cautivador porque es entendido en muchos temas. Podría sentarme y escucharlo indefinidamente".*
> —Bruce Heys, sobrino de Rich

todos los niños estaban por todas partes, deprimidos y abatidos. Algunos estaban llorando. Rich reunió al equipo alrededor de él y les dijo: 'Miren chicos, el fracaso no es nada de lo cual avergonzarse mientras aprendan de él'. Les dio toda una charla de ánimo, y cuando terminó, los niños volvieron de nuevo a la cima. La transformación fue asombrosa".

Cómo hablar efectivamente

Si quieres inspirar y motivar como Rich DeVos, entonces debes aprender a hablar como Rich. La habilidad para hablar efectivamente ante una audiencia puede transformar tu vida. Aquí hay diez poderosos principios para hablar en público con eficacia, los cuales he aprendido al observar a mi amigo, Rich DeVos.

Primer principio para hablar en público: ¡Prepárate!

Al preparar tu discurso, sé consciente de la diferencia entre la comunicación escrita y hablada. Si quieres comunicar detalles, estadísticas y datos, es mejor poner esa información de forma escrita, como en un volante o folleto. Pero si quieres inspirar, persuadir y motivar a la gente, debes dar un discurso poderoso. Así que cuando prepares tu discurso, evita muchos factores y estadísticas que adormecen la mente y hacen que tus oyentes nunca absorban lo que dices. En lugar de eso, concéntrate en ideas amplias, visionarias conceptos persuasivos e historias fascinantes.

> *"No hay una habilidad más importante en la vida que la habilidad para comunicarse bien, y Rich DeVos es un gran comunicador".*
> —Gerald R. Ford, Presidente de los Estados Unidos

Sobre todo, ¡nunca seas aburrido! Asegúrate de que cada concepto de tu discurso suene con energía. Nunca planees comenzar lento y ganar impulso. En lugar de eso, ¡agarra a tus oyentes por la garganta desde el comienzo y no los dejes ir! ¡Asómbralos, deslúmbralos, noquéalos en los primeros treinta segundos y sigue golpeándolos hasta tu gran final!

Al preparar tu discurso, piensa en quiénes integran tu audiencia y qué quieren aprender o ganar de tu charla. Evita sobrecargar a tu audiencia con demasiada información. Concentra tu charla en tres principios memorables que quieres que tus oyentes recuerden mucho después que termine la charla. Ensaya tu discurso hasta que te sientas cómodo. El día de tu discurso, llega temprano, camina por el salón, siéntate en las sillas y obtén un sentimiento ante el salón desde la perspectiva de la audiencia. Antes de salir al escenario, toma unos pocos minutos para ordenar tus pensamientos, concéntrate en tus notas y ejercita los rangos más profundos de tu voz (entre más profunda suene tu voz, te oirás con más autoridad). Concéntrate en pensamientos positivos y seguros.

Cuando ensayes, cronometra tu discurso. Asegúrate de que puedes comenzar y terminar a tiempo. Nunca prolongues tu tiempo, déjalos siempre deseando más.

Segundo principio para hablar en público: habla con un estilo conversacional relajado

Nunca leas tu discurso; ten un diálogo espontáneo con tu audiencia, como si estuvieras hablando con un amigo. Entre más espontáneo suenes, les agradarás a más oyentes y confiaran en ti. En lugar de escribir tu discurso palabra por palabra, usa frases cortas o símbolos como notas para estimular tu memoria. Tus notas sólo deben darte una orientación, no un guión.

"Las habilidades oratorias de Rich desarrollaron Amway".
— Dexter Yager, empresario independiente

El ejecutivo retirado de Amway, Bob Kerkstra dice: "Nunca he escuchado a un orador que pudiera cautivar a una audiencia como Rich DeVos. Hace muchos años, habló en casi doscientas reuniones en un periodo de doce meses, y cada discurso fue único y diferente de los demás. Él no escribe sus discursos. En lugar de eso, habla sobre un tema o materia con un sólo trozo de papel con no más de una docena de palabras claves. La única parte literal que escribe de un discurso es una lista de personas a quienes quiere dar reconocimiento, para Rich es importante tener los nombres correctos de la gente cuando habla. Además de eso, todos sus discursos se ven y suenan muy informales y espontáneos, más como una conversación que una oratoria".

Estos son unos puntos para ayudarte a sentir y ver tranquilo frente a una audiencia: habla de forma natural y conversacional. Pon tus manos a los lados, no las juntes frente a ti en forma de "hoja de higuera" (es una posición que comunica inseguridad y temor del auditorio). Relájate, sé tú mismo y harás sentir cómoda a tu audiencia.

Paul Conn es el Presidente de la Universidad Lee en Cleveland, Tennessee. También es un escritor que ha trabajado con Rich DeVos, así que lo conoce bien. "Como orador", dice el doctor Conn, "Rich está preparado, pero la multitud siente que su charla es espontánea y preparada sólo para ellos. Rich es lo suficientemente relajado y tranquilo ante una audiencia como para hablar improvisadamente y seguir ese ritmo. Cuando un orador es así de relajado y tranquilo frente a una audiencia, la audiencia puede relajarse y disfrutar del mensaje".

John Brown, ex ejecutivo de Amway, está de acuerdo. "Rich DeVos es un orador fascinante y cautivante, dice, porque es tan tranquilo y cómodo al estar ante una audiencia. Su habilidad oratoria es una parte importante del éxito de la compañía. Tiene una capacidad increíble para tranquilizar a la gente y permitirles ver cualidades y habilidades en ellos mismos que no sabían que tenían".

Tercer principio para hablar en público: practica buenos hábitos de "comunicación con tus ojos"

"Rich DeVos es un visionario. Ve cosas que son invisibles para la mayoría de nosotros. Cuando habla, así sea a grupos o individuos, los levanta para que vean su visión".
—Jack Kemp, ex congresista de los Estados Unidos

No te limites a dar vistazos fugaces sobre tu audiencia. Deja que tus ojos hagan contacto por dos o tres segundos con varias personas del público a quien te diriges. Deja que la gente sepa que les estás hablando directamente a ellos.

El médico de Grand Rapids, el doctor Oliver Grin, ha escuchado hablar a Rich en muchas ocasiones. "Si en Rich DeVos hay algo más sobresaliente que sus habilidades verbales", dice, "son sus habilidades *no verbales*, especialmente su comunicación visual. Incluso cuando habla a una audiencia de miles, Rich hace contacto visual de una manera que te hace sentir que está hablando sólo contigo. Cuando habla, no parece que estuviera dando un discurso. Parece como una conversación".

Cuarto principio para hablar en público: ¡muévete por todas partes!

El movimiento genera atención. El movimiento trasmite energía y entusiasmo. Aunque hablas con tu boca, debes comunicarte con todo tu cuerpo. Usa gestos amplios y expresivos para enfatizar algo. Usa tus manos, tus expresiones faciales y tu cuerpo para subrayar, poner cursivas y títulos a tu mensaje. Entre más grande el salón, más expansivos deben ser tus gestos.

Sal de detrás del atril y muévete por todo el escenario mientras hablas, o incluso en medio del público. No sólo háblale a la gente, involúcralos en la conversación. Invita a que haya preguntas, interacción y diálogo, incluso en medio de tu charla. Cuando promueves la participación del público, aumentas su vínculo emocional con tu mensaje.

"Papá odia los atriles", dice el hijo de Rich, Dick DeVos. "Se rehúsa a quedarse arraigado en un sólo punto cuando habla. Tiene que moverse por todas partes y hacer gestos con sus manos. A él le encanta bajarse del escenario y estar al mismo nivel de su público. No le gusta el espacio abierto entre él y la primera fila. Papá necesita tener esa conexión personal".

"La primera vez que escuché a Rich hablar", recuerda Paul Conn, "yo tenía veintinueve años, y él estaba dirigiendo una convención de la compañía en Minneapolis. Era una típica multitud entusiasta y con mucha energía, de cuatro o cinco mil personas presentes. Mientras Rich estaba en el escenario hablando, una pequeña anciana le gritó una palabra de ánimo. La multitud reaccionó entusiasmadamente.

> *"Rich DeVos es un maravilloso orador. Tiene una asombrosa habilidad para emocionar e inspirar a la gente sólo con palabras".*
> —General Alexander M. Haig Jr., ex Secretario de Estado de los Estados Unidos

En ese momento, Rich bajó del escenario, caminó hacia el público, hizo parar a la señora y ¡le dio un suave beso en la mejilla! Luego saltó de vuelta al escenario. El caos reinó. El momento de Rich fue perfecto. Hizo justo lo correcto, premiando a la mujer por su exuberancia, de una manera muy tranquila y con clase. Fue un momento de un gran espectáculo porque Rich tiene un toque espontáneo. Eso fue casi treinta años atrás, y no recuerdo mucho de qué habló Rich esa noche, pero sí recuerdo lo que hizo".

Quinto principio para hablar en público: ¡Comunícate con energía!

Cuando hablas, tu rostro, y de hecho todo lo que eres, debe irradiar energía, entusiasmo y convicción. Tu voz debería resonar con energía. Tus ojos deberían brillar con energía. Tu sonrisa debería deslumbrar con energía. Aunque es cierto que algunas personas por naturaleza tienen personalidades enérgicas, todos podemos aprender a ser más enérgicos y dinámicos cuando hablamos. Las habilidades de oratoria se pueden enseñar, entrenar y aprender, y una de las habilidades más importantes de todas es la habilidad para comunicarse con energía. Mike Jandernoa es el Presidente de la Junta Directiva de una empresa farmacéutica con base en Michigan y un líder de negocios en Grand Rapids. Él dice: "La gran fortaleza de Rich DeVos como orador es su habilidad para conectarse emocionalmente con el público. Él toca a la gente de manera emocional, les trasmite su propia energía. Él los entusiasma y motiva a actuar y hacer algo con sus vidas. Rich tiene un asombroso don de comunicación".

Sexto principio para hablar en público: conviértete en un narrador de historias

Las historias crean una conexión emocional poderosa con tu público. Usa historias divertidas para relajar a tu público y poner cómodos a tus oyentes. Usa historias dramáticas para generar emociones fuertes y empatía. Las buenas historias activan la imaginación del oyente y hacen que tu punto sea memorable, incluso inolvidable. Las historias estampan imágenes en la mente de los oyentes y activan emociones fuertes. Todos los grandes comunicadores de la Historia han sido buenos narradores de historias, desde Jesús hasta Lincoln, desde Disney hasta JFK, desde Reagan hasta Rich DeVos.

Wayne Huizenga, propietario de los Miami Dolphins, recuerda: "Siempre había escuchado hablar de Rich DeVos, pero nunca lo había conocido hasta cuando habló en el Desayuno de Oración del Alcalde en Fort Lauderdale. Yo llevé conmigo al personal de mi oficina y nos sentamos en la primera fila. Cuando escuché a Rich hablar, pensé: *"¡Vaya! ¡Es fantástico!"*. Él compartió su fe y fue muy inspirador y motivador. Lo más poderoso acerca de su charla fue las historias que contó. Una de ellas me hizo llorar".

"Rich es un excelente orador y narrador de historias", dice el congresista de los Estados Unidos, Vern Ehlers. "Él puede hacerte reír un momento y llorar al siguiente. Es muy persuasivo porque es un muy buen narrador de historias". La empleada de Alticor, Jossie Luster-McGlamory afirma: "He aprendido de Rich DeVos que usar las historias y parábolas es poderoso cuando se trata de hablar en público. Las historias facilitan que la gente conserve el interés y entienda tu punto junto con emoción y poder". Es cierto. Si quieres ser exitoso, influyente y persuasivo como Rich, entonces conviértete en un narrador de historias.

Séptimo principio para hablar en público: varía tus tonos de voz

Una voz monótona es aburridora y pone a dormir al público. Tu voz debe subir y bajar con los ritmos de tu discurso. El aire en el salón debe estremecerse con la energía y el entusiasmo de tu voz.

Habla con una voz firme y clara que demuestre que hablas en serio. Elimina palabras de tu vocabulario que puedan hacerte ver indeciso o inseguro, como "ehhh", "ummm", "bueno", y "ya sabes".

Haz que el "poder de la pausa" funcione a tu favor. En una ocasión Mark Twain dijo: "La palabra correcta puede ser efectiva, pero ninguna palabra jamás ha sido tan efectiva como una pausa en el tiempo exacto". Puedes usar una pausa para inquietar al público en silencio, para resaltar un punto importante o para permitir que el público disfrute de un momento cómico. Una pausa dramática crea un momento de expectativa, añadiendo un golpe poderoso a las siguientes palabras que digas.

> *"Rich DeVos hace muchas cosas bien, pero probablemente su mejor habilidad es hablando en público. Él recorre el país en un avión privado, hablando en eventos que van desde pequeñas graduaciones de secundaria hasta gigantescas convenciones de ventas que llenan auditorios masivos".*
> —Paul Conn, Presidente de la Universidad Lee

Octavo principio para hablar en público: demuestra un interés genuino

Muéstrale a tu público que te interesas genuinamente por ellos y sus necesidades. Si tu "interés" es sólo una actuación, se notará. Pero si verdaderamente disfrutas al servir y ayudar a los demás, si te tomas el tiempo para atender en realidad sus necesidades en tu discurso, los conquistarás y ellos te amarán.

Algo que la gente siempre siente en Rich DeVos es la genuinidad de su amor por las personas. Él de verdad quiere que su público experimente una calidad de vida plena y rica. El pastor urbano Orlando Rivera lo dijo de esta manera: "En una ocasión asistí a una conferencia de liderazgo urbano en la Universidad Hope en Holland, Michigan. Rich DeVos se dirigió a nosotros como a un grupo, pero después de finalizar su charla se quedó y nos habló de manera personal. Se tomó el tiempo para aprenderse nuestros nombres. No sólo vino a dar un discurso. De hecho, se sentó con nosotros y nos compartió su vida. Salimos sabiendo que no solamente había ido a aportar un cheque para iniciar un proyecto y darnos a todos una charla estimulante, sino que también comprendimos que él estaba profundamente comprometido con mejorar vidas. Ese fue un interés genuino, no un artilugio".

Joan Williamson, quien ha sido empleada de Amway por mucho tiempo, recuerda: "Rich DeVos siempre leyó la historia de Navidad en la Biblia

"Algunos oradores comunican a la mente. Rich llega al corazón. Aunque habla con emoción, sus discursos son construidos con lógica y son fáciles de seguir punto por punto. La sinceridad de Rich lo encierra todo porque sus convicciones son muy fuertes".
—Jerry Meadows, empresario independiente

durante la reunión navideña de los empleados como una tradición y siguió con ella incluso después de su trasplante de corazón. Para la fiesta de Navidad después de su cirugía, Rich entró caminando al auditorio, el cual estaba lleno, para hacer su lectura anual y todo el mundo se puso de pie y le hizo una ovación que seguía y seguía. Fue muy emotivo y hubo muchas lágrimas. Fue un desborde de amor. Todos queríamos mostrarle nuestro cariño a Rich porque todos sabíamos que él legítimamente nos amaba y se interesaba por cada uno de nosotros. ¿Cuántos ejecutivos alguna vez llegaron a experimentar esa clase de amor de parte de sus empleados?".

Noveno principio para hablar en público: entrénate para ser un orador más efectivo

Todos podemos afinar nuestras habilidades para hablar en público; todos tenemos espacio para mejorar. Después de literalmente haber dado miles de conferencias durante años, todavía busco entrenamiento y opiniones de parte de entrenadores profesionales en discursos. Hay disponibles muchos programas de entrenamiento para oradores, desde reuniones semanales de Toastmasters, hasta programas intensivos de guía para ejecutivos. A medida que practicas, asegúrate de buscar la opinión de un entrenador en oratoria respecto a tus puntos fuertes (habilidades naturales que puedes acentuar y fortalecer), y a tus puntos débiles (áreas con problemas en las que puedes trabajar y cambiar). Sé enseñable y receptivo porque la retroalimentación y el entrenamiento te capacitan para obtener un mejor desempeño.

Rich DeVos le da crédito a su primer entrenador en oratoria por haber orientado su profesión en la dirección correcta. "Cuando estaba en mis veintes", recuerda Rich, "tomé el curso en oratoria de Dale Carnegie con un profesor llamado Walt Bass. Todo el mundo debería tomar un curso Dale Carnegie. Toda mi familia lo ha hecho.

Mi momento ¡Eureka! como orador se presentó pocos días después que tomé ese seminario Carnegie. Teníamos una convención de Nutrilite en Chicago con cerca de tres mil personas, incluyendo al mismo Sr. Bass. Usé todas las indicaciones que él me enseñó y terminé mi discurso pidiéndoles a todos que se pararan para orar. Después de hacerlo, el público permaneció de pie y aplaudió. Yo quedé sorprendido por la respuesta. Luego de eso el Sr. Bass se me acercó y dijo: 'Tienes un enorme don y un gran futuro como orador'. Y así fue como comenzó".

Otra herramienta valiosa para formar tus habilidades de oratoria es la retroalimentación por video. Ensaya tu discurso frente a una cámara de video. Cuando lo veas, sabrás cómo te perciben los demás. Identificarás tanto tus fortalezas de comunicación como los malos hábitos que no sabías que tenías. Al comienzo harás una mueca ante tus defectos y errores embarazosos pero enfréntalos y puedes tener la seguridad de que ob-

> *"Rich es un comunicador único ya que se siente cómodo en el centro del escenario, pero también es muy humilde. El escenario no controla a Rich. Él controla al escenario".*
> —Paul Gordon, líder de negocios de Grand Rapids

servarás mejoría en tu desempeño. La retroalimentación por video te hará consciente de tu propio comportamiento al comunicarte. A medida que mejores, tu nivel de confianza se disparará hasta el cielo.

Décimo principio para hablar en público: nunca dejes pasar una oportunidad para hacerlo

Si quieres tener éxito y ser influyente, entonces aprovecha cualquier oportunidad que se te presente para hablar en público. Si no surgen ocasiones, entonces crealas tú mismo. Ninguna oportunidad para hablar en público es demasiado pequeña ni exageradamente grande. Así sea que se te presente una situación para hablarle a una docena de Rotarios en West Overshoe o a un público de millones en televisión, ¡aprovéchala! ¡Saca lo que más puedas de esa oportunidad! Eso es lo que hago yo, eso es lo que hace Rich DeVos, y eso es lo que tú también debes hacer.

El ejecutivo de ventas de construcción, Ken Koldenhoven, dice: "Hace aproximadamente veinte años escuché hablar a Rich DeVos en un evento comunitario para una recaudación de fondos en Grand Rapids. Todavía recuerdo todos los puntos principales de su discurso, fue memorable. Hace poco vi a Rich en Orlando y le pregunté si podía dar una conferencia en honor a todos los ministerios religiosos que hay en el centro de Florida. Pensé que probablemente me haría un cortés rechazo. Para mi sorpresa, aceptó de buena gana. Ahora veo que no debió sorprenderme porque esa es la clase de líder generoso que es Rich DeVos".

Conquista el mayor temor

Puedes decir: "¡He tratado de hablar en público y no puedo hacerlo! ¡Mis rodillas temblaban y mis dientes castañeaban en todas mis clases de oratoria en la secundaria! ¡Tengo pánico escénico y miedo al micrófono como no te imaginas! ¡No tengo esperanza!".

"Acababa de iniciar mi negocio de pizza cuando escuché hablar a Rich DeVos en un evento Jaycee en Michigan. Nunca antes ni después escuché a un mejor orador. Yo no me consideraba un orador público, era muy tímido. Pero decidí que quería ser igual de exitoso con Domino's como lo era Rich con Amway. Así que me convertí en un orador y desde entonces he dado cientos de conferencias".
—Tom Monaghan, Fundador de Domino's Pizza

Bueno, si eso expresa tus emociones en cuanto a hablar en público, no estás solo. De acuerdo con *The Book of Lists (El libro de las listas)*, de David Wallechinsky y Amy Wallace, el temor número uno que enfrentan las personas es el temor a hablar en público. ¡Asombrosamente, el temor a la muerte está más abajo en la lista, en el séptimo lugar! Esta sorprendente estadística impulsó al comediante Jerry Seinfeld a anotar: "Estudios muestran que el temor a hablar en público ocupa un lugar más elevado que el temor a la muerte. Supongo que esto quiere decir que la mayoría de la gente en un funeral preferiría estar en el ataúd que presentándole respetos al difunto".

Definitivamente puedo identificarme con esos temores. Recuerdo vívidamente mis primeras experiencias hablando en público en mi salón durante la clase de inglés con la señorita Barbara Bullard. Ella nos hacía preparar nuestros discursos en tarjetas de 3x5 pulgadas. Su intención era forzarnos a hablar partiendo de unas notas breves y no de un guión palabra por palabra. Pero estaba tan nervioso de olvidar mi discurso que lo escribí todo en esa tarjeta en letra microscópica. Cuando me puse de pie ante la clase, ni siquiera podía leer lo que había escrito y quedé petrificado delante de todos como el dicho del venado frente a las luces del auto. Fue una de las experiencias más desastrosas y vergonzosas de toda mi adolescencia. Recordándolo, ¡me sorprende que haya vuelto a ponerme de pie a dar un discurso en público!

Pero en mi tercer año en la Universidad Wake Forest tomé dos clases trascendentales: Introducción al discurso e Interpretación oral de la Literatura. ¡En esas clases comencé a entender que pararse ante un público de hecho podía ser *divertido*! Pronto estaba dando conferencias cada que se me presentaba la oportunidad e incluso tuve mi propio programa de entrevistas en vivo en la estación de radio de la universidad. Desde la época universitaria, la oratoria ha sido gran parte de mi vida y he dado miles de discursos tanto en lugares grandes como pequeños. Conquistar mis temores y aprender a comunicarme ante grupos de personas fue un dramático evento decisivo en mi vida.

He visto que hay dos maneras seguras de conquistar el temor a hablar en público:

Primera, *conocer tu material*. Ensaya tu discurso hasta que estés realmente preparado para darlo con confianza y convicción aún hasta cuando duermes. Si es posible, crea una serie de "discursos de campaña" que puedas presentar una y otra vez a diferentes audiencias con sólo unas pocas variaciones. Mucho del temor a hablar en público se debe a la angustia de olvidar tu mensaje o perder el hilo, tartamudear y sudar mientas buscas a tientas tus palabras. Cuando conoces al dedillo tu conferencia, ese temor desaparece.

Segunda, *preséntate con un aire de plena confianza*. Si no te *sientes* confiado, no te preocupes por eso. Simplemente *finge*. No importa cuán nervioso te sientas por dentro, endereza tus hombros y párate derecho, en tal postura que comuniques confianza y convicción. *Actúa* como si tuvieras toda la seguridad del mundo y pronto te *sentirás* confiado y seguro fácilmente. Los psicólogos nos dicen que los *sentimientos siguen al comportamiento*. Así que compórtate confiadamente y los sentimientos de confianza vendrán detrás.

El entrenador en oratoria, Ty Boyd, fundador del Sistema Ty Boyd de Aprendizaje para Ejecutivos, en Charlotte, Carolina del Norte, ofrece una fascinante perspectiva sobre uno de los oradores más legendarios de nuestro tiempo. "Hablemos sobre el Presidente John Kennedy. Cuando JFK hablaba, su voz sonaba con autoridad. Se conectaba con su público, el pueblo americano, tan poderosamente que todavía es citado décadas después. Pero ¿sabías que cuando hablaba sus rodillas le temblaban? Un amigo mío fue agente del Servicio Secreto durante la presidencia de Kennedy. Cada vez que JFK se paraba detrás del atril, mi amigo estaba parado justo detrás

> *"Rich es reacio a hablar de su evidente carisma como orador público. 'Ah, de todas maneras la mayoría de lo que digo lo he tomado prestado de otras personas', dice. Probablemente así sea. Pero así se trate de que esté explicando el plan de ventas de Amway o promoviendo la libre empresa ante la Asociación Nacional de Fabricantes, deja a quienes lo escuchan con una experiencia que no olvidaran rápido".*
> —Paul Conn, Presidente de la Universidad Lee

de él y mientras el joven Presidente hacía malabares con asuntos difíciles con aparente facilidad y nos conquistaba con su sonrisa confiada y palabras de seguridad propia, sus rodillas le temblaban, todas las veces. ¿Su temor lo hizo menos efectivo al comunicarse con nosotros? La historia ya ha juzgado eso por nosotros, ¿cierto?".

Así que si quieres tener éxito y ser influyente como Rich DeVos, entonces ¡exprésate! ¡Conquista tus temores! ¡Comunica tu visión! ¡Motiva y energiza a la gente que te rodea! Aprende a hablar como Rich y no hay límite de cuán lejos puedes llegar.

CAPÍTULO 5

¡Sé sabio!

El año 1995 fue el peor de mi vida. Fue cuando mi primera esposa me dijo que me iba a dejar. Durante ese diciembre decidimos manejar el divorcio de manera discreta y amigable, sin el desorden de la publicidad de una audiencia en la corte. Pero sólo una semana después de haber tomado la decisión recibí una llamada de mi abogado. "Pat, dijo, hemos sido demandados". Tan pronto los documentos del divorcio fueron presentados ante la corte, el caso de Williams vs. Williams se hizo de dominio público.

Yo estaba devastado. Uno de mis mayores temores era lo que pudieran decir los medios una vez se hiciera público lo del divorcio. Decidí hacer una declaración preventiva ante la prensa en lugar de esperar a que los reporteros me buscaran. Pasé todo el viernes después de Navidad trabajando en esa declaración. Escribí muchos borradores, mostrándoselos a varios amigos para saber sus opiniones.

Al final del día, había estructurado un comunicado de prensa hermosamente redactado. Sólo había una persona más a quien quería mostrárselo: a mi buen amigo y consejero Rich DeVos. Luego resultó que pude haberme ahorrado horas de trabajo si sólo hubiera buscado primero a Rich.

Después de leer mi declaración escrita, él me miró y dijo: "No tienes que decir todo eso. Sólo debes decir tres frases: 'Mi esposa ha presentado una demanda de divorcio hoy y lo lamento profundamente. Los niños están conmigo y saben que son amados y atendidos'. Eso es todo lo que debes decir".

> *"Un hombre sabio es aquel que sabe que no puede hacerlo todo por sí solo. Rich DeVos nunca pensó saber todo de todo. En lugar de eso, siempre encontraba a las mejores personas para que trabajaran para él y luego les permitía hacer su trabajo".*
> —Boyd Hoffman, amigo de mucho tiempo de Rich DeVos

Ese fue uno de los consejos más sabios que jamás haya recibido.

Ver la vida desde la perspectiva de Dios

¿Qué es sabiduría?

Hay quienes confunden la sabiduría con la *inteligencia*. Pero ser inteligente no te hace sabio. Hay muchas personas en este mundo con nivel MENSA de coeficiente intelectual pero con poca o nada de sabiduría. Ellas pueden entender todas las complejidades de la física cuántica o de la economía Keynesiana, pero cuando se trata de tomar decisiones sabias respecto a las relaciones o la moralidad, no tienen ninguna idea.

Otros confunden la sabiduría con el *ingenio*. Pero ser ingenioso tampoco te hace sabio. Un político ingenioso puede engañar a cierto número de personas como para ser elegido y reelegido pero sólo un político sabio toma decisiones que mejoran la vida de esta generación y de las que vienen. Un autor ingenioso puede escribir una obra de mala calidad sólo para hacer dinero y vender millones de copias, pero un escritor sabio crea literatura que toca corazones y cambia vidas. Un inversionista ingenioso tiene la capacidad para hacer una fortuna en el mercado de valores, pero un líder ejecutivo sabio crea una compañía que beneficia a la sociedad y proporciona empleo significativo a su equipo laboral.

Otros confunden la sabiduría con el *conocimiento*. Pero ser conocedor tampoco te hace sabio. Entonces, si la sabiduría no es inteligencia ni ingenio ni conocimiento, ¿qué es?

"Lee el libro de Proverbios. Ahí es donde se encuentra la verdadera sabiduría que sólo tienes cuando conoces al Señor".
—Rich DeVos

El filósofo judío Baruch Spinoza, definió la sabiduría como la habilidad para ver todas las cosas desde la perspectiva de la eternidad. En otras palabras, es la *habilidad para ver la vida desde la perspectiva de Dios*. Obviamente, sólo Dios puede verdaderamente ver *toda* la vida desde la perspectiva eterna. Como Isaías 40:28 (Edición de la La Biblia Reina Varela, NVI) nos dice: "¿Acaso no lo sabes? ¿Acaso no te has enterado? El Señor es el Dios Eterno, Creador de los confines de la Tierra. No se cansa ni se fatiga, y Su Inteligencia es insondable". Es por eso que no podemos hacernos verdaderamente sabios sin sumergirnos nosotros mismos en los pensamientos de Dios, como lo encontramos en Su Palabra, la Biblia. "La ley del Señor es perfecta", dice el Salmo 19:7 (Edición de la La Biblia Reina Varela, NVI), "infunde nuevo aliento. El mandato del Señor es digno de confianza: da sabiduría al sencillo".

"Lee el libro de Proverbios", dijo Rich en una ocasión. "Ahí es donde se encuentra la verdadera sabiduría que sólo tienes cuando conoces al Señor".

Rich DeVos es un hombre de gran sabiduría. Ha sido bendecido con una asombrosa habilidad para entender los problemas y llegar a soluciones firmes y justas. Puede sentarse en una reunión, poner en orden todo lo que se dice y las ideas opuestas para luego rápida y sabiamente llevar a todo el grupo a determinar un rumbo para actuar. Creo que una de las razones por las cuales Rich DeVos es tan sabio es porque ha dedicado su vida a descubrir los pensamientos de Dios tal como se hallan en Su Palabra. Una y otra vez, cuando enfrentamos una situación crítica en la organización Magic, Rich cita de memoria un versículo de la Escritura e infaliblemente ese pasaje bíblico contiene la solución al problema con el que estamos luchando.

Una persona sabia que logra ver la vida desde una perspectiva eterna, sabe llevar una vida más efectiva y exitosa. ¿Por qué? Porque ve con claridad; aprecia la realidad tal como es en lugar de filtrarla con una neblina de pensamientos ilusorios. La gente sabia anticipa y evita las dificultades de la vida. Está mejor equipada para manejar las crisis y solucionar problemas.

La sabiduría se demuestra con la manera como una persona responde en tiempos de prueba y sufrimiento. Rich DeVos ha vivido por muchos años con problemas de salud severos, ha sufrido de diabetes, insuficiencia cardiaca congestiva, además de dos accidentes cerebrovasculares. Gran cantidad de individuos pasan por mucho menos y terminan llenos de amargura y autocompasión. "¿Por qué me ocurren todas estas cosas?" preguntan.

Pero Rich enfrentó todas las dificultades sin ninguna queja ni autocompasión. ¿Por qué? Porque es un hombre sabio. Puede mirar sus problemas, como dijo Spinoza, desde la perspectiva de la eternidad. Él sabe ver su vida desde la perspectiva de Dios, así que comprende que las pruebas por las que pasa ahora son de poca importancia en comparación con el hecho de que va a ver a Dios y estará con Él toda la eternidad.

"Si tienes fe, aprendes a morir", dice Rich, pensando en su crisis de salud y su trasplante de corazón. "Y una vez aprendes a morir, estás listo para vivir. Si conoces a Dios, si has aceptado a Cristo como tu Señor y Salvador y sabes que Él te ha aceptado por toda la eternidad, entonces el temor desaparece. En ese momento, eres libre para vivir. Es el miedo el que le impide a la gente vivir de verdad. La fe te libera del temor, para así vivir de la forma para la que Dios te diseñó".

Ésas son palabras sabias que expresan la perspectiva eterna de Dios en cuanto a la vida. La sabiduría de Rich DeVos lo capacitó para tomar decisiones firmes, efectivas y con cabeza fría respecto a su vida y su salud. "Cuando Rich enfrentó una decisión importante respecto a su salud", recuerda uno de sus médicos, el doctor Larry Feenstra, "no vaciló. Fue decidido respecto a qué hacer y no se retractó. Permaneció firme en su convicción, la cual es muy firme en todo aspecto de su vida".

Una persona con la verdadera sabiduría, consistente en la perspectiva eterna de la vida, tiene una configuración diferente del tiempo y del flujo de la vida. El amigo de Rich, Paul Conn, recuerda: "En una ocasión estaba de vacaciones en el Caribe con Rich y otros amigos. El servicio del restaurante era lento porque todos los negocios allá funcionan según el 'horario de isla'. Rich escuchó cómo algunos de nosotros nos quejábamos y dijo: 'Es cierto que el servicio es lento aquí, pero esa es la paz de las islas. ¿No es por eso que vinimos? ¿No queremos relajarnos y no estar tan tensos? Todos necesitamos tranquilizarnos y bajar el ritmo de nuestra vida por un rato'. Desde luego que tenía razón. Y eso me ha dado toda una nueva perspectiva de la vida y lo que significa disfrutar cada momento como se presente. Si todos pudiéramos tomar prestados los 'lentes protectores para ver la vida' que usa Rich para verla, de la manera como él la ve, seríamos mucho más sabios".

> *"Rich DeVos da buenos consejos porque tiene sabiduría. No es la sabiduría de los libros de Psicología ni la del doctor Phil en televisión. Es la sabiduría de Dios que viene de la experiencia y la fe. Esa sabiduría le permite a Rich ver el corazón de una situación. La mayoría de las veces, él sólo decide con su fe y sus intuición logrando que sus decisiones y consejos sean 99% acertados".*
> —Carol Cunningham, empleada de Rich y Helen DeVos por mucho tiempo

Rich aplica la misma sabiduría a sus negocios, incluyendo su franquicia deportiva, los Orlando Magic. "Una noche invité a un amigo a un juego de los Magic", recuerda Rich. "Era la primera vez que él estaba en un juego de la NBA y en esa ocasión vio a uno de nuestros jugadores errar dos tiros libres y me dijo: '¿Cómo puedes pagarle $10 millones de dólares a un jugador y que él ni siquiera pueda encestar dos tiros libres?' Bueno esto tenía mucho sentido. Así que una noche le conté esa historia a los jugadores y los reté a que se tomaran su tiempo y se concentraran en sus lanzamientos. Les dije: 'Si anotan sus tiros libres, ganaremos en nuestro grupo. Así que no se apresuren, sólo tómense su tiempo. Es simple cuestión de concentración'. Después de eso comenzamos a anotar más tiros libres".

Cómo ser sabio

¿Cómo puedes hacerte sabio? Aunque es cierto que encuentras mucha sabiduría escondida en los libros, nunca te harás sabio solamente por leer sobre sabiduría. Y aunque la palabra *filosofía* literalmente significa "amor por la sabiduría", un grado universitario en filosofía no es suficiente para hacerte sabio. Estoy completamente seguro que nadie jamás se ha hecho sabio viendo televisión, ni yendo a cine, ni navegando en internet.

Algunos dicen que la sabiduría viene con la experiencia. Pero conozco a muchas personas con gran experiencia pero que también son muy tontas. Evidentemente, la experiencia en sí misma no hace sabio a nadie.

Estoy convencido de que la verdadera sabiduría es el resultado de decisiones que tomamos intencionalmente. Nadie adquiere sabiduría por accidente. La sabiduría debe desearse, buscarse y perseguirse. La sabiduría no es un don. Es un premio que debemos ganarnos por medio de mucho esfuerzo.

Hay quienes opinan que la sabiduría viene por cometer errores, pero eso sólo es parcialmente cierto. Muchos cometen tontamente error tras error y nunca adquieren sabiduría. Si queremos ser sabios, debemos tomar la decisión intencional y consciente de *aprender* de nuestros errores y nunca repetirlos. También debemos aprender de nuestros *triunfos*, edificando sobre las cosas que hemos hecho *bien*, aprendiendo principios de sabiduría que nos servirán bien en el futuro.

De la misma manera debemos aprender de los errores y los triunfos de los demás. Eso quiere decir que es necesario conocer sobre la vida de otros, leyendo libros de gente sabia, sentándonos a escuchar la enseñanza de personas que viven con sabiduría, buscando que ellas sean nuestras mentoras y entrenadoras. Si queremos ser sabios, entonces debemos relacionarnos con gente que puede compartir con nosotros su experiencia, buen juicio y sabiduría. Como leemos en Proverbios, el libro de sabiduría del Antiguo Testamento: "El que con sabios anda, sabio se vuelve; el que con necios se junta, saldrá mal parado" (Proverbios 13:20, Edición de la La Biblia Reina Varela, NVI).

Si queremos ser sabios, debemos aprender a ser buenos oyentes. Dave Van Andel, hijo menor de Jay, me dijo: "Rich DeVos es un gran oyente y eso lo hace inteligente y a la vez sabio. Él tiene la habilidad para escuchar a otras personas y aprender de ellas. Sus excelentes habilidades de escucha son una fuente y una muestra de sabiduría al mismo tiempo". Neil Offen, Presidente de la Asociación de Ventas Directas, afirma: "Rich DeVos es una de las personas más sabias que conozco, él es un gran oyente. Siempre está abierto a nuevas ideas y nuevas perspectivas. Él mantiene su antena activa todo el tiempo. Cuando escucha, te da toda su atención y honestamente considera tus puntos de vista".

Finalmente, y más importante, si queremos ser sabios, debemos ir a la fuente de toda la sabiduría, Dios mismo. Al conocer a Rich DeVos como lo conozco, puedo dar testimonio de que él busca esa fuente todos los días, obteniendo sabiduría directamente de Dios por medio del estudio de la Biblia y la oración. Estoy convencido de que gran parte de su sabiduría viene del hecho de que él vive según las verdades de la Palabra de Dios, verdades como esta: "Porque el Señor da la sabiduría; conocimiento y ciencia brotan de sus labios" (Proverbios 2:6, Edición de la La Biblia Reina Varela, NVI).

Si quieres ser sabio como Rich DeVos, entonces haz lo que él hace: desea la sabiduría, búscala y ve a Dios en oración pidiéndosela para llevar una vida efectiva, exitosa y piadosa. "Si a alguno de ustedes le falta sabiduría", dice Santiago 1:5 (Edición de la La Biblia Reina Varela, NVI), "pídasela a Dios, y Él se la dará, pues Dios da a todos generosamente sin menospreciar a nadie".

Así que sé como Rich DeVos. ¡Sé sabio! Ve a la fuente y pídele sabiduría y Dios suplirá tu necesidad.

CAPÍTULO 6

¡Sé sociable!

Poco después de regresar a casa de su viaje a América del Sur, Rich DeVos y Jay Van Andel se hicieron distribuidores de suplementos alimenticios Nutrilite. Aprendieron los principios del mercadeo multinivel. Comenzaron su propia compañía de ventas directas, nombrándola según sus propios nombres, la compañía Ja-Ri. Reclutaron a otras personas para que vendieran productos Nutrilite como distribuidores independientes y desarrollaron una organización de ventas con más de 5.000 miembros.

En sus primeros días vendiendo Nutrilite, Rich y Jay tenían un producto, un suplemento alimenticio llamado Doble X, el cual se vendía al público en $19,50 dólares cada caja. En aquellos días, cuando el asalariado promedio ganaba alrededor de $100 dólares a la semana, se necesitaba mucha confianza y fuerza de ventas para vender un producto como ese. Pero Rich y Jay eran buenos vendiendo y motivando a otros a vender y eso hacía que sus distribuidores generaran buenos ingresos.

A finales de los años 1950, disputas internas amenazaron la existencia de Nutrilite. Rich y Jay veían que las ventas de Nutrilite disminuían y en consecuencia, que sus utilidades desaparecían. Para protegerse a sí mismos, fundaron Amway como un medio para expandir su línea de productos y reducir su dependencia de Nutrilite.

Cuando Rich y Jay fundaron Amway en 1959, el padre de Rich, Simón, le dio un consejo: "Haz siempre lo correcto por las personas que trabajan contigo. Ellos han puesto su confianza en ti. Nunca hagas algo que los lastime".

"Para ser como Rich DeVos debes tener un genuino amor e interés por las personas y luego tomarte el tiempo para estar con ellas. Muchas veces sientes que eres un peón en un juego de hombres adinerados y poderosos. Pero nunca vas a tener ese sentimiento junto a Rich".
—John Varineau, Director Asociado de la Sinfónica de Grand Rapids

Simón DeVos sabía qué se sentía ser lastimado por un jefe. Había pasado años trabajando para una gran empresa de electricidad, sólo para ser despedido al aproximarse a la edad de su jubilación. Rich había visto el dolor en los ojos de su padre cuando eso sucedió y prometió nunca lastimar a ninguno de sus empleados.

Tom Michmershizen, contratado por Rich en 1962, recuerda: "Rich siguió el consejo de su padre. En Amway nunca hubo un despido hasta comienzos de los años 1980 y los trabajadores retirados en esa ocasión fueron tratados con dignidad y amabilidad". Para Rich DeVos y Jay Van Alden la gente siempre va primero.

"¡Cuéntame de ti!"

Para Rich no hay extraños. La persona que tú o yo llamaríamos un "extraño" es sólo un amigo que Rich aún no ha conocido. "Cuando papá ve a alguien que no conoce", me dijo el hijo de Rich, Doug, "él no vacila en dirigirse a esa persona, presentarse y entablar una conversación. Cuando vivíamos en Holland, Michigan, empezaron a construir otra casa al lado de la nuestra. Papá dijo: 'Tenemos nuevos vecinos'. 'Vamos a conocerlos'. Así que todos fuimos a presentarnos. Resultó que ellos eran de Grand Rapids. Desde entonces los hemos visto cada verano y nos hemos hecho amigos".

"Cuando Rich DeVos pregunta '¿Cómo estás?' siempre espera una respuesta. Honestamente quiere saberlo. Incluso cuando acabas de conocerlo, puedes ver que genuinamente se interesa por ti. ¡Yo lo llamo 'Tío Rich' y lo aprecio porque es todo un personaje!".
—Cynthia Smith, ex empleada de Orlando Magic

Uno de los médicos de Rich, el doctor Luis Tomatis, recuerda a Rich interactuando con la gente un año después de su cirugía de trasplante de corazón. "Rich estaba de regreso en el Hospital Harefield en Londres, sentado en una pequeña sala de espera atiborrada de gente esperando su consulta. El sitio estaba lleno de individuos que en su mayoría eran trabajadores comunes. Rich los involucró a todos en una conversación: 'Hola, mi nombre es Rich, ¿qué haces? ¿Ah, eres granjero? Bueno, ¿cómo va la granja? ¿Cómo van los cultivos este año?' Cuando veía a las enfermeras les preguntaba: '¿Estás casada? ¿Tienes hijos? ¿Qué edades tienen?' Rich compartía su buena voluntad con los que lo rodeaban y nadie pensaba que fuera intimidante o intruso o demasiado atrevido. Les complacía que él se interesara en ellos y querían hablar con él".

"Viajo mucho con Rich", dice Joe Elliott, uno de sus ayudantes, "así que veo cómo interactúa con la gente todo el tiempo. En una ocasión Rich fue al Hotel Grand Plaza Amway y entró por la puerta de atrás. Le tomó una hora pasar por la cafetería de los empleados porque paraba y hablaba con cada empleado que veía. Ellos eran empleados con un salario mínimo pero él los saludaba como a la realeza. Los elogiaba y les hacía preguntas. '¡Esto se ve muy bien! Debe ser difícil mantener esto tan limpio. ¿Cómo lo haces?'. Rich prefiere hablar con camareras y meseros que con las muy reconocidas celebridades. La gente se quedaba hablando por días al respecto. A Rich le encanta pasar tiempo hablando con aquellos que generalmente no recibe reconocimientos".

Swiss Infeld, chef de mucho tiempo en el Hotel Amway Grand Plaza, me dijo: "Rich entra a la cocina, pone sus brazos alrededor de mis hombros y dice: '¿Cómo va todo? Aprecio lo que haces por nosotros'. En muchas ocasiones hemos atendido fiestas en la casa de la familia DeVos. Rich siempre sale al camión del servicio de comidas y habla con nuestro personal, elogia la comida y el servicio, y nos dice cuánto aprecia lo que hacemos. Nos trata como si fuéramos tan importantes como sus invitados".

Vicky Weaver, Presidenta de la Fundación Hospital Grand Rapids, me dijo: "Rich siempre se concentra en los demás. Hace que todos se sientan importantes, desde presidentes hasta cocineros. Entra en una habitación y te da un gran abrazo. Se asegura que todos escuchen: 'Eres parte importante de mi equipo. Aprecio todo lo que haces'".

El ex Senador del Estado de Michigan y empresario de Grand Rapids, Glenn Steil, me dijo: "A comienzos de los años 1980, mi esposa Barbara y yo hicimos un viaje de negocios a Europa con un grupo de personas. Un día nos encontrábamos almorzando en un pequeño restaurante en Italia. Estábamos sentados solos cuando Rich se acerco y nos invitó a sentarnos con él y su familia. En ese entonces estaba familiarizado con Rich pero

> *"Cuando ves a Rich, quieres acercártele y estrecharle la mano, ¡pero es demasiado tarde! Él ya se ha acercado a estrechar la tuya".*
> —Max DePree, autor de libros éxitos de ventas y ex Director General de Herman Miller, Inc.

no lo conocía bien. Cuando sirvieron la cena, Rich dijo: 'Tomémonos de las manos'. Le pidió a Dios que bendijera el alimento y le agradeció al Señor que todos estuviéramos juntos compartiendo una cena. Barb y yo nunca hemos olvidado el hecho de haber sido invitados a su círculo familiar. Después de ese día siempre me he sentido cercano a Rich".

La sobrina de Rich, Jayne Hodgson, dice: "La gente se siente atraída hacia Rich porque él se interesa genuinamente por los demás y por lo que está sucediendo en sus vidas. Le fascina cada persona que conoce. Das un maravilloso regalo con sólo darle a alguien tu completa atención, tu interés y disposición a escuchar, y ese es el regalo que Rich le da a la gente".

Uno de los pilotos de Rich, Danny Hamby, me dijo: "Recuerdo un incidente que te muestra exactamente la clase de persona que es Rich DeVos. Yo era parte de la tripulación de vuelo que había llevado a los señores DeVos a casa después de su fiesta de aniversario número cincuenta. Después que todos se habían ido de la pista, Rich seguía ahí, aunque su carro lo estaba esperando. Me acerqué a él y le dije: '¿Hay algo que pueda hacer por usted Sr. DeVos?' Él dijo: 'Sólo quería agradecerle al capitán por un buen vuelo a casa'. Él estaba esperando pacientemente en la pista para poder expresarle su gratitud a la tripulación. Puede parecer una pequeñez, pero es la clase de atención que raras veces se ven en personas tan importantes como él. Pequeños gestos como ese son una inspiración para mí y para otros que tienen contacto con el Sr. DeVos".

El ex asociado, Dan Smith, recuerda: "Rich cuenta que un día se levantó temprano para conocer al recolector de basuras y decirle que estaba haciendo un excelente trabajo y cuán valioso era. El recolector de basuras pensó que Rich se estaba burlando de él. Rich le dijo: 'No, hablo en serio. No eres *sólo* un recolector de basuras. Haces que la vida sea mejor para todos. ¡Piensa en lo que le sucedería a este vecindario, a esta ciudad, si no hicieras tu trabajo!'. Rich cree que todos somos importantes, que el trabajo de todos es significativo y que a la gente se le debería decir que se le aprecia por lo que aporta".

Una y otra vez, a medida que he entrevistado a quienes conocen a Rich DeVos, les escucho decir: "Rich se sentó frente a mí, me miró a los ojos y me dijo: 'Cuéntame de *ti*'". Debo haber oido decir eso a dos o tres docenas de personas. Es el método patentado por Rich para conectarse con la gente, conocerla, lograr que los demás se abran con él y estén dispuestos a contarle acerca de sí mismos. Le pregunté a los hijos de Rich al respecto y Dick DeVos dijo: "A papá le encanta escuchar las historias de la gente. Él dice: 'Cuéntame de ti', y esto hace que ellos se abran para él conocerlos. A veces les decimos a quienes lo rodean que no se pongan nerviosos cuando papá empieza con sus preguntas".

"Papá desarrolla relaciones inmediatas con los demás", añade Dan, hijo de Rich. "A él le fascina la gente y esa pregunta es un atajo para conocerla. Cuando dices, 'Cuéntame de ti', invitas a todos a hablar de lo que es lo más importante para ellos, qué les interesa, qué sueñan, cuáles son sus esperanzas, qué temen. Es una pregunta brillante. Es la llave de entrada a otra alma".

"La idea de esa pregunta", dice Doug De-Vos, "vino de navegar. Acabábamos de comprar un bote nuevo y papá le hablaba de éste a todo el que estuviera dispuesto a escuchar. Uno de nuestros vecinos perteneció a la Marina y también tenía un nuevo bote pero era mucho más pequeño. Papá pensó que ese hombre querría hablar con él de su nueva adquisición. Así que se le acercó al vecino y comenzó a preguntarle sobre su bote y de esa manera tuvieron una larga conversación sobre navegación.

A raíz de esa experiencia, papá descubrió que todo el mundo disfruta hablar de sí mismo y también entendió que él disfruta escuchar y saber de la gente. Es por eso que les dice a los demás 'Cuéntame de ti'. Es su manera de hacer que la conversación fluya. Papá dice: 'Lograr que las personas hablen de sí mismas no es difícil. Sólo debes preguntarles. Preferiría mucho más escuchar nuevos relatos de gente que acabo de conocer, que contar mis viejas historias una y otra vez'".

> *"En los restaurantes, Rich siempre saluda a los meseros y les pregunta acerca de su historia. Si son inmigrantes, les pregunta cómo llegaron a Estados Unidos y cómo los trata la vida. Continuamente habla con las personas que por lo general son ignoradas, como los porteros, los meseros, los botones, las camareras, y les da palabras de ánimo".*
> —P.J. y Ann Shooks, amigos de Rich DeVos

Otra persona que ha recibido el trato de "Cuéntame de ti" es el reportero de *Grand Rapid Press*, Greg Johnson. "Cuando Rich DeVos compró los Magic en 1991, llevó en avión a los medios de Grand Rapids a Orlando para una conferencia de prensa. Cuando me senté frente a Rich en el avión, pensé: '*¡Voy a lograr una gran entrevista!*'. Así que hablamos y Rich hizo todas las preguntas. Al final del día me di cuenta: '*¡Oigan! ¡Rich me entrevistó durante todo el viaje! ¡Se suponía que debía haber sido todo lo contrario!*'"

Eric Misselman, ex entrenador asistente de los Magic y ahora entrenador principal de los Golden State Warriors, recuerda: "El Sr. DeVos me causó una gran impresión durante mis tres años con los Orlando Magic. Él caminaba por el estadio una hora antes que iniciara el juego y saludaba a todo el mundo con una gran sonrisa, tanto a los trabajadores del estadio, recogepelotas, como a los aficionados, a todo el mundo. '¡Hola! ¡Soy Rich! ¿Cómo te llamas? ¡Me alegra que estés aquí esta noche!'.

Luego iba a los vestidores y hablaba con el equipo, siempre con pasión y entusiasmo. Los jugadores estaban completamente concentrados todo el tiempo mientras él hablaba y podías sentir el ánimo emocional que daba su presencia. Él siempre terminaba con: '¡Estoy muy orgulloso de ustedes chicos!'. Y el equipo se ponía de pie, listos para derrotar gigantes por Rich DeVos".

> *"Si sales de compras con Rich, es mejor que dispongas de mucho tiempo. Cuando él va de compras, se detiene y habla con todos los empleados. Entabla amistades a dondequiera que va".*
> —Pam DeVos, nuera de Rich (Esposa de Dan)

David Nicholas, pastor principal de la iglesia Spanish River en Boca Ratón, Florida, me dijo: "Una noche fui con Rich a un juego local de los Magic. Él había invitado a unos de los empleados de su casa, al hijo de una de las mujeres, a dos hombres de mantenimiento y sus esposas y a su jardinero haitiano, Ernest. Antes del juego fuimos a cenar a un restaurante. Rich se sentó entre Ernest y yo. Cuando fue el momento del postre, Rich se puso de pie y tomó un gran trozo de ponqué de zanahoria y dos tenedores. Dijo: 'Ernest, no comiste mucho esta noche. Hagámoslo juntos'. Y puso el ponqué de zanahoria entre ellos. Así que ahí estaban Rich y el jardinero, comiendo postre juntos del mismo plato. Cuando pienso en Rich, esa escena siempre me viene a la mente".

La manera como Rich vive la aventura de la vida es acercándose a conocer a la gente. Cuando otros comparten su vida con él, Rich siente que todo el mundo se abre a él. Elissa DeVos, nieta de Rich e hija de Dick y Betsy DeVos, me contó una historia que ilustra la fascinación de Rich con la gente y su mundo: "Nuestra familia estaba en un bote en las Islas Marquesas, cerca de Tahití", recuerda. "Mi abuelo Rich entabló amistad con un anciano que vivía en una choza en la playa. Este hombre tenía una amplia sonrisa, pero sólo dos dientes. Él conocía la isla como a la palma de su mano, así que mi abuelo lo contrató para que fuera nuestro guía a una caída de agua en medio de la isla. La verdad era que el resto de nosotros no quería vagar por la isla en busca de una caída de agua, pero mi abuelo nos convenció.

Así que este anciano nos guió hasta la caída de agua y aquel fue el más hermoso paisaje. Todos quedamos con recuerdos de aquel día para toda la vida y todo porque al abuelo le encanta conocer a la gente y saber más de ella. La mayoría de nosotros no nos molestaríamos en entablar amistad con un hombre sin dientes en la playa, pero el abuelo Rich hace amistad con cada persona que ve. La gente que conoce siempre lo lleva a asombrosos descubrimientos, como aquél día perfecto en la cascada".

"Rich estudia a la gente", dice su yerno y Director General de los Orlando Magic, Bob Vande Weide, "y lo hace hablando con todos. En el pasado, la corporación tuvo una isla privada en el Caribe llamada Peter Island. Allá había un grupo de doscientas personas que trabajaban en el hotel y resort. Eran isleños. Cuando Rich iba a Peter Island, caminaba por la isla y hablaba con todos ellos. Era como un imán con la gente de la isla, se sentían atraídos hacia él y se reunían a su alrededor. Él les decía, '¿Cómo estás? ¿Cómo está tu familia? ¿Tienes algún problema sobre el cual quieras hablar?' Ellos amaban a Rich y no podían esperar sus visitas".

El doctor Rick McNamara, uno de los médicos de Rich en Grand Rapids, mencionó un recuerdo similar acerca de Peter Island. "En una ocasión mi esposa y yo estábamos de vacaciones en Peter Island", dijo. "Rich no estaba con nosotros, pero nos invitó a pasar vacaciones allá. Salimos a caminar y nos encontramos con un isleño que estaba cuidando los jardines. Nos detuvimos a admirar su trabajo y él comenzó a hablarnos acerca de la isla. Sonriendo ampliamente y hablando en un inglés limitado, dijo: 'El propietario de esta isla tiene un corazón muy grande. Te hace sentir apreciado en tu interior. Él no sabía quiénes éramos nosotros, pero quería que supiéramos quién era su jefe".

Rich evidentemente es una persona sociable. A dondequiera que va, hace amigos y genera relaciones de inmediato. Hace que la gente se sienta apreciada en su interior.

¿La habilidad para relacionarte con la gente es un talento, algo innato en ti? O ¿es una destreza, una habilidad que puedes aprender, practicar y mejorar? En el caso de Rich, probablemente fue un poco de ambas cosas. Como sus hijos lo dijeron, la habilidad para hablar con la gente y conocerla, fue algo en lo que el trabajó intencionalmente. Él se enseñó a sí mismo a hacerse consciente de los demás, buscarlos, saludarlos, preguntarles acerca de ellos. Comenzó como una habilidad aprendida, y con práctica, Rich la elevó a un arte.

"He aprendido a ser un muy buen oyente", me dijo Rich. "Comienzo mis conversaciones con la pregunta '¿Cuéntame de ti?'. Con eso ya tienes para la siguiente hora. A la gente le gusta hablar de sí misma. Yo sólo escucho. Puedo lanzar algunas preguntas pero la gente vuelve a casa y dice cuán brillante soy; no lo soy. Todo lo que hice fue escuchar.

Cuando invitamos a familiares o amigos a navegar, jugamos algo que llamamos 'Tu turno en la caja'. Subimos al bote y elegimos a una persona que va a estar en la caja. Si es tu turno en la caja, nos cuentas la historia de tu vida. Es asombroso descubrir cuán poco sabemos el uno del otro, incluso de nuestros mejores amigos. Podemos aprender mucho con sólo escuchar".

¿Cómo puedo ayudarte?

Hoy en día, todo el mundo se comunica vía correo electrónico. Como la mayoría de la gente, Rich tiene una computadora y una dirección de correo electrónico el cual revisa a diario. Pero si le envías a Rich un mensaje por computador, no esperes una respuesta por el mismo medio. Es más probable que recibas una llamada telefónica y escuches su animada voz decir: "¡Hola! ¡Estoy dando respuesta a tu correo electrónico!". Por lo menos te enviará una nota escrita a mano y la firmará, "¡Con cariño! Rich". Por todo el país, cientos de personas tienen notas de estas firmadas por Rich, puestas en las paredes de sus oficinas o en las puertas de sus refrigeradores.

No es que Rich sea un tecnofóbico que se resista a la tecnología moderna. Rich siempre ha estado fascinado con las nuevas tecnologías y nuevas formas de hacer las cosas. Pero le parece frío e impersonal sólo escribir en el teclado y presionar "ENVIAR". Él es sociable y prefiere mucho más hacer una conexión personal y escuchar tu voz en el teléfono.

Si quieres ser como Rich, entonces también debes ser alguien sociable. Rich tiene un amor genuino hacia todas las personas. Él disfruta estar con la gente y trata a todo el mundo con igual atención y respeto. El amor de Rich hacia los demás es otra clave para su éxito e influencia. La gente siente que su interés es genuino, no actuado. Y cuando alguien sabe que un líder honestamente se interesa, responde con respeto, entusiasmo y un esfuerzo extra. El amor de Rich por la gente desarrolla trabajo en equipo y un sentido conjunto de misión y propósito, y eso se traduce en éxito.

En una ocasión me dirigí a una organización en el área de la base naval de Newport News, Virginia. Después de mi discurso, un joven con uniforme de la Armada se me acercó. Sonriendo ampliamente me estrechó la mano y dijo: "Pat Williams, yo trabajo con Rich DeVos. Somos compañeros de equipo". Yo sabía exactamente a qué se refería. Era un empresario independiente y estaba desarrollando su empresa desde las regiones distantes hasta las cubiertas de los botes en Newport News.

La siguiente vez que vi a Rich DeVos le conté ese evento. "¡Vaya!" Dijo Rich. "Esa es la historia de Alticor en pocas palabras. ¡Todos somos compañeros de equipo!". Nada alegra más a Rich DeVos que ayudar a otros a tener éxito en la vida.

Paul Conn me contó: "En una ocasión estuve con Rich en Libreville, Gabon, en la costa oeste de África. Aterrizamos en un pequeño aeropuerto y un joven africano a comienzos de sus veinte años de edad se acercó a reabastecer el avión con combustible. Rich salió a estirar sus piernas y comenzó a hablar con el joven. 'Señor DeVos', dijo el joven africano, 'mi sueño es ir a los Estados Unidos a estudiar. Quiero ser piloto. ¿Usted

"Rich DeVos es un hombre humilde y con los pies en la tierra. Él te habla como a un amigo. Nunca domina ni intimida a la gente. Él sabe cómo encajar con toda clase de personas".
—Rodney Powell, Gerente del Equipo los Orlando Magic

podría ayudarme, por favor?' Rich le dijo que alistara sus documentos de viaje y que luego lo contactara por correo.

Semanas después de regresar a los Estados Unidos, recordé el evento y le pregunté a Rich si el joven lo había contactado. 'Ah, sí', dijo Rich. 'Lo contacté con las personas indicadas y ahora mismo está estudiando en los Estados Unidos'. Con el tiempo el joven alcanzó su sueño de ser piloto. Fue un encuentro causal en un aeropuerto remoto, pero la vida de ese joven fue transformada para siempre. A Rich le encanta ayudar a quienes quieren triunfar".

Karen DeBlaay recuerda: "Mi madre, Bernice Hansen, fe una de las primeras empresarias independientes y ha conocido a Rich y a Jay casi desde el comienzo. En 1995, mi madre y su segundo esposo estaban de vacaciones en un condominio en Fort Lauderdale. Habían disfrutado de un maravilloso día juntos; luego, esa misma noche, Ralph murió inesperadamente. Como puedes imaginar, mi madre estaba en conmoción. Se encontraba a cientos de millas de casa, enfrentando docenas de decisiones mientras su mente estaba entumecida por la pena.

Ella llamó a Rich y le dijo lo que había sucedido. Él de inmediato puso todo en movimiento. Nos envió a mis dos hermanas y a mí a Florida en el avión más grande de la empresa para que todos pudiéramos estar juntos y nos trajo de vuelta a Michigan con el ataúd. En un momento de pérdida, la gente no sabe qué hacer ni hacia dónde mirar. Rich definitivamente se interesa por la gente y se aseguró de que todos los detalles fueran cubiertos".

El reverendo, doctor David Kool es Director de los Ministerios Jubilee, una organización cristiana de desarrollo comunitario en Holland, Michigan. Él recientemente compartió esta historia conmigo: "Rich DeVos fue el orador principal en una cena para Compañeros de Desarrollo Cristiano. Uno de los empresarios que nuestra organización ayudaba es de origen afroamericano, Doug Wolverton. Él tomó algunas malas decisiones en su vida y había salido de prisión e iniciado una empresa de limpieza en Holland, Michigan, y estaba haciendo un nuevo comienzo. Dough se ganó una copia del libro de Rich, *Hope From My Heart*. Al final de la velada él le pidió a Rich que se lo autografiara. Esa noche iniciaron su amistad.

"En 1976 quedé seriamente afectado por un accidente automovilístico. La primera llamada que recibí en el hospital fue de Rich DeVos".
—Tony Renard, empresario independiente

Resultó que la empresa de Doug estaba en la misma calle de la casa de Rich en Holland, así que Rich pasaba con frecuencia a ver cómo le estaba yendo a Doug y le daba ánimo y respaldo. Era genial ver a Rich tomar el tiempo para conectarse con Doug y ayudarlo en su camino rumbo al éxito. Rich ha sido una bendición para el trabajo que Ministerios Jubilee está haciendo, así como ha sido una bendición para todas las personas a quienes ha ayudado a seguir sus sueños de éxito en el mundo de los negocios".

L. William Seidman ha conocido a Rich por muchos años y puede dar testimonio de que Rich tiene un gran lugar en su corazón para la gente que trabaja duro para tener éxito en los negocios. "El mensaje básico de Rich", dice él, "es este: 'Todos podemos ir más allá y lograr más de lo que creemos'. Él esparce ese mensaje a dondequiera que va. Es más, él hace que los demás sepan que él está en su esquina, animándolos, respaldándolos y motivándolos. El tema de la vida de Rich es: '¿Cómo puedo ayudarte?'".

Rich DeVos me hace acordar de un hombre en el Nuevo Testamento, una persona bíblica con "don de gentes", que se llamaba Bernabé, a quien conocemos en Hechos 4:36-37 (Edición de La Bibila Reina Varela NVI), donde nos dice: "José, un levita natural de Chipre, a quien los apóstoles llamaban Bernabé (que significa: consolador), vendió un terreno que poseía, llevó el dinero y lo puso a disposición de los apóstoles". De esta frase aprendemos mucho acerca de Bernabé, incluyendo los siguientes factores: (1) era alguien influyente porque era levita, un miembro de la tribu sacerdotal de Israel; (2) era adinerado porque era un terrateniente; (3) era un hombre generoso porque vendió un trozo de tierra y le dio las ganancias a la iglesia; y (4) era bien conocido por la manera como animaba y ayudaba a quienes lo rodeaban porque los líderes de la iglesia le habían cambiado el nombre a Hijo de Consolación. A dondequiera que iba Bernabé, dejaba un rastro de personas que habían sido animadas, capacitadas, energizadas, motivadas e inspiradas por él.

Si alguna vez ha habido un Bernabé moderno, ese es Rich DeVos, un hombre influyente, adinerado, generoso y uno de los seres humanos más animoso e inspirador que haya conocido. A dondequiera que va Rich la gente es confortada e inspirada para alcanzar sus sueños y experimentar la vida abundante que viene de la fe en Jesucristo. "Debes decirle a los demás cómo te sientes respecto a ellos", él dice. "Debes decir: 'Creo en ti', 'Te respeto', 'Confío en ti'. Añade esas palabras a tu vocabulario e incorpóralas a tu conversación diaria. Les dijo a mis hijos y a mi equipo: 'Pueden hacerlo mejor de lo que yo lo he hecho, ¡y lo digo en serio! Cuando la gente recibe esa clase de estímulo, puede hacer cualquier cosa".

Quien ha sido empleada de Amway por mucho tiempo, Joan Williamson, describe esta imagen de Rich DeVos: "Hemos estado viviendo con una crisis familiar", me dijo. "Nuestra nieta ha estado muy enferma durante el primer año de su vida y ha pasado la mayor parte del año en el hospital. Cada vez que Rich me ve, me pregunta: '¿Cómo está la bebé? Estamos orando por ella'. En medio de esta prueba él ha animado y estimulado a toda nuestra familia".

"El amor de Rich por los demás, junto con su visión de ayudarlos a ser mejor de lo que son, me ha impactado profundamente, así como a mi perspectiva personal".
—C. Everett Koop, ex Director General de Sanidad de los Estados Unidos

Una manera como Rich anima a los demás es capacitándolos, confiando en ellos en cuanto a la toma de decisiones y siendo paciente con ellos cuando cometen errores. Él sabe que los errores son herramientas poderosas de aprendizaje y crecimiento y quiere asegurarse de que la gente aprenda y se beneficie de sus experiencias. Ésta es una muestra de cómo Rich brinda ánimo incluso a la gente que comete errores costosos.

Cuando Rich era el Presidente de la Corporación Amway, tenía una empleada que tenía muchas responsabilidades, incluyendo la gestión de la renovación anual de los distribuidores Amway. Bajo la política que estaba vigente, los distribuidores tenían que renovar sus afiliaciones como empresa cada enero. Al comienzo de cada año, la oficina estaba inundada de miles de renovaciones. Así que ella tuvo la idea de permitir que los distribuidores las enviaran con varios meses de antelación, lo cual alivió mucha presión en enero.

Cuando Rich se enteró de este cambio en la política de renovaciones, fue a donde esta señora y le pregunto si tenía idea de cuánto costaría ese cambio en la política. "Ah, eso no le costará a la compañía ningún dinero extra", dijo ella.

"¿Ah?" dijo Rich. "Según mis cálculos, le costará cerca de $75.000 dólares al año".

> *"Rich lee bien a las personas, tiene un sentimiento hacia ellas, las evalúa y confía en ellas. Él confía en su instinto, y rara vez se equivoca".*
> —Paul Conn, Presidente de la Universidad Lee

El corazón de la mujer saltó. "¡Pero como puede eso ser posible?" preguntó.

Rick tomó papel y lápiz y le mostró que la nueva política iba a crear un pretexto que le permitía a los distribuidores tener una membresía de 18 meses al precio de una de 12, cada dos años. El costo proyectado: $75.000 dólares anuales.

"Veo lo que estabas tratando de lograr", dijo Rich, "y en serio debemos hacer algo respecto a esa cantidad de papeleo cada enero, pero necesitamos una solución menos costosa".

Rich manejó la situación con gentileza, aunque la empleada seguía sintiéndose terrible, sabiendo que su decisión le había costado a la compañía una cantidad tan grande de dinero. Después que Rich salió de su oficina, ella lloró y se sintió tan deprimida que se fue temprano a casa.

A la mañana siguiente, cuando regresó a trabajar, encontró un florero con una docena de rosas en su escritorio, de parte de Rich DeVos. Junto con las rosas había una tarjeta de ánimo firmada por él. ¿Cuál es la lección para ti y para mí? Si quieres ser como Rich, entonces ocúpate de animar a los demás, especialmente cuando la gente cometa errores.

Verdadera generosidad

Para alguien adinerado es fácil escribir un cheque y mostrarse generoso. Pero la verdadera prueba de la generosidad es esta: ¿estás dispuesto a compartir de tu *tiempo*? ¿Estás dispuesto a dar de *ti* a los demás? Rich DeVos no sólo es generoso con su dinero. También lo es con su tiempo. ¿Por qué? Porque genuinamente se interesa por la gente.

Paul Conn, el Presidente de la Universidad Lee, recuerda: "Rich y Helen DeVos vinieron en una ocasión a nuestro campus para un almuerzo. Esperamos su avión en el aeropuerto Chattanooga y los trajimos en auto hasta el campus en Cleveland, Tennessee. Mientras íbamos en el auto, yo dije: 'Rich, nuestra hija Vanessa está estudiando en Lee y va a estar en el almuerzo. Pero nuestra hija menor, Heather, está en secundaria y está triste porque no puede salir de la escuela a escucharte hablar'. Rich dijo: 'Bueno, son sólo las 11:00 de la mañana y el almuerzo no es sino hasta medio día. ¿Por qué no pasamos por la escuela para que yo pueda visitar a Heather?'.

Así que fuimos a la escuela secundaria y entramos juntos hasta la oficina. Rich se acerco a la secretaria y dijo: 'Hola, soy Rich y estamos aquí para ver a Heather Conn'. Lo siguiente que escuchamos fue: 'Heather Conn, por favor reportarse a la oficina'. Minutos después Heather llegó y Rich la saludó con un gran abrazo y conversó con ella por un rato. Luego salimos hacia el evento.

"He estado con la familia de Rich DeVos por 45 años. A él le importa la gente y no le interesa si eres el mandamás o el desvalido. Él se interesa en todos".
—Helen VerBurg, empleada de Rich y Helen DeVos

Eso fue hace casi quince años, Heather ya es adulta, pero todavía habla mucho de aquella vez en la que Rich DeVos se salió de su itinerario para visitarla en la escuela. Rich hace cosas así por los demás todos los días, anima, invierte en la gente, la hace sentir importante. Se interesa en especial por las generaciones futuras y da generosamente de su tiempo para edificar a los jóvenes".

Un amigo navegante de hace mucho tiempo, John Bertrand, cuenta una historia similar: "Yo estaba en Annapolis Harbor, en un pequeño bote mirando a mi hijo de doce años, Alex, durante su práctica de vela después de la escuela. Fuimos adelantados por un yate de 175 pies que estaba anclado ahí y vi que era el bote de Rich, el *Independence*. Rich y Helen estaban a bordo. Yo aceleré para saludar, y Rich me invitó a bordo. Le dije que estaba viendo a Alex en su programa de práctica de vela y él dijo que lo trajera cuando terminara.

Así que Alex y yo subimos a bordo y visitamos a Rich y a Helen. Luego Rich le dio a Alex el recorrido por su yate. Era mi primera vez a bordo del *Independence*, así que los seguí. Rich trató a mi hijo como a la realeza. Fue un recorrido de 40 minutos y le mostró todo a Alex. A mi hijo le fascina navegar así que lo absorbió todo. Rich lo trató como a la persona más importante del mundo y mi hijo nunca olvidará eso. Tampoco yo".

No hay "personas pequeñas"

La columnista consejera Abigail Van Buren ("Querida Abby") en una ocasión dijo: "La mejor muestra del carácter de una persona es la forma como trata a quienes no le pueden hacer ningún bien". En otras palabras, una persona de carácter trata a todos de la misma manera, así sean ricos o pobres, poderosos o sin influencia, famosos o anónimos. Rich DeVos vive según el adagio bíblico de Santiago 2:1-4 (Edición de La Bibila Reina Varela, NVI):

"Hermanos míos, la fe que tienen en nuestro glorioso Señor Jesucristo no debe dar lugar a favoritismos. Supongamos que en el lugar donde se reúnen entra un hombre con anillo de oro y ropa elegante, y entra también un pobre desarrapado. Si atienden bien al que lleva ropa elegante y le dicen: 'Siéntese usted aquí, en este lugar cómodo', pero al pobre le dicen: 'Quédate ahí de pie' o 'Siéntate en el suelo, a mis pies', ¿acaso no hacen discriminación entre ustedes, juzgando con malas intenciones?"

Si quieres ser como Rich, entonces debes ser "sociable", la clase de persona que ama a todo el mundo, no por lo que pueden hacer por ti, sino sencillamente porque toda la gente está hecha a la imagen de Dios y merece tu respeto e interés. Esto es lo que la gente dice acerca de la manera como Rich DeVos trata a los demás:

Gary Vos, ejecutivo de construcción en Grand Rapids:

"En el mundo de Rich DeVos no hay 'personas pequeñas'. Rich trabaja con la gente y valora a todos, incluyendo a aquellos a quienes los demás llamarían 'de poca importancia'. Rich no los olvida porque ellos son importantes para él".

Jim Payne, ejecutivo de Amway:

"Rich tiene la habilidad de entrar a una habitación llena de reyes o indigentes y hacerlos sentir especiales a todos. Él trata a todo el mundo con dignidad y respeto".

Gordon Loux, recaudador de fondos corporativos:

"Rich DeVos trata a todos igual. Hace que todo el que conoce se sienta importante. Él te mira a los ojos y te dice cuánto te aprecia a ti y lo que has hecho. Rich trata como a un hijo de Dios a cada persona que conoce".

Joan Williamson, empleada de Amway por mucho tiempo:

"Rich DeVos es definitivamente la persona del 'don de gentes'. Siempre hace que todos se sientan especiales. Ya sea que esté hablando con un ejecutivo o el portero o el jardinero, él dice: 'El trabajo que haces es importante para el éxito de Alticor. ¡Sigue con ese buen desempeño!' Él hace que todos se sientan especiales y valiosos y eso nos motiva a seguir haciendo lo que estamos haciendo y a hacerlo bien".

Carol Cunningham, empleada de Rich y Helen DeVos por mucho tiempo:

"Rich toma tiempo para validar y animar a la gente. Todos lo necesitamos. Las personas necesitan saber que son valiosas. A donde quiera que vaya, Rich siempre está afirmando a alguien, así sea a la camarera en el hotel o a un importante ejecutivo. Les dice: '¡Estás haciendo un trabajo excelente! ¡Sigue así!' Eso les alegra el día".

Arie Goudswaard, empleada de Amway:

"Rich DeVos no le presta atención a la época de la vida en la que te encuentres. Para él todos son seres humanos con derecho a la dignidad, al respeto y a una palabra amable. Si te desempeñas bien, él te elogiará. Si no te desempeñas al nivel, él te llamará a cuentas para que hagas un mejor trabajo. A veces olvidamos que pedirles cuentas a las personas es algo que debemos hacer para mostrar interés. Rich no le presta atención a tu fortuna, raza, religión, apariencia, inteligencia o talento. Él se interesa en ti como persona".

Un amor genuino hacia la gente

¿Ha transformado el éxito a Rich y a Helen? Pregúntale a Bud Berends o a cualquier otro viejo amigo de los DeVos. "Hay diez parejas contemporáneas a las nuestras", dice Bud, "y todos somos amigos desde la secundaria. Por más de cincuenta años, año tras año, nos hemos reunido mensualmente a cenar. Rich y Helen difícilmente faltan. Ellos son las mismas personas que eran cuando Rich acababa de terminar su servicio en el ejército, vendiendo Nutrilite. El éxito no los ha cambiando para nada. Sus viejos amigos siguen siendo parte importante de sus vidas".

El hijo de Rich, Dick, confirma lo que dice Bud Berend. "Esa cena es importante para mamá y papá porque sus amigos son importantes para ellos", dice. "Mamá y papá llevan su cazuela al igual que los demás y no ven la hora de reunirse con la gente que aman. Papá nunca olvidó de donde vino ni quienes son sus verdaderos amigos. Él es definitivamente una persona 'sociable'".

Una de las actitudes que hace que Rich DeVos sea "sociable" es que él no permite que surjan barreras entre él y los demás. Para él no hay tal cosa como una barrera de edad o generacional, él se siente igual de cómodo hablando con adolescentes que con ancianos. En su mente no hay barreras raciales o étnicas, él ve a cada uno como hecho a la imagen de Dios. No hay barreras económicas o de clase, él se relaciona igual con ricos o pobres, probablemente debido a que él ha sido rico y ha conocido la pobreza.

En la mente de Rich ni siquiera hay barreras de ideología y política, a pesar que tiene fuertes opiniones ideológicas y políticas. Como lo dice Paul Conn: "Sólo hay algo que Rich no puede hacer y es meterse en la cabeza de un demócrata liberal. Eso es lo único que él no entiende o no quiere entender". Aún así, Rich comprende a la gente y para él todas las personas son iguales, sin importar cómo voten o dónde se encuentren en el espectro político. Aunque es un republicano conservador declarado, Rich se lleva muy bien con liberales y demócratas. Él no deja que la política se interponga entre él y otras personas.

Neil Offen, Presidente de la Asociación de Ventas Directas, me dijo: "Soy muy activo en el partido demócrata. Un año Rich fue el Presidente de la Junta Directiva de la Asociación de Ventas Directas y yo tuve un almuerzo con él. Rich me comentó: 'No entiendo cómo una persona tan inteligente como tú puede ser demócrata'. Yo le respondí dándole cinco razones por las cuales soy un demócrata y la forma como el gobierno federal me ayuda. Rich no discutió ni discrepó conmigo. Sólo dijo: 'Neil, de todas formas lo habrías logrado. No fue el gobierno, sino el talento y el duro trabajo los que te hicieron exitoso'".

> *"Pocas veces encuentras tal generosidad de espíritu y singularidad de propósito en un hombre. Por lo general la gente es generosa o ambiciosa. Lo asombroso es que Rich es ambas cosas. Su meta es compartir su espíritu contigo, no impresionarte con su éxito, fortuna y poder".*
> —Rick Breon Director Ejecutivo de Cuidado de Salud de Grand Rapids

El ex ejecutivo de la Corporación Amway, John Brown, recuerda: "Trabajé para la corporación en relaciones con el gobierno durante más de diecisiete años. En una ocasión, invitamos al Hotel Amway Grand Plaza a una docena de legisladores del Estado de Michigan para que conocieran las oficinas corporativas. Durante el almuerzo, Rich, el firme republicano, se sentó entre dos legisladoras del Estado, ambas liberales demócratas. Rich fue maravilloso con ellas, encantador en su conversación.

"Los postres servidos en el Grand Plaza son obras maestras opulentas de miles de calorías, maravillosas al gusto pero no lo mejor para una persona con problemas cardiacos. Así que a Rich le sirvieron un postre 'para el corazón'. Cuando Rich estaba a punto de probar su postre, observó que las dos damas a cada lado suyo, no se estaban comiendo sus postres. Así que Rich les dijo: 'Señoras, ¡ustedes tienen que probar el mío!' Las dos amablemente rechazaron, pero Rich insistió, ¡tomando su cuchara y dándoles de comer a cada una de ellas! Así que los tres terminaron el postre de Rich, y él *literalmente*, tenía a estas demócratas liberales comiendo de su mano. Eso es muy simbólico en cuanto a la manera como Rich puede superar las barreras ideológicas para encantar y hacer amistad con otras personas".

¿Cómo puedes convertirte en alguien con verdadero "don de gentes" como Rich DeVos? Todo empieza con algo llamado *amor*. Debes tener un *amor* genuino hacia las personas, y eso se refiere concretamente a los individuos y no sólo a un concepto abstracto de "humanidad". Cada individuo que Rich conoce es un amigo y un vecino. Su amor por la gente es genuino, no actuado. "Rich es cautivador pero no artificial", dice Diana Sieger, Presidenta de la Fundación de la Comunidad de Grand Rapids. "En él no hay nada artificial o manipulador".

Luego, si quieres ser verdaderamente "sociable" como Rich DeVos, debes *estudiar a la humanidad*. Necesitas estudiar la naturaleza humana, el comportamiento humano y la motivación humana. El ejecutivo de Quixtar, Ken McDonald, dice: "En el mundo hay dos clases de personas: las que 'lo logran' y las que no. Rich lo logra. Él entiende la naturaleza humana. Su secreto es que estudia lo que mueve a la gente. Él escucha atentamente a sus interlocutores, así que entiende qué los motiva e inspira. Entiende los sueños y anhelos humanos y hace lo necesario para ayudar a la gente a alcanzarlos.

> *"Creo que gran parte del éxito de la empresa de Rich se puede atribuir al hecho de que él es un ser 'sociable'. Si les agradas a los demás, ellos estarán dispuestos a hacer negocios contigo. Rich a menudo ha dicho: 'El secreto del éxito de Amway es que es algo que es de la gente para la gente'".*
> —John Varineau, Director Asociado de la Sinfónica de Grand Rapids

"Rich DeVos tiene una misión en la vida, y su misión es ayudar a las personas a ayudarse. Él ha dedicado toda su vida a ayudar a otros y es por eso que siempre pone primero a los demás. Con los años él ha impactado a millones de seres mediante su enfoque hacia la vida".

Rich DeVos es exitoso e influyente porque trabaja con la gente. Él delega autoridad en las personas. Motiva e inspira a la gente. Edifica sobre las fortalezas y habilidades de quienes lo rodean. Estimula sus conocimientos y habilidades. Se comunica con todos, como oyente y como interlocutor. Él lidera a la gente y crea equipos de trabajo. Su empresa es la gente, la gente, la gente.

> *"Rich DeVos tiene un corazón para Dios y para los demás. Cuando lo conoces, él dice: 'Soy un pecador salvado por gracia'".*
> —Gordon Loux, recaudador de fondos corporativos

Si quieres ser exitoso e influyente entonces sé como Rich, sé alguien con "don de gentes".

CAPÍTULO 7

¡Sé un enriquecedor de vida!

En sus discursos Rich DeVos suele citar una frase originalmente acuñada por Walt Disney: "En el mundo de hoy hay tres clases de personas", decía Disney. "Hay 'envenenadores de pozos' que te desaniman y pisotean tu creatividad y te dicen hasta lo que no puedes hacer. Están los 'podadores de césped', que son aquellos que tienen buenas intenciones pero son ensimismados; ellos atienden sus propias necesidades, podan su propio cesped y nunca salen de su patio para ayudar a otros. Finalmente están los 'enriquecedores de vida', personas que se extienden para enriquecer la vida de los demás, animarlos e inspirarlos. Debemos ser enriquecedores de vida y también rodearnos de enriquecedores de vida".

Bueno, ésa es exactamente la clase de persona que es Rich DeVos. Él anima a la gente a ser lo que él llama "enriquecedor de vida". Pregúntale cuál es su papel con Alticor o con los Orlando Magic o cualquier otra organización con la que esté involucrado y él te dirá: "¡Soy el animador principal!" ¡Vaya que sí lo es! En pocas palabras esa es la descripción de su trabajo.

Rich tiene una maravillosa habilidad para elogiar, animar, inspirar y motivar. Cuando él viene a visitar a los Orlando Magic, se detiene en mi oficina y pasa tiempo conmigo, me pregunta acerca de mi vida, mi trabajo y mi familia. Él ofrece ánimo sincero: "¿Hay algo que estés necesitando? ¿Algo en lo que te pueda ayudar u orar por ti?". Luego termina con una palabra de aliento: "Bueno Pat, estás haciendo un excelente trabajo. ¡No podríamos lograrlo sin ti!".

Cuando Rich y yo estamos juntos con otra persona o con miles, nunca deja de reconocer el papel que he jugado ayudando en el lanzamiento de los Orlando Magic. Él siempre dice: "Pat Williams inició todo esto. Sin él, no estaríamos aquí. No habría equipo sin él". Lo ha dicho literalmente docenas de veces a cualquier cantidad de personas y cuando lo hace me hace sentir como de diez pies de altura. Mientras muchos jefes se roban el cré-

"Soy un animador. Desde cuando inicié mi propia empresa, hace más de cincuenta años y asumí el papel de liderar a la gente, he estado diciendo: 'iTú puedes!' He dado cientos de discursos motivacionales y todavía me piden que dé más, porque la gente me dice que soy un buen motivador. Ellos quieren saber el 'secreto del éxito'".
—Rich DeVos

dito de lo que la gente a su alrededor hace, a Rich le encanta esparcir el crédito por todas partes y reconocer los aportes de otros. Esa es una de las razones por las cuales siempre me siento inspirado y energizado después de unos minutos con Rich DeVos, el animador principal y enriquecedor de vida de los Orlando Magic.

Volteretas y piruetas

Cuando Rich se llama a sí mismo un animador, no es solamente una expresión. "Es literalmente cierto", lo dice su amigo de la secundaria, Marvin Dan Dellen: "Rich de hecho era un animador para el equipo de baloncesto de la Escuela Secundaria Cristiana y ¡deberías haberlo visto! Él hacia volteretas y piruetas por toda la cancha y animaba a toda la multitud. Supongo que es por eso que desde entonces él ha sido un gran animador".

La esposa de Rich, Helen, recuerda un incidente en la carrera como animador de Rich: "Un día, frente a toda la escuela" recuerda, "Rich hizo una voltereta y ¡se rompió la parte trasera de sus pantalones! Él se sonrojó y salió de la cancha caminando hacia atrás, pero no permitió que eso lo detuviera. A él le encanta animar a la multitud. A él le encanta animar al equipo. Ha sido un animador a lo largo de su vida. Es una de las razones de su éxito".

El doctor David Nicholas, pastor principal de la iglesia Spanish River en Boca Ratón, Florida, me dijo de cuánto ánimo ha sido Rich en su vida: "Rich es el hombre más animoso que haya conocido", dijo el pastor Nicholas. "Nunca escucharás una palabra negativa de parte de él. Siempre le ve un lado positivo a cualquier situación.

Mi esposa me dejó cuando yo estaba en el seminario, y se llevó con sigo a mis tres hijos. Como consecuencia, ellos no crecieron conmigo. Eso fue muy difícil para mí, como también fue difícil mantener cualquier tipo de relación con ellos. Cuando estaba al punto del desánimo total, Rich puso su brazo alrededor mío y me dijo: '¡Sé proactivo! Llama a tus hijos, no esperes a que ellos te llamen. Ámalos, búscalos y habla con ellos. No dejes que nada se interponga entre tú y tus hijos'. Hice lo que me dijo y hoy tengo la mejor relación que haya podido tener con ellos. El ánimo de Rich y su apoyo positivo son gran parte de eso".

D. James Kennedy, ministro principal de la Iglesia Presbiteriana Coral Ridge, en Fort Lauderdale, recuerda el discurso a los graduandos que hizo Rich en la Academia de Escuela Secundaria Westminster de la iglesia: "Aquel año, la escuela tuvo un extraordinario elevado porcentaje de estudiantes que estaban en la lista del decano o el cuadro de honor, o que recibieron honores de otras sociedades académicas. Según recuerdo, cerca del 60% de los estudiantes fue premiado y algunos de ellos obtuvieron hasta siete u ocho cordones con borlas, los cuales se habían colgado en sus cuellos.

> *"Esta es la pieza central de la sabiduría de Rich: florecemos sólo para ayudar a otros a florecer. Rich ha pasado toda su vida ayudando a otros a lograr grandes cosas".*
> —Reverendo Neal Plantinga, Presidente del Seminario Teológico Calvino

Cuando Rich se puso de pie para dar su discurso, dijo que en su graduación de secundaria no había ganado ningún honor en absoluto. Luego procedió a dirigir su atención al otro 40% de los estudiantes, aquellos que no tenían honores, que no tenían cordones con borlas. Los animó y les dijo que *cada graduando* de esa clase podía lograr grandes cosas para el Reino de Dios.

Los estudiantes que no obtuvieron ningún honor probablemente llegaron a esa ceremonia sintiendo que no eran nadie. Gracias a Rich DeVos, salieron creyendo que podían conquistar el mundo. Fue una maravillosa demostración de los dones de compasión y ánimo de Rich".

El doctor James Fahner, Jefe de Hematología y Oncología Pediátrica en el Hospital Infantil DeVos de Grand Rapids, también agradece el ánimo de Rich y Helen DeVos: "Ellos son una pareja completamente inspiradora y energizante", me dijo. "Te hacen creer firmemente en ti mismo y te inspiran a querer ser lo mejor que puedes. Déjame contarte una historia acerca de la manera como ellos han estimulado mi vida:

En honor a Helen por su apoyo a nuestro programa de cáncer infantil, establecimos una conferencia anual, la Distinguida Conferencia Helen DeVos en Oncología Pediátrica, la cual ha llegado a ser reconocida y aclamada a nivel nacional. Cada mes de agosto, ese evento atrae a los principales líderes del campo de la investigación de cáncer en niños para hablar en una cena formal.

Un año, cuando nuestro hospital infantil todavía era relativamente nuevo, el orador invitado fue un cirujano de tumores cerebrales en niños, mundialmente reconocido, quien vino desde New York. Durante la cena él estuvo conversando con Rich y Helen. Yo estaba a una distancia en la que pude escuchar cuando él dijo: 'Señor DeVos, ustedes tiene unas excelentes instalaciones aquí. Sólo espere, en pocos años usted podrá atraer a los mejores y más inteligentes jóvenes médicos de todo el país para que vengan a hacer sus prácticas aquí'.

Sin perder un instante, Rich orgullosamente respondió: '¡Sólo mire alrededor de estas mesas esta noche! ¡Muchos de los mejores y más brillantes ya están aquí!'.

"La mejor parte del año para los empleados del hospital es cuando se reúnen con Rich. Ellos trabajan duro, tratan con asuntos de vida o muerte o con niños enfermos. Cuando Rich les habla es una verdadera inyección en el brazo. A ellos les encanta estar cerca de Rich porque él los inspira y motiva".
—Vicki Weaver, Presidenta de la Fundación Hospital de Grand Rapids

---

Las espontáneas y orgullosas palabras de Rich y su confianza fueron como un gran espaldarazo para mí. Me sentí profundamente impactado y animado. Hasta el día de hoy nunca le he dicho a Rich que escuché esas palabras esa noche, ni cuánto significaron para mí, así que cuando leas esto, Rich, ¡gracias desde el fondo de mi corazón!".

Otra persona cuya vida se ha visto profundamente estimulada por el ánimo de Rich es el piloto de Alticor, Rick Fiddler, quien me contó una historia fascinante: "El 14 de septiembre de 1983", dijo, "yo era un joven piloto a finales de mis veinte años de edad, que volaba un helicóptero Sikorsky S76 desde Chicago hasta Grand Rapids con cuatro ejecutivos de Amway a bordo. Tuvimos un problema con el rotor de cola y terminamos chocando en el lago Michigan. Ya casi anochecía y estábamos flotando con chalecos salvavidas en agua a 54 grados Fahrenheit. Después de casi una hora, la Guardia Costera nos recogió y nos llevó a la estación de Chicago.

"Mientras todo esto sucedía, Rich se encontraba en su casa de Florida alistándose para cenar cuando recibió una llamada informándole acerca del accidente. Rich llamó a la Guardia Costera para tener información acerca de nosotros e insistió en permanecer en la línea hasta que estuviéramos a salvo. Cuando llegamos a la estación en Chicago, alguien me dijo: 'Tienes una llamada telefónica, el hombre te ha estado esperando por una hora'".

"Tomé la llamada y era Rich. Dijo que había estado orando por nosotros y que le aliviaba saber que estábamos a salvo. Al día siguiente voló de regreso a Michigan. Yo estaba en el hangar cuando entró una llamada diciendo: 'El señor DeVos quiere un paseo en helicóptero. Recójalo frente a las oficinas principales de la compañía'. Yo todavía estaba temblando por el accidente, pero subí al otro helicóptero de la compañía y despegué. Cuando llegué a las oficinas, Rich me estaba esperando. Lo hice subir y pregunté '¿A dónde desea ir?', 'A donde sea. Sólo demos un paseo'.

"Él solamente quería demostrarme, así como a todo el mundo, que confiaba en mí. En ese momento, él tenía más confianza en mí que yo mismo pero al dar ese paseo de inmediato, envió un mensaje de ánimo, fuerte y claro. Después, me hizo parar al frente de una reunión de empresarios independientes de Amway para contar toda la historia, y me elogió por amarar el helicóptero en el lago Michigan sin causar ninguna pérdida humana. Cuando escucho a Rich DeVos hablar acerca de ser un 'animador', pienso en la manera como él me animó e inmediatamente me puso a volar de nuevo".

Bill Boer es el principal consejero de negocios de Rich. "Faltaban pocos días para Navidad", recuerda, "y yo me dirigía a revisar una propiedad que recientemente habíamos comprado para la familia DeVos. Mi teléfono móvil sonó y era Rich. Asumí que me llamaba a preguntar respecto a la propiedad y los planes de desarrollo, así que de inmediato comencé a darle todos los detalles del lugar. Él me escuchó por unos minutos, luego dijo: 'Bien, eso es muy bueno, Bill, pero en realidad te llamé para desearte una Feliz Navidad'. Hizo una pausa y luego añadió, 'Te amo Bill'. Yo me quedé sin palabras. Nunca en mi vida, nadie para quien había trabajado anteriormente me dijo 'Te amo'".

¿Eres un enriquecedor de vida y un animador como Rich DeVos? Si no es así, entonces puedes serlo. Animar es una destreza que todos tenemos la capacidad de adquirir y cultivar.

Imagina cuánto más éxito tendría tu organización si te convirtieras en el animador principal. Imagina qué tanto más feliz sería tu familia, cuánto más fuerte y saludable sería tu dinámica familiar, si decidieras, comenzando ahora, hoy mismo, convertirte en el principal enriquecedor de vida de tu cónyuge y tus hijos.

¿Y qué de tus propias necesidades espirituales y emocionales? ¿Tienes animadores y enriquecedores de vida en tu propia vida? ¿Tienes personas a tu alrededor que te animan, afirman y motivan a ser la mejor persona que puedes llegar a ser? Todos tenemos en nuestra vida envenenadores de

"En una ocasión visité Sudáfrica con Rich a bordo de su bote. Atracamos cerca de un pueblo y un grupo de adolescentes africanos cantaban y entretenían a los turistas. Rich los invitó a todos a bordo de su bote a hablar con ellos. Los animó a perseguir sus sueños y se podía ver el brillo en sus rostros mientras él les hablaba. Ellos cantaron para nosotros y esa fue la música más animada y hermosa que haya escuchado jamás".

—Doctor Gaylen Byker, Presidente de la Universidad Calvin

pozos y podadores de céspedes. Pero todos tenemos muy pocos enriquecedores de vida.

¿Dónde puedes encontrar animadores y enriquecedores de vida para tu propia vida? Los encontrarás en tu iglesia, en la oficina, en tu vecindario, en tu universidad o en tu equipo. La mejor manera de encontrar un enriquecedor de vida es *siendo* tú un enriquecedor de vida. Las personas positivas, animadoras y alentadoras tienden a ser atraídas hacia otras personas positivas. Si te sales de tu camino para animar a otros, entonces ellos te buscarán y te animarán.

La palabra que en inglés significa "estimular" se deriva de la palabra francesa *cour*, que significa "corazón". Los enriquecedores de vida son personas con gran corazón que se dedican a fortalecer el corazón de otros. Creo que una de las razones por las cuales Rich DeVos es un animador tan excelente, es porque tiene un corazón muy grande para la gente y para Dios. Él está totalmente dedicado a vivir su fe. Su Biblia le dice: "Por eso, anímense y edifíquense unos a otros, tal como lo vienen haciendo" (1 Tesalonicenses 5:11, Edición de La Bibila Reina Varela. NVI). Si dices ser cristiano pero no eres un animador, ¡entonces no estás practicando tu fe! Si quieres ser como Rich, entonces ¡ten corazón! ¡Sé un animador!

¿Qué te impide ser un enriquecedor de vida?

Muchas personas tienen objeciones mentales que les impiden ser animadoras y enriquecedoras de vida. Si quieres ser exitoso, efectivo e influyente como Rich, entonces debes superar los siguientes obstáculos y objeciones.

Primer obstáculo: barreras de la infancia

"Dios le dio a Rich DeVos el don de ayudar a la gente. Cuando comencé a trabajar para él, hace más de cuarenta años, yo era acomplejada y tenía muchos temores. Él me ayudó a tener más confianza".
—Helen VerBurg, empleada de Rich y Helen DeVos

Si creciste en un hogar en el que el estímulo era escaso y las críticas y el sarcasmo reinaban, entonces la idea de ser un animador y enriquecedor de vida puede resultarte extraña. Si en tus padres nunca tuviste un modelo de animador, entonces probablemente ni siquiera supiste que las personas deberían estimularse unas a otras. Si durante tus años de formación te viste sometido a juicios y críticas (o peor, a abuso verbal o físico), entonces ¿cómo podrías tener conocimiento de algo diferente?

Pero, ahora que eres adulto, debes volver a entrenar tu mente y reprogramar tu comportamiento. Animar a otros es una decisión intencionada que necesitas tomar. Es hora de romper con las viejas barreras de la niñez y convertirte en la persona que quieres ser. Es hora de decidir conscientemente convertirte en un enriquecedor de vida y animador.

Segundo obstáculo: inseguridad y egocentrismo

Algunos, debido a un profundo sentido de inseguridad e inferioridad, encuentran difícil animar y afirmar a otros. Con los años, han desarrollado patrones de comportamiento que los edifican a ellos mientras dañan a otros. Ellos buscan culpas y fallas en los demás a fin de sentirse superiores.

Si te sientes bloqueado para animar a otros debido a tus propias inseguridades y egocentrismo, es hora de crecer. Animar a la gente no te cuesta nada. No pierdes nada al afirmar, elogiar e inspirara a los demás. De hecho, ganas, ¡mucho! Cuando eres reconocido como un animador y alentador, tú eres el ganador. Las personas que les hacen daño a los demás sólo se aminoran a sí mismas; quienes edifican a otros también se edifican a sí mismos. La verdadera grandeza se demuestra eligiendo ser un enriquecedor de vida y un animador.

Tercer obstáculo: desconsideración

Algunos sencillamente no se toman el tiempo para enriquecer la vida de otros. Todos sabemos que decir una palabra amable y de estímulo o enviar una nota de ánimo, no toma mucho tiempo ni esfuerzo, pero pensamos: *"Estoy muy ocupado ahora y siempre hay un mañana"*. En nuestra desconsideración casual, todos fallamos en entender que no necesariamente es así, a veces el mañana no llega. Es probable que la persona a la que has tenido la intención de animar ya no esté mañana. O probablemente mañana seas tú quien ya no esté aquí.

Así que no seas desconsiderado. Deja de posponerlo. Sé un animador *ahora*, mientras todavía tienes tiempo.

"Rich DeVos es una de las personas más consideradas que conozco", dice Jill Grzesiak, asistente ejecutiva de Rich. "No te imaginas la increíble cantidad de solicitudes e invitaciones que recibe. Recuerdo una solicitud que recibió de un poeta de Michigan que no había sido publicado y quería encontrar una editorial. Él escribió un libro de poemas dedicado a su fallecido hijo y quería vender el libro localmente y en su iglesia, donando parte de las utilidades a obras sociales. Editorial tras editorial lo habían rechazado. Finalmente, él le envió el manuscrito al señor DeVos, quien lo leyó y quedó muy conmovido por la dedicación con la que aquel hombre había escrito en memoria de su hijo. El señor DeVos envió el manuscrito a su propia editorial, pero ellos no estaban interesados. Así que ayudó al hombre a imprimir el libro de manera independiente. La mayoría de personas le habrían dicho a ese hombre: "Quisiera poder ayudarte", pero el señor DeVos se salió de su camino para ayudar a este hombre a honrar la memoria de su hijo con un libro de poemas. Eso habla mucho acerca de lo considerado que es Rich DeVos".

Cuarto obstáculo: ignorancia

Otro obstáculo común es que algunas personas sencillamente no saben cómo animar a otras. No saben por dónde empezar, qué hacer o qué decir. Así que aquí hay unos pasos a seguir que harán de ti un enriquecedor de vida para los que te rodean:

Cómo ser un animador

Paso número 1: sé animado

¿Cómo puedes ser un animador si no tienes ánimo? Muchas personas creen que ser animado es el resultado de unas circunstancias emocionales muy buenas o alegres, como ganarse la lotería. En realidad, ser animado es una elección. Es la actitud que preferimos. Nadie puede estar emocionalmente bien todo el día, pero todos podemos elegir estar animados. Nadie tiene circunstancias estimulantes todo el tiempo, todos tenemos que pagar impuestos; todos alguna vez dejamos las llaves dentro del auto; todos recibimos malas noticias por correo de vez en cuando; todos tenemos dolores de cabeza, resfriados y dolores de espalda ocasionales. Aun si nuestras circunstancias son menos que reconfortantes, es posible elegir una actitud de ánimo.

El ánimo viene de adoptar una perspectiva optimista ante la vida. No significa que pretendamos que no hay días malos. Significa que elegimos mantener una disposición positiva incluso durante aquellos días en que las cosas no salen como las esperamos.

Las personas animosas energizan a quienes les rodean. Las personas sin ánimo son una carga emocional. Ellas te absorben la

> *"Rich DeVos trata bien a su gente, tanto a los jugadores como a los empleados. También quiere ganar, ser el mejor. Él ha demostrado que es posible ganar y tratar bien a tu gente al mismo tiempo".*
> —John Weisbrod, Jefe de Operaciones de Orlando Magic

vida y el entusiasmo. Así que a fin de ser un animador, debes tener ánimo y esparcirlo por todas partes.

Paso número 2: da ánimo verbal

Visita o llama a la persona a quien quieres animar. Pregúntale cómo está, no de una manera poco interesada como "¿Cómo va todo?" sino con un genuino interés. Dile que estás orando. Esa es la clase de animador y motivador que ha sido Rich para mí y para mucha otra gente, tanto en encuentros personales como en grupos grandes.

El empleado jubilado de Amway, Tom Michmershuizen, recuerda los primeros días de la empresa: "El estímulo verbal de Rich era gran parte de las reuniones con los distribuidores independientes y las reuniones con los empleados. Él siempre llegaba temprano y se quedaba hasta tarde hablando con la gente, animando y motivando, firmando suvenires y dando palmadas en la espalda. Todo el mundo quería estar cerca de Rich porque él era toda una fuente de inspiración.

Cada mes teníamos una reunión de empleados y Rich se ponía de pie y nos decía las últimas noticias de la compañía. Luego hacía que cada nuevo empleado se pusiera de pie y hablara respecto a su trabajo y a cuáles eran sus expectativas para el futuro. Y Rich siempre tenía una palabra de afirmación para el gran trabajo que cada persona estaba haciendo. Las reuniones eran divertidas y llenas de emoción y entusiasmo. Todos las esperaban.

"Tuve el privilegio de viajar con el equipo cuando Rich hacía sus eventos conocidos como 'Una tarde con Rich' por todo el país. Una noche estuve mirando desde atrás del escenario mientras él daba su charla. Cuando él salió del escenario, le dije: '¡Buen trabajo Rich!' Él volteó a mirar y su cara se iluminó. '¿En serio?' me preguntó. '¿Cuál punto crees que fue el más efectivo?' Yo había asumido que Rich era la persona que anima a otros. Me sorprendió descubrir que Rich necesita una palmada en la espalda como todos los demás".
—Sherri Brewer, empleada de Alticor

Rich incluso tenía una reunión especial con los conductores de los camiones de la empresa. Llegaba con overoles de jean y era sencillamente otro chico más, estrechando manos, intercambiando historias y bromas, y diciéndoles a los conductores cuánto valoraba el trabajo que hacían. Él quería que todos en la empresa supieran que eran valorados y apreciados, y que su trabajo importaba".

Paso número 3: envía tarjetas y notas

Envía notas de aprecio, ánimo e inspiración. Rich DeVos dice: "Por años he estado enviando cartas de felicitación a la gente por las cosas que algunos hacen en la comunidad. Lo leo en el periódico o alguien menciona alguna buena obra que alguna persona ha hecho. Con frecuencia me siento inspirado a solamente enviar una nota a esa persona, toma nada más unos minutos, pero se convierte en una acción poderosa de inspiración y ánimo".

Paso número 4: ofrece tu tiempo

¿Te gustaría enriquecer la vida de un amigo, un vecino, tu pastor, tu compañero de trabajo o tu jefe? Entonces ve a esa persona y dile: "Tengo tantas horas que quiero darte. Déjame servirte. Déjame lavar tus ventanas, organizar tus archivos, o cuidar de tus hijos para que puedas salir en la noche". Dar de tu tiempo es un poderoso estímulo y muy enriquecedor para otros.

Paso número 5: da un regalo

No debe ser costoso. Da algo pequeño, amable y que sea de ánimo, una muestra de tu cortesía y estímulo.

Paso número 6: celebra sin ninguna razón

> "Mis padres fueron enriquecedores de vidas. Mi padre siempre me decía: 'Sea lo que sea que decidas hacer en la vida, ¡tienes la capacidad para hacerlo!' Y resultó ser cierto. Así que ese es el mensaje que doy a dondequiera que voy: '¡Puedes hacerlo!'".
> —Rich DeVos

¿Qué tal invitar a un amigo a cenar y a un espectáculo? ¿O a una cena en tu casa? ¿O a una fiesta? ¿A una ronda de golf o unos sets de tenis? ¿O a una noche juntos sin agenda, excepto muchas risas y una amistad más cercana? Una de las mejores maneras en que puedes ser un animador y enriquecer la vida de otros, es celebrando momentos especiales, hitos y eventos, o ¡celebrar sin ningún motivo en absoluto!

Paso número 7: acepta y reafirma a las personas cuando fallen

Levanta a las personas cuando caigan. Permite que sean humanos y cometan errores. Si ves que alguien deja caer la pelota, anímalo a volver al juego.

Paso número 8: defiende reputaciones

Haz todo lo que esté a tu alcance para poner fin a un chisme, a una crítica y a todo atentado contra el carácter. Nada desanima más que ser el objeto de un rumor. Si alguien viene a ti con un chisme, di: "No voy a escuchar esto. Si tienes una queja en contra de alguien, debes ir directamente a esa persona. No me lo traigas a mí y no lo disperses". Los enriquecedores de vida defienden a quienes no están presentes para defenderse.

"Recibo un tremendo impulso de quienes me rodean. Cuando motivo a alguien, tiene tanto efecto en mí como en la otra persona. El sentimiento de ser apreciado y amado me motiva, me dice que soy importante, que hago la diferencia en este mundo. La habilidad de causar un impacto positivo en los demás es un enorme don para cualquiera en la vida".
—Rich DeVos

Paso número 9: ora

La oración es una fuente poderosa de ánimo. Cuando ores, haz que los demás sepan que estás orando por ellos. Ora específicamente por las necesidades espirituales, emocionales, de salud, familiares y financieras de la gente.

Paso número 10: sé un mentor

Un mentor es alguien que enriquece la vida de otra gente de manera profunda. Ser un mentor es participar en una relación uno a uno para enseñar, orientar, compartir y animar. (El tema de ser mentor es de tan vital importancia que le dedicaremos todo el siguiente capítulo).

Mientras tanto, si quieres ser un enriquecedor de vida como Rich, entonces mejor practica tus volteretas y piruetas y aplausos. Mira a tu alrededor. A dondequiera que veas, hay personas necesitando un animador. Ve y diles que te importan, que crees en ellas, que estás animándolas desde la tribuna. Haz una diferencia por lo menos en una vida cada día, y ¡mira cómo cambia la *tuya*!

CAPÍTULO 8

¡Sé un mentor!

"**Trabajé en una empresa que** pintaba anuncios publicitarios", recuerda Paul Collins, un artista afroamericano del oeste de Michigan. "Conocí a Rich DeVos porque hicimos los anuncios en los vehículos de Amway. Le dije que quería ser artista y pintar para vivir y Rich me dijo cómo hacerlo. Me enseñó que para tener éxito debía ser independiente y me ayudó a conseguir inversionistas para poder lanzarme como artista. Rich fue tan abierto y generoso con su tiempo como un padre sustituto.

"Nos hicimos muy amigos y su puerta siempre estaba abierta para mí. El hecho de que yo fuera negro y él un billonario republicano blanco nunca pareció importarle. Yo tenía el sueño de ser artista y él quería ayudarme. Debido a que él se interesó lo suficiente en mí para ser mi mentor, he vivido por todo el mundo haciendo mis pinturas".

John Eldred, consultor de la familia DeVos, me dijo: "Lo que Rich hizo por Paul Collins es típico en lo que él hace en todas sus relaciones de mentor: toma una relación dependiente y la convierte en una relación independiente. Él les muestra a las personas cómo pararse por sí solas y lograr sus propios sueños".

Rich DeVos es uno de los mejores mentores que conozco. Ha sido el mentor de muchos, enseñándoles los principios de los negocios y el éxito, incluyendo a Steve Van Andel, el hijo de su socio, Jay Van Andel. "Cuando terminé la escuela", me dijo Steve, "comencé a trabajar en la Corporación Amway. Rich me llevó con él en un recorrido por cinco ciudades que se llamaba 'Una tarde con Rich'. Cada día teníamos sesiones de entrenamiento y en la noche hacíamos un congreso.

Recuerdo que en ese tiempo yo estaba pasando por algunas dificultades personales y realmente quería hablar con Rich al respecto pero buscarlo me ponía nervioso. Billy Zeoli estaba viajando con nosotros y notó que algo me afectaba así que le mencionó algo a Rich durante una reunión. Desde luego. Rich hizo a un lado lo que estaba haciendo, dejó la reunión, me buscó y me llevó a su habitación para hablar. Fue un gran alivio haber podido hablar con él sobre el asunto y me dio un consejo muy sabio y bueno. Eso es lo que hace un mentor: se detiene y ayuda. Rich se interesa más por las personas y sus necesidades que por una reunión, una agenda o un cronograma. Admiro eso y trato de hacer lo mismo. Quiero ser la clase de persona que hace todo a un lado a fin de darle mi tiempo a la gente y ayudar cuando alguien lo necesita".

El hermano menor de Steve, Dave Van Andel, dice: "En mi niñez tuve dos padres, papá y Rich DeVos. Nuestras familias vivían en casas una al lado de la otra, y pasamos mucho tiempo en las casas de ambas familias. Rich fue mentor con palabras y hechos y un maestro de gran ejemplo, es el mentor más efectivo que puedas tener".

Marc Lovett es un productor de eventos que ha realizado muchos espectáculos teatrales. "Alticor es un cliente nuestro", me dijo. "Hace unos años produjimos una serie de grandes eventos en Japón. Para realizarlos llevamos a dieciocho actores con nosotros y Rich DeVos habló todas las noches. En especial recuerdo una historia que él contó sobre un refugiado vietnamés que escapó de los comunistas en un bote, y llegó a Estados Unidos, donde triunfó. La manera como Rich contó la historia te hacía sentir como si estuvieras en el bote con ese hombre mientras escapaba.

> *"Papá nunca tomó un curso de 'Mentor 101'. Su compromiso con ser mentor viene de su interés en la gente y de estar en el negocio de la gente. Él nunca deja de ser mentor, pero también es un estudiante. Él quiere leer, aprender y ser retado".*
> —Doug DeVos, hijo menor de Rich y Presidente de Alticor

En el último evento de la serie, Rich hizo un brindis por los actores y por nosotros como una expresión de gratitud por el trabajo que habíamos hecho. Eso fue muy valioso para mí. Después Rich me tomó a un lado y me dio algunos consejos respecto a la cultura japonesa. Me dijo qué decir y cómo dirigirme a los japoneses al hablar. Al recordarlo, veo que de hecho fue una lección de respeto a los demás y para pensar más allá de uno mismo. Rich se interesó lo suficiente para ser mi mentor porque genuinamente se interesaba en mí como persona. Constantemente me sorprende la manera como él se interesa por los demás y se sale de su camino para ayudar".

Karen DeBlaay, hija de quien hace mucho tiempo es empresaria independiente, Berenice Hansen, me dijo: "Le pedí a Rich que fuera mi mentor en el área de mayordomía. Lo llamé a su oficina y su secretaria me dijo que Rich me llamaría en una hora. Efectivamente, me llamó y me dio la orientación que necesitaba. Me dio una cantidad ilimitada de su tiempo para ayudarme".

En estas pocas historias logramos otra perspectiva del alma de Rich DeVos y descubrimos una razón más para su gran éxito e influencia: Rich DeVos es un mentor.

¿Por qué ser un mentor?

Helen DeVos me explicó la motivación de Rich para ser mentor de otros. "Viene de su fe", dijo ella. "Jesús fue el mentor de sus discípulos. Él les enseñó, pasó tiempo con ellos y dio su vida por ellos. Rich mira la vida de Jesús y dice: 'Él es mi ejemplo. Ese es el patrón para mi vida'. Así que ser un mentor para otros fluye de Rich y de lo que él cree.

Como mentor Rich constantemente está animando y enseñando, siempre comparte sus perspectivas y experiencias. Po lo general él no dice: 'Esto es lo que debes hacer'. Pero a menudo dice: 'Yo enfrenté una situación similar, esto es lo que hice y esto es lo que sucedió como consecuencia'. Él con gusto comparte sus propias vivencias y las cosas que ha aprendido, pero no se las impone a nadie.

Cualquiera que le pida a Rich un consejo, lo obtendrá. Él no rechaza a nadie. Y al final de la conversación siempre dice: 'ten libertad de volver a buscarme en cualquier momento'. Él es muy generoso con su tiempo".

El yerno de Rich, y Director General de los Orlando Magic, Bob Vande Weide dice: "¿Por qué Rich es un mentor para tantas personas? Porque no puede evitarlo. El ama mucho a la gente y quiere verla triunfar; evidentemente tiene mucho que compartir acerca de la vida. Él ha sido un mentor para todos nosotros en la familia y en sus empresas. Él no es mentor de una manera forzada o intimidante. Él es mentor animando y estimulando. Le encanta animarte a dar lo mejor de ti.

> *"Rich DeVos es más que un mentor. Es como un padre para mí. Ha impactado cada área de mi vida. Llegué a ser cristiano debido a su influencia. Me hice empresario debido a su influencia. Él impactó mis posiciones políticas y económicas, mi personalidad, mi espiritualidad. Rich probablemente no tiene idea de haber tenido un efecto tan poderoso en mi vida".*
> —Jim Dornan empresario independiente

Justo ahora su énfasis está en ser mentor de los nietos. Siente que ellos son su legado, no Alticor, ni los Magic, ni ninguna de las tantas obras de beneficencia o fundaciones que apoya. No, su legado son sus nietos y constantemente los anima, enseña y les sirve de mentor. En cierto grado, sus nietos son su regalo al mundo y él cree que ellos seguirán mucho después de que él se haya ido, y ayudarán a hacer del mundo un mejor lugar".

"Papá dijo en una ocasión: 'Debes tomar las decisiones más importantes en la vida cuando estás menos preparado para hacerlo'. Él se refería a que cuando estás finalizando tu adolescencia y durante el inicio de tus veintes, debes hacer elecciones que marcan todo el curso de tu vida: en qué universidad estudiar, qué grado buscar, qué estudiar, tu cónyuge, además de todas las tentaciones que pueden destruirte, como los narcóticos y el licor. Debes tomar todas esas decisiones críticas mientras eres joven e inexperto. Es por eso que los jóvenes necesitan mentores".
—Doug DeVos, hijo menor de Rich y Presidente de Alticor

La esposa de Bob, Cheri Vander Weide, también reflexionó sobre el compromiso como mentor de su padre, Rich DeVos. "Papá es un maestro de corazón", dice ella, "y a medida que ha ido envejeciendo se ha convertido más en eso. Ha adquirido sabiduría y experiencia mucho más que la persona promedio y tiene un deseo de impartir esa sabiduría a otros. Él quiere aprovechar cada oportunidad de enseñanza que tiene".

El ex Director de Operaciones de Amway, Bill Nicholson, nos lleva a su relación con Rich como mentor. "Hay una gran diferencia", dice, "entre ser mentor y enseñar". Un mentor va mucho más allá que un maestro. Un maestro repasa el material contigo, te da una tarea y evalúa tu desempeño con un examen. Puede haber una interacción uno a uno en un entorno de enseñanza, pero la mayor parte del proceso se da en un salón, y eso bastante impersonal.

Pero ser mentor como lo hace Rich, implica una relación. Es un método de instrucción que alcanza al aprendiz a un nivel mucho más profundo, más personal. Rich es un gran maestro y motivador ante una audiencia. Pero es aún mejor como mentor uno a uno. Te daré un ejemplo:

"Un día, hace unos años, Rich y yo habíamos estado en una reunión con empleados. Después de la reunión me tomó aparte y dijo: 'Bill, déjame hacerte una sugerencia. Te observé en esa reunión. La próxima vez, ¿por qué no pasas algo de tiempo dándote a conocer a las personas? Tienes un buen sentido del humor, deberías dejarlo salir más. Toma tiempo con los demás y muéstrales que estás interesado en ellos como personas. Si te conocen mejor, les agradarás y confiaran en ti. Verás que es más fácil lograr los resultados que deseas'. Ése fue un excelente consejo y él tenía razón, ese es sólo un ejemplo de los cientos de momentos en los que Rich ha sido un mentor para mí".

Mi amigo Rich DeVos ha sido un gran mentor tanto para mí como para muchas otras personas en la organización Orlando Magic. John Weisbrod, Jefe de Operaciones de los Magic, me dijo cuando aprecia la relación que ha tenido con Rich como mentor:

"Como mentor", dice John, "Rich te enseña de tal manera que difícilmente notas cuánto estás aprendiendo. Él no te hace sentir incompetente o inferior. Él nunca dice: 'Ahora siéntate y déjame impartirte todo mi conocimiento porque, vaya que sí lo necesitas'. Él es tan casual en la manera como se te acerca que es completamente conciliador. Él sugiere diferentes métodos, cuenta historias de su propia experiencia, se identifica contigo, te entrena y te anima, te inspira a salir y hacer lo que nunca pensaste que podías. Esa es la clave para ser un gran mentor: inspiración.

> *"Rich DeVos se interesa personalmente en todos los de su equipo. Cuando ingresa a los vestidores, pasa tiempo hablando con cada uno de nosotros. Y no sólo habla. Él escucha".*
> —Andrew DeClerq, jugador de los Orlando Magic

Un maestro puede impartir conocimiento e información, pero solamente un verdadero mentor puede llenarte de inspiración y de la seguridad de que eres capaz de más de lo que alguna vez imaginaste".

Rich también es un mentor para los jugadores del equipo. Shaqille O'Neal, estrella central de Los Angeles Lakers, comenzó su carrera en la NBA jugando para los Orlando Magic. En una ocasión Shaq le dijo a Rich: "Tú eres un mentor para mí. Nunca olvidaré nada de lo que me has enseñado". Shaq me habló de una de las lecciones de vida que aprendió de Rich DeVos: "Poco después que Rich comprara el equipo, se reunió con los jugadores y nos habló en cuanto al dinero. Dijo: 'Sé que ustedes ganan mucho dinero. Yo también. Pero no permitan que el dinero destruya lo que son. Conserven su humildad. Sean amables con la gente. Nunca dejen que el dinero cambie la manera como tratan a los demás'. Eso nunca lo olvidé".

Uno de nuestros ex jugadores, Shawn Kemp, (quien también jugó con los Sonics de Seattle, los Cavaliers de Cleveland y los Trailblazers de Portland), me dijo: "Rich DeVos es diferente a cualquier propietario de un equipo de la NBA que haya conocido. Nunca un propietario se sentó conmigo a hablar como una persona real. La mayoría de propietarios se alejan de sus jugadores, pero Rich ha mostrado un verdadero interés en mí. Déjame decirte esto: eso lo aprecian los jugadores de baloncesto".

Otro ex jugador de los Magic, Darrell Armstrong, dijo: "Rich siempre está revisándonos frente a frente. Constantemente nos está diciendo lo orgulloso que está y nos elogia por comportarnos tan bien tanto dentro como fuera de la cancha. Siempre disfruto cuando él se acerca. Después de un juego él viene y habla con nosotros, así hayamos ganado o perdido. Eso significa mucho".

Otro ex jugador de los Magic, Penny Hardaway, recuerda: "Rich se interesa en ti, dentro y fuera de la cancha, y no hay muchos propietarios de equipos de la NBA así. Él me tomaba aparte y me hablaba de cuestiones de dinero y acerca de mantener a Dios en mi vida. Él se interesó personalmente en mí, y no tenía que hacerlo. Todo lo que tenía que hacer era pagarnos, pero él quería hacer más que eso. Él quería hacer la diferencia en nuestras vidas. Eso es lo que hace que Rich DeVos sea único".

John Weisbrod recuerda: "En una ocasión le hablé a Rich acerca de un jugador que queríamos contratar, un jugador estrella con mucho talento, pero también con algunos problemas fuera de la cancha que involucraban narcóticos e hijos fuera del matrimonio. Se lo expuse a Rich y él dijo: '¿Sabes? Quiero hacer la diferencia en su vida. Para eso es que todos estamos. Traigámoslo al equipo y ayudémoslo a fortalecerse para que pueda seguir y tener una vida productiva después del baloncesto. Sí señor, podemos ayudar a ese joven'. Esa es la manera como Rich ve a sus jugadores. Todos son personas con necesidades individuales y él quiere ayudarlos y ser su mentor".

"Rich DeVos es un mentor para mí porque practica aquello de lo que habla".
—Steve Hiaeshutter, ex empleado de Alticor

Una de las formas en que Rich es mentor para los jugadores de los Magic, es aconsejándolos a invertir sabiamente y a diezmar de las grandes cantidades de dinero que ganan en la cancha de baloncesto. "Muchos de estos jóvenes", él dice, "tienen toda clase de 'expertos' detrás de ellos, diciéndoles que honestamente buscan sus mejores intereses. Yo les digo que soy el único amigo en la ciudad que de verdad les quiere ahorrar dinero. Realmente quiero lo mejor para estos chicos. Muchos de los jugadores de hecho me buscan pidiendo consejo. Me reúno en privado con ellos, les hablo acerca de la vida y oro con ellos. Ser propietario de un equipo de la NBA me ha dado toda una nueva serie de oportunidades para ser un mentor y un animador".

Rich anhela tanto animar, entrenar y servir de mentor para la gente de su organización, que a veces es cómico. Recuerdo un incidente en un juego en el que los Magic jugaban de locales, no mucho después de que Rich hubiera comprado el equipo. Yo estaba viendo el juego desde mi sitio acostumbrado en el túnel detrás del banco de los visitantes y Rich estaba sentado detrás de la banca de los Magic. El juego ya se estaba acabando, los Magic iban perdiendo pero se iban recuperando anotando varios puntos en una racha. Se pidió un tiempo fuera y el estadio estaba emocionado; la multitud estaba de pie; las porristas estaban manteniendo a todo el mundo emocionado; era una locura.

Estaba viendo todo esto cuando uno de los chicos de mercadeo se me acercó corriendo. Sus ojos estaban tan grandes como dos platos. "Mira allá abajo", me grito con una voz en pánico. "El señor DeVos está entre el grupo". Miré, y efectivamente, ahí estaba Rich, en la cancha, frente a la banca, justo en medio de su equipo. El entrenador estaba ahí parado con la boca abierta y su portapapeles en la mano. Los jugadores estaban escuchando atentamente. Rich no estaba hablando de estrategia o de fundamentos. Él sólo estaba haciendo lo que siempre hace a donde quiera que va: animando, estimulando, siendo mentor. Él ama a sus jugadores y les estaba dando una buena palabra: "Excelente trabajo. Los tienen donde los quieren. Sigan así".

¿Qué se supone que Rich debería haber hecho? ¿Sólo haber permanecido sentado en la banca, mirando el juego, y dejarle la charla de ánimo a sus entrenadores? ¿Era una violación al protocolo que el propietario del equipo saltara el medio del grupo durante un tiempo fuera? Definitivamente, y Rich nunca volvió a hacerlo.

Pero debes amar su entusiasmo porque él estaba atrapado en la emoción del momento. Debes admirar su corazón de mentor. Lo que Rich DeVos hizo esa noche es lo que hace todo el tiempo con sus jóvenes jugadores: los anima, los edifica, les sirve de mentor, y ellos lo aman por eso.

"Ser el mentor de alguien no tienen nada de complicado", me dijo Rich. "Si animas a la gente, si enriqueces la vida de las personas y pasas algo de tu propia experiencia a otros, entonces eres un mentor. Quiero hacer eso por los demás porque conozco el impacto que mis mentores han tenido en mi propia vida.

Mi padre fue mi verdadero mentor. Los principios y valores que me enseñó son la base de Alticor y la base de la manera como dirigimos la Organización Magic. Otro de mis mentores es Jay Van Andel, un hombre completamente inteligente con un fuerte fundamento de fe personal, principios y carácter.

¿Qué se necesita para ser un mentor? Bueno, debes prestarle atención a la gente. Debes llegar a conocerla más que sólo superficialmente. Debes hacer preguntas y saber qué estimula a los demás. Debes desarrollar una relación de confianza en la que las personas se sientan cómodas abriéndose contigo y compartiendo sus problemas e inquietudes. Si les das tu atención, si compartes tu experiencia, las animas y enriqueces sus vidas, entonces eso te lleva a ser un mentor.

Un mentor no es más que alguien a quien los demás admiran. Alguien, por lo general más joven y con menos experiencia, que ve algo en tu vida que le agrada y admira, quiere ser como tú en ese sentido y desea aprender de ti. Es por eso que debemos observar cómo vivimos. Si no das un buen ejemplo, entonces los demás pensaran que hacer lo malo es aceptable y también lo harán. Un mentor debe estar constantemente consciente de su influencia sobre los demás".

Lo que hacen los mentores

La palabra "mentor" viene de La Odisea de Homero, la historia de las aventuras de Odiseo durante su viaje de diez años siguiendo la Guerra Troyana. Mientras estuvo lejos de casa, Odiseo le confió su hijo a un amigo para que lo guiara, educara y cuidara. El nombre de este confiable amigo era Mentor. Hoy, cualquier persona que enseña y guía a otro en una relación uno a uno, es llamada mentor.

En su libro *Compassionate Capitalism (Capitalismo solidario)*, Rich dedica todo un capítulo a la importancia de tener mentores y de ser mentores. "Necesitamos encontrar a alguien", escribe, "a quien admiremos y que ya haya logrado lo que queremos lograr y pedirle que nos ayude a alcanzar nuestras metas". Ese alguien, dice Rich, es un mentor. Rich procede describiendo lo que los mentores hacen:

Los mentores son los guardianes de tradiciones importantes y de historias que forjan vidas. Los antiguos artesanos, desde carpinteros y orfebres hasta los artistas y pintores, emplearon aprendices jóvenes y fueron sus mentores en el oficio. Los aprendices no sólo adquirían valiosas habilidades sino también las tradiciones e historias que forjaban sus actitudes. Tales tradiciones e historias personifican los aspectos intangibles de una vocación, desde la artesanía y la excelencia, hasta la honestidad y la diligencia.

Los mentores transmiten el conocimiento que para cualquier persona sería difícil aprender por sí solo. Sin mentores cada generación tendría que "reinventar la rueda". Los mentores trasfieren el conocimiento a aprendices, y a su vez los aprendices alcanzan nuevos niveles al pararse sobre los hombros de sus mentores.

Los mentores nos enseñan lo que necesitamos saber para triunfar. Glen Early comenzó su compañía de construcción de Harrisonburg, Virginia, cuando tenía solamente veintitrés años. Después de dos años su empresa estaba en la quiebra y Early debía miles de dólares. Él hipotecó su casa para pagar sus deudas, luego se hizo aprendiz del propietario de una exitosa firma de construcción. Al tener como mentor a este experimentado hom-

bre de negocios, Glen Early comenzó a ver
cuánto tenía que aprender respecto a cotizar,
ofertar y contratar. Por siete años, trabajó al
lado de su mentor con mayor experiencia y
luego se retiró para iniciar una nueva empresa de construcción. Seis años después, la
compañía de Glen Early fue listada en la revista *Inc.* como uno de los emprendimientos
de negocios más crecientes en la nación.

> *"Un mentor no es una persona
> que puede hacer el trabajo mejor
> que sus seguidores. Es alguien
> que logra que sus seguidores
> hagan un mejor trabajo que él".*
> —Fred Smith, Presidente de
> Fred Smith Associates,
> Dallas, Texas

Es por eso que necesitamos mentores. Su
conocimiento y sabiduría son la clave para el éxito.

Los mentores enseñan a quienes más aman. A Paul Tournier, el psicólogo cristiano suizo quien ha sido mentor de cientos de personas en todo
el mundo, en una ocasión le preguntaron respecto a sus técnicas de enseñanza, consejería y mentoría. La respuesta de Tournier: "Para mí es un
poco vergonzoso tener a todos estos estudiantes viniendo de todas partes
del mundo a estudiar mis 'técnicas' porque siempre se van decepcionados.
Todo lo que he aprendido a hacer, sencillamente es a amar y aceptar a los
demás justo en medio de sus luchas". Como lo dice Rich DeVos, 'A la gente
no le interesa cuánto sabes hasta que saben cuánto les interesas'".

El Apóstol Pablo expresó su corazón de mentor cuando le dijo a sus
amigos en Corinto: "Les escribí con gran tristeza y angustia de corazón, y
con muchas lágrimas, no para entristecerlos sino para darles a conocer la
profundidad del amor que les tengo" (2 Corintios 2:4, La Biblia, Edición
Reina Varela. NVI). Pablo fue el mentor de un joven llamado Timoteo y en
una ocasión le escribió: "Anhelo verte para llenarme de alegría... Haz todo
lo posible por venir antes del invierno" (2 Timoteo 1:4; 4:21, La Biblia, Edición Reina Varela. NVI). El amor genuino por la gente estaba en el corazón
del Apóstol Pablo en su proceso como mentor.

Los mentores tienen el valor para confrontar. A veces el amor debe ser
rudo. Como lo dijo David Augsburger en *Caring Enough to Confront*: "Si
amas, afilas". Es un principio tan antiguo como la Biblia: "El hierro se afila
con el hierro y el hombre en el trato con el hombre" (Proverbios 27:17,
La Biblia, Edición Reina Varela. NVI). Si nunca somos corregidos, nunca
aprenderemos ni creceremos.

Es cierto, nunca se siente bien el ser confrontado respecto a alguna falla
en el carácter, fracaso o pecado. La corrección y la confrontación son dolorosas de impartir y dolorosas de recibir. Pero un mentor que realmente ama
se interesará lo suficiente como para confrontar la falla a fin de fortalecer

"Después de mi padre, Rich probablemente ha sido mi mentor más importante. Con su espíritu no crítico, su inconmovible fe en Jesucristo y su genuino amor por los demás, Rich tiene el temperamento del mentor ideal".
—Marvin DeWinter, aquitecto y desarrollador de Finca Raíz

y forjar el carácter del aprendiz. Como nos dice Proverbios 27:6 (La Biblia de Las Américas), "Fieles son las heridas del amigo".

En la Biblia hay muchos ejemplos de mentores. Moisés fue el mentor de Josué. Noemí, fue la mentora de su nuera, Ruth. Esdras fue el mentor de Nehemías. Elías fue el mentor de Eliseo. Bernabé fue el mentor de Pablo y Juan Marcos. Pablo fue el mentor de su hijo espiritual Timoteo, así como Priscila y Aquila fueron mentores de Apolo.

Desde luego, el mayor mentor y mejorador de vida de todos los tiempos fue Jesús de Nazaret, quien fue el mentor de doce hombres, vertiendo su vida en ellos. Uno de esos doce hombres lo traicionó, pero los otros once tomaron lo que habían aprendido de él y alteraron el curso de la Historia Universal.

Diez pasos para encontrar a tu mentor

¿Estás buscando a un mentor, a alguien que desarrolle una relación contigo, que te enseñe, te aconseje y te ayude a llegar a ser un ser humano sabio y efectivo? A continuación hay diez pasos para encontrar a esa persona:

1.   *Mira a las personas que conoces*
Mira a tu alrededor, a la gente que te rodea tanto en tu vida personal como profesional. ¿Hay alguien que admires? ¿Alguien que te gustaría emular en alguna manera? ¿Alguien que tenga la sabiduría que necesitas?

2.   *Toma en cuenta gente que nunca has conocido*
Investiga sobre las personas más exitosas de las industrias, organizaciones y asociaciones de comercio del campo de tu elección. Encuentra lo que más puedas de ellas. Identifica a aquellas cuyos valores y logros más admiras.

3.   *Elige un mentor que sea un buen modelo*
Busca a alguien que no sólo sea famoso o exitoso sino que tenga reputación de tener carácter y principios sólidos. Busca a quien puedas admirar y respetar así como emular.

4.   *Elige un mentor que sea un buen oyente*
El mejor mentor es alguien que llega a conocerte, que identifica sabiamente tus habilidades, fortalezas y debilidades, tu personalidad y tus aspiraciones. Un buen mentor no debe servir como profesor, sino como caja de resonancia, alguien que te apoye con tus luchas y te ayude a aclarar tus principios y creencias.

5. *Elige a un mentor que te afile*

Un buen mentor no solamente te anima sino que también te dirá la cruda verdad cuando estés moviéndote en la dirección errada. También es una buena señal si tu mentor es humilde y abierto respecto a su propia vida. Cualquiera que haya logrado grandes cosas, ha cometido grandes errores por el camino y compartirá libremente esas experiencias para que puedas aprender de ellas.

6. *Busca a alguien que sea diferente a ti en un aspecto importante*

Nuestra tendencia es acercarnos a aquellas personas con quienes tenemos mucho en común. Pero al buscar un mentor, es sabio buscar a aquellos que tienen esas fortalezas que nos hacen falta a nosotros. Por ejemplo, si eres tímido e introvertido, busca a alguien que sea audaz y sociable. En lugar de asociarte con alguien que refuerce tus debilidades, encuentra a alguien que te rete a adquirir nuevas fortalezas.

7. *Sé abierto a encontrar un mentor en lugares inesperados*

Tendemos a pensar en un mentor o maestro como alguien con cabello gris y una cara con muchas arrugas. ¡No necesariamente! Un mentor puede ser cualquiera que tenga algo que enseñarte y puede ser de tu misma edad o incluso más joven que tú. Un mentor puede ser alguien de menor rango y estatus social que el tuyo.

8. *Si la persona no te conoce, acércatele con una corta carta de introducción*

Puedes decir: "He seguido sus logros en el campo de _____, y con entusiasmo leí su libro sobre _____. Al igual que usted, me interesa mucho el tema de _____, y espero algún día llegar a hacer un aporte en esas áreas. Estoy buscando establecer una relación con un mentor, y estaría muy agradecido si usted pudiera separar treinta minutos para discutir esa posibilidad conmigo".

9. *Haz contacto personal*

No seas tímido. Pregunta: "¿Estaría usted dispuesto a ser mi mentor?". Puedes pensar que estás importunando a esa persona, pero he encontrado que la mayoría de los que han alcanzado un nivel de logro en la vida, están dispuestos a compartir su sabiduría, experiencia y conocimiento con los demás. Cuando le pides a alguien que sea tu mentor, en realidad les estás haciendo un gran elogio.

10. *Recuerda: nunca eres demasiado viejo para tener un mentor*

He llegado a un punto en el que sé que tengo mucho conocimiento y experiencia para ofrecer a otros, ¡pero de todas maneras tengo mucho que aprender! Es por eso que, a pesar de mi edad y cabello gris, todavía busco a personas que sean mis mentoras, ¡personas como Rich DeVos!

Hemos aceptado el concepto errado de que la mejor manera de impactar el mundo es por medio de los medios masivos. Pensamos que la forma más eficaz de enviar nuestro mensaje es gastando enormes cantidades de dólares en publicidad impresa y emitida. Pero el problema con las técnicas de comunicación masiva es que, aunque puede llegar a millones de personas, no causan una impresión profunda y duradera en la vida de una sola persona.

En contraste, ser mentor funciona en un principio de crecimiento exponencial. Inicialmente, el proceso de ser mentor impacta sólo a unas pocas personas pero lo hace a un nivel profundo y duradero. Las vidas se ven completamente transformadas por el proceso con un mentor. Inicialmente el proceso de un mentor arroja resultados decepcionantemente pequeños, pero pronto los hongos, como los resultados en las vidas humanas, prosperan. Una analogía aclarará este principio: imagina que te postulas para un trabajo y el empleador te ofrece una elección entre dos diferentes planes de salario. Plan A: te pagan $2.000 por semana durante las próximas veinticinco semanas. Plan B: te pagan un centavo la primera semana, dos centavos la siguiente semana, cuatro centavos la tercera y así sucesivamente, doblando tu salario cada semana durante las próximas veinticinco semanas. ¿Cuál plan aceptarías? Bueno, si eres inteligente y haces las matemáticas, tomarías el Plan B, el de los centavos. ¿Por qué?

"Los mentores abren la ventana y dan paso al futuro".
—Howard A. Adams, Director del Instituto Nacional de Mentores GEM

El Plan A claro que parece atractivo. A $2.000 dólares la semana por veinticinco semanas, ganarías $50.000 en menos de medio año, nada mal. Pero ¿qué del plan B? Bueno, si duplicas ese centavo, lo vuelves a duplicar y lo haces una y otra vez, semana tras semana, por veinticinco semanas, ¿cuánto dinero tendrás al final de veinticinco semanas? ¡Nada menos que $335.544,31! Es esclarecedor cuando ves cómo funciona esto y cuán rápido crece un centavo hasta 33 millones de centavos.

Semana	Centavos
1	1
2	2
3	4
4	8
5	16
6	32
7	64
8	128

9	256
10	512
11	1.024
12	2.048
13	4.096
14	8.192
15	16.384
16	32.768
17	65.536
18	131.072
19	262.144
20	524.288
21	1.048.576
22	2.097.152
23	4.194.304
24	8.388.608
25	16.777.216
Total	33.554.431

[Tabulaciones compiladas por Jeff Bissey, contralor de los Orlando Magic]

¡Eso, mi amigo, es el poder del crecimiento exponencial! Así que si yo soy tu mentor, eso hace dos personas. Si tú y yo somos mentores de dos personas, eso hace cuatro. Si los cuatro encontramos a otra persona a quien servir de mentores, eso hace ocho. Así sucesivamente sigue, ¡y nadie sabe dónde se detiene!

Entonces ¿cuál es la mejor manera de ser un enriquecedor de vida? ¿Una gran campaña en medios masivos? ¿O ser mentor uno a uno? Tú júzgalo. (¡Pero quizá, sólo quizá, hemos tropezado con una pista de cómo Amway llegó a ser tan grande!)

"Mi Mentor, Rich DeVos"

Doug Seebeck, Director de Compañeros para el Desarrollo Cristiano, hace poco compartió su historia conmigo. "Déjame hablarte", me dijo, "acerca de mi mentor, Rich DeVos. A menudo le digo a Rich: 'Quisiera que nos hubiéramos conocido en 1978, antes de haber ido a Bangladesh. O en 1982, justo después de mi regreso. El tiempo que he desperdiciado por no conocerte antes'.

Pero desde luego, Dios no desperdicia nada, ni siquiera nuestros errores. Durante mis dieciocho años de trabajo en Desarrollo Internacional en Asia y África, no siempre supe lo que estaba haciendo. Pero esos años me prepararon para mi trabajo actual con Compañeros para el Desarrollo Cristiano, un ministerio que busca ejecutivos para el ministerio, afirma sus empresas como una vocación sobresaliente y los involucra como agentes para el cambio social y espiritual en sus comunidades.

> *"Para mí, la vida de Rich se trata de integridad y honestidad. Él busca hacer lo correcto y nunca incumple. Se adhiere a sus principios sin importar nada. Rich DeVos no se deja influenciar por la multitud. La multitud es influenciada por Rich DeVos".*
> —Ron Hale, empresario independiente

Rich DeVos ha sido un mentor, guía, confidente y amigo. Inicialmente supe de él al leer su libro *Compassionate Capitalism, (Capitalismo solidario)*. Mientras leía, todo el tiempo decía: '¡Vaya! Debo conocer a este hombre'. Debo aprender de él'. Cuando llegué al capítulo 10 sobre ser mentor, pensé: ¡Eso es lo que necesito! ¡Un mentor! ¡Tengo una visión para que Compañeros sea un movimiento mundial, pero no sé cómo hacerlo! ¡Este es un hombre que ya ha desarrollado un movimiento a nivel mundial y necesito que me enseñe cómo lograrlo!

Así que arreglé un encuentro con el señor DeVos y llevé ese libro conmigo. Él me dijo: '¿Cómo puedo ayudarte?' Y yo abrí el libro y le señalé el capítulo sobre el ser mentor. 'Necesito un mentor', dije. Y ese fue el comienzo de su compromiso para servir como mentor tanto para mí como para mi organización hacia una visión global.

¿Cómo ha sido ese proceso? No es formal. No es planeado. Es más un torbellino de ideas, energía, pasión y sueños. Él toma toda su experiencia de vida, los lugares en los que ha estado, las cosas que ha pasado, sus fracasos y triunfos, y los presenta para que yo aprenda de ellos. Tengo el extraño privilegio de ver su vida de cerca, ver su carácter en acción, de ser testigo de su compromiso y fe en Dios. Veo cómo él se concentra en lo que es importante, y lo que verdaderamente es importante para Rich es la gente. Y en medio de todo eso, recibo su estímulo continuo. Rich se llama a sí mismo un animador, y lo es.

A medida que trabajo y desarrollo este ministerio, a menudo pienso que necesito hablar con Rich. Necesito otra inyección de impulso de Rich DeVos para los siguientes seis meses. Siempre puedo usar más de su sabiduría y carácter y nunca recibo suficiente.

He hablado con muchas personas que conocen a Rich, y lo asombroso es que todo el que lo conoce se siente igual. No importa con quien hables. Todos aman a Rich porque él los ama a todos, él ama a la gente, ama la vida.

Él cree en la gente porque ama a Jesucristo y Jesús es el mentor número uno de Rich".

Ahora Rich DeVos es más que un mentor para mí. He llegado a amarlo como a un hermano, a un padre, como a un amado amigo. Él es la persona en mi vida que siempre dice 'Seebeck, tú puede hacerlo'. Y cuando lo dice, lo cree, y me hace creerlo, y es por eso que sucede. Gracias Rich, por ser mi mentor, mi animador, mi amigo".

Hay un viejo adagio que captura la filosofía de un verdadero mentor: "Si estás sembrando para un año, siembra granos. Si estás sembrando para una década, siembra árboles. Si estás sembrando para un siglo, siembra personas". Los mentores siembran personas. Cultivan y nutren la gente.

Ellos enriquecen y animan a la gente. Y el trabajo de un mentor produce una cosecha que sigue llevando fruto por años, décadas e incluso la eternidad.

Si quieres tener la clase de influencia e impacto que Rich ha tenido en las vidas, entonces sé como él. Siembra personas. Sé un mentor.

CAPÍTULO 9

¡Sal a vender!

El abuelo de Rich DeVos fue un vendedor ambulante.

Hoy, la frase "vendedor ambulante" parece un insulto. Se refiere a una persona que es desaseada, deshonesta y de mala reputación, como un pregonero de ferias, o alguien con un traje a cuadros que vende relojes Rolex "genuinos" en el portaequipaje de su auto.

Pero el abuelo de Rich DeVos fue un vendedor ambulante de la antigua escuela, honesto y muy trabajador. En inglés la palabra que define "vendedor ambulante" se origina en la palabra holandesa *heukster*, que significa "buhonero" o "vendedor", y el sentido original de ese término no tenía nada de deshonroso. El abuelo de Rich conducía su viejo camión hasta el mercado campesino todos los días, compraba cantidades de verduras, luego conducía por los vecindarios, vendiendo su mercancía puerta a puerta obteniendo un pequeño margen de ganancia.

"Creo que el éxito actual de Alticor se debe en gran parte a ese holandés vendedor ambulante de vegetales", dice Rich con una sonrisa. "La mayoría de las primeras lecciones en cuanto a ventas, las aprendí de mi abuelo. Siendo un niño, yo salía con él en sus recorridos por el vecindario. Siempre estuve cerca de la actividad de ventas.

Después que mi abuelo terminaba su ruta regular, a veces le quedaban algunos vegetales y me dejaba venderlos y conservar las utilidades. Recuerdo vívidamente mi primera venta, la cual hice bajo su supervisión. Él me dio unas cebollas para vender y se las ofrecí a una señora del vecindario. Sólo gané unos pocos centavos con esa transacción pero aprendí una lección de un millón de dólares: no permitas que el temor al rechazo te detenga. Sigue golpeando puertas, sigue insistiendo hasta que hagas la venta. Sé persistente y serás recompensado".

Personalmente, he visto a Rich DeVos en varias situaciones de venta. En la NBA hay veintinueve equipos, y los Orlando Magic están en el segundo mercado más pequeño. Así que para que nuestra franquicia tenga éxito,

115

Rich DeVos nuestro propietario, ha tenido que vender este equipo a la comunidad de Orlando y a los talentosos jugadores que hemos reclutado. Los jugadores más contratados tienden a preferir equipos en las grandes y ostentosas ciudades como Los Ángeles, Boston, Filadelfia y New York. Para un pueblo como Orlando no es fácil competir contra aquellas sedes. Pero lo hace, y con éxito.

> *"Tuve la fortuna de crecer en un hogar en el que las ventas no eran menospreciadas y nunca tuve que tragarme mi orgullo para vender algo".*
> —Rich DeVos

En toda la liga, Orlando es conocida por tener la mejor propiedad en la NBA", dice el Gerente General de los Magic, John Gabriel. "Eso es porque nuestro propietario es un vendedor consumado.

Por ejemplo, cuando estábamos reclutando a Horac Grant, Rich nos envió a su yerno, Bob Vander Weide y a mí a recoger a Horace y a su agente, Jimmy Sexton, a Cichago para traerlos a la casa de Rich en Holland, Michigan. Volamos sobre el lago Michigan, la vista era asombrosa. Luego aterrizamos en el patio trasero de la casa de Rich. Ahí estaba un hombre esperando para saludarnos, con pantalones cortos, una camisa casual y sin zapatos, era el mismo Rich DeVos, quien nos saludaba con la mano desde lejos y le daba la bienvenida a Grant a su casa.

Todos almorzamos y tuvimos una conversación casual y de inmediato Rich se ganó a Horace Grant. Después del almuezo, Rich llevó a Grant en su bote, y hablaron de la vida, del baloncesto y de cómo sería jugar en Orlando. Diez días después, Grant firmó con los Magic y se convirtió en la pieza final que llevaría a nuestro equipo hasta las finales de la NBA en 1995".

Toda la vida a Rich le ha encantado vender y siempre le ha asombrado el hecho de que esta profesión tan antigua con frecuencia sea menospreciada. Por algún motivo, el arte de vender en general ha recibido un mal nombre, y especialmente las ventas de persona a persona han adquirido una mala reputación. En su primer libro *Believe!, (¡Cree!)* Rich relata:

"Han habido quienes me han dicho: 'Ah, Amway. Ustedes son los que están en el negocio de las ventas directas'. Mi respuesta: '¡Sí, los mismos! Estamos en el negocio del servicio personal'. Sucede que pensamos que un servicio personal es mejor que hacer que el cliente se pare en una fila. No nos disculpamos por eso. Respeto al hombre que está en el negocio en el que los clientes no tienen que abrirse paso entre el tráfico, estacionarse bien lejos en un estacionamiento y correr en medio de la lluvia o la nieve para obtener sus productos. Respeto al hombre que los trae a su puerta, y si él respeta el valor de su propio servicio, debe ser elogiado y no menospreciado por eso".

Hoy, como parte de Alticor, Amway es una fuerza internacional de aproximadamente tres millones de empresarios independientes. "Como líder de estas personas", en *Believe!* (*¡Cree!*), Rich dice: "Mi primer trabajo es comunicar el respeto que honestamente siento y espero que mi respeto los envuelva a ellos y a lo que están haciendo".

> *"Vender es la profesión más honorable de todas. Vender es servir. Rich DeVos siempre ha sido un vendedor porque siempre ha sido un siervo".*
> —Dan y Bunny Williams, empresarios independientes

El respeto que Rich tiene hacia los vendedores se extiende no sólo a la gente que vende *para* él, sino también hacia quienes le venden a él. Siempre está dispuesto a escuchar una propuesta de venta y admira a un vendedor que logre llevarlo a cerrar un trato. El arquitecto y emprendedor Marvin DeWinter, Presidente de Hartland Investments en Grand Rapids, dice: "Rich nos cuenta la historia de los primeros años de Amway. Un vendedor quería venderle un jet corporativo a la empresa. En ese tiempo, Amway tenía sus propios aviones y Rich no estaba interesado en tener un Jet. Un vendedor le pidió a Rich que fuera al aeropuerto y viera el avión. Rich accedió, pero insistió que sólo estaba mirando y no tenía intensión de comprar.

Cuando llegó al aeropuerto, el vendedor le ofreció a Rich dar un paseo. Así que despegaron de Grand Rapids, rodearon Detroit, luego volvieron a aterrizar. 'Es agradable, cierto', dijo Rich, 'pero no podemos pagar un avión como este'. El vendedor le ofreció conservar el avión por un mes, sin pagar renta, sólo pagando los gastos de mantenimiento. Rich accedió y usó el avión por un mes. 'Después de treinta días' recuerda Rich, '¡querían quitarme el avión!' Y así es como le vendieron un jet a Rich DeVos, el maestro en ventas".

Rich DeVos probablemente es el más grande vendedor del mundo. En su carrera, él ha vendido de todo, desde un manojo de cebollas y suplementos nutricionales hasta patriotismo y fe en Dios. Sea lo que sea que él venda, Rich cree honestamente en su producto y genera creyentes en todos los que lo escuchan. ¿Cómo lo hace Rich? ¿Cuáles son las cualidades del carácter, rasgos de personalidad y destrezas que se necesitan para vender como Rich DeVos?

Cuatro ingredientes de los grandes vendedores

He tenido la oportunidad de observar a Rich en muchas situaciones de negocios y he hallado en su ejemplo cuatro ingredientes que son cruciales en las ventas:

Ingrediente de ventas número 1: honestidad

Todos los grandes vendedores son honestos. La honestidad es la clave para desarrollar confianza y ésta a su vez es la clave para construir una relación duradera con la clientela. Si un cliente te atrapa en una mentira, la relación se acaba. Puedes hacer una venta estirando o rompiendo la verdad, pero no lograrás hacer otra, o por lo menos no con ese mismo cliente. Un gran vendedor no se concentra en una sola venta sino en relaciones de largo plazo con su cliente.

"Muchos amigos piensan que son demasiado buenos como para vender. Han olvidado que cada dólar que se hace en Estados Unidos es debido a que alguien en alguna parte vendió algo".
—Rich DeVos

Algunos vendedores mienten a fin de evitar verse ignorantes. Si un cliente hace preguntas y el vendedor no conoce la respuesta, la inventa, pero una respuesta inventada es una mentira. Este es el método honesto: si un cliente hace una pregunta y no sabes la respuesta, di: "Averiguaré eso y te volveré a contactar". Escribe la pregunta en un cuaderno y asegúrate de volver al cliente con información honesta. No hay vergüenza en no saber la respuesta a una pregunta, pero hay una *enorme* vergüenza al ser sorprendido en una mentira.

He perdido la cuenta de la cantidad de personas que me han hablado de la completa honestidad de Rich DeVos. Un comentario típico vino del empresario independiente Ron Hale: "La vida de Rich se trata de honestidad e integridad. Él se adhiere a sus principios y valores sin importar nada. La gente sabe que Rich dice la verdad".

Di siempre la verdad en cuanto a tu producto. Si no crees en él lo suficiente como para ser confiable, entonces encuentra otro producto para vender.

Nunca prometas más de lo que puedes entregar. Es mucho mejor prometer y entregar más, que viceversa. Respalda tus promesas y tus productos. Si eres conocido como una persona con integridad y honestidad, tendrás una larga y exitosa carrera en las ventas.

Ingrediente de ventas número 2: entusiasmo

Todos los grandes vendedores son impulsados y entusiasmados por sus productos. El entusiasmo es la manifestación visible de tu pasión interior por tu producto y eso es contagioso. Cuando Rich comienza a vender, la gente responde con entusiasmo. No importa si está vendiendo los productos de su compañía, vendiendo los Estados Unidos o compartiendo su fe en Dios. La gente atrapa su entusiasmo y quiere tener lo que él tiene. Si eres entusiasta en cuanto a tu producto, tu cliente también se entusiasmará en cuanto a éste.

¿De dónde viene el entusiasmo?

Primero, el entusiasmo viene de Dios. La palabra "entusiasmo", viene del término griego *entheos*, que significa "lleno de Dios" (en, "dentro" y theos, "Dios"). El entusiasmo de Rich viene del hecho de que él es poseído por Dios y Dios mora en él, por eso él verdaderamente es entusiasta, lleno de Dios. (En el capítulo 13 aprenderás más acerca de cómo ser alguien lleno de Dios como Rich).

Segundo, el entusiasmo viene de la fe en tu producto. Cuando sabes que lo que estás vendiendo es algo que todos necesitan, entonces, ¿cómo puedes evitar el hecho de estar entusiasmado al respeto? Si estás vendiendo un producto, también deberías estar usándolo, aprendiendo sus beneficios y entusiasmándote acerca del mismo para poder

> *"Rich DeVos es un vendedor sobresaliente y sabe cómo llevar una idea al mercado".*
> —Generarl Alexander M. Haig Jr., ex Secretario de Estado de los Estados Unidos

promoverlo con energía y convicción. Si tienes fe en tu producto, entonces sabes que estás haciéndole un favor a tu cliente al compartir sus maravillosos beneficios con él.

Tercero, el entusiasmo viene de tu visión de un futuro emocionante y exitoso. Sabes que cada venta es un paso más hacia tus metas. Visualizas las recompensas que te esperan. Tu visión de éxito te emociona y enciende tu entusiasmo por tu producto.

Cuarto, el entusiasmo viene del apoyo de personas positivas en tu vida. Si quieres ser entusiasta, debes tener gente que te anime, afirme y estimule. Los pesimistas son asesinos de entusiasmo. Los optimistas elevan tu espíritu y te permiten creer en ti mismo y en tus sueños.

Así que si quieres vender como Rich, entonces toma algo del entusiasmo de Rich. ¡Entusiásmate con el éxito!

Ingrediente de ventas número 3: confianza

Todos los grandes vendedores tienen confianza. En su libro *Believe!* (*¡Cree!*) Rich escribe, "Creo que una de las fuerzas más poderosas del mundo es la voluntad del hombre que cree en sí mismo, aquel que se atreve a apuntar alto, a ir con confianza en pos de las cosas que quiere de la vida". En las ventas, ganar se trata completamente de actitud. Una actitud de confianza gana; una actitud de inseguridad te derrota antes de siquiera comenzar.

Lo que sea que vendas, debes comenzar con una actitud de confianza. Debes creer que puedes vender tu producto hasta en medio de una economía deprimida, incluso fuera de temporada o si has estado en un declive económico. No puedes venderle a un cliente con una actitud de "no quieres comprar mi producto ¿cierto?". La confianza vende, pero ésta no siempre es fácil de conseguir.

Seguro, algunas personas parecen haber nacido con una confianza natural en sí mismas, mientras que otras son tímidas por naturaleza. Pero si se supiera la verdad, mucha gente que *parece* intrépida y confiada, de hecho está tan llena de inseguridades como tú, pero ha tomado la decisión de decir "no" a sus vacilaciones y prosigue hacia sus sueños y metas. Hay quienes parecen confiados y cómodos cuando venden, pero la verdad es que de hecho han salido muy lejos de su zona de comodidad a fin de tener éxito en las ventas. Si estás buscando el éxito, nunca lo encontrarás si no te esfuerzas.

El secreto del éxito de Rich

Hay quienes han amasado fortunas más grandes que la de Rich, pero él es el primero en decir que la fortuna no es la única muestra del éxito. Entonces ¿cuáles son algunos de sus otros éxitos?

Rich es exitoso como esposo; ha permanecido casado y enamorado con una mujer durante toda su vida. Él es exitoso como líder; pocas personas son tan apreciadas y admiradas por sus empleados y asociados en todo el mundo, y por individuos que van desde porteros y camareras hasta presidentes de los Estados Unidos.

Le he preguntado a mucha gente (incluyendo a Rich) cuál es el secreto de su asombroso éxito, y esto es lo que he aprendido:

Bob Vande Weide, yerno de Rich y Director General de los Orlando Magic:

"¿Por qué Rich y Jay tuvieron un éxito tan asombroso con esta idea llamada Amway? Rich te diría que él y Jay fueron bendecidos por el hecho de que el tiempo era el indicado y ellos aprovecharon sus oportunidades de mercadeo. Pero este es mi análisis acerca del éxito de Rich:

1. Delegación: Rich y Jay contrataban buenas personas, confiaban en ellas y a su vez les daban libertad para dar lo mejor de sí.

2. Sentido común: Rich no es un graduado universitario pero tiene la increíble habilidad para desglosar asuntos aparentemente complejos y llegar justo al centro. Él no le da tantas vueltas al asunto. Toda su misión es encontrar soluciones y avanzar.

3. La habilidad de inspirar a otros: Rich tiene el don de saber avanzar y motivar a la gente e impulsarla a la acción.

Hyrum Smith, Cofundador de The Franklin-Covey Company:

"Rich DeVos desarrolló su éxito basado en el deseo de hacer que otros triunfaran. Él genuinamente se entusiasma por el éxito de su gente. La mayoría de empresarios se ven amenazados cuando aquellos que lo rodean tienen éxito. Pero Rich no. Amway está cimentado sobre el principio de que cuando otros triunfan, él también. Es por eso que Rich es un héroe para tantas personas, por eso tiene tanto éxito.

Jack Hogan, locutor en Grand Rapids:

"¿Por qué Rich tiene tanto éxito? Puedo explicarlo con una historia: una noche, Rich y yo fuimos meseros-celebridades en una cena para recaudar fondos para la lucha contra la fibrosis cística. Estábamos vestidos con smokings y la idea era recaudar grandes propinas de las cenas para la obra social. Comimos juntos antes del banquete y le pregunté cuánto valía Amway. Rich tomó una servilleta de papel y comenzó a buscar cuánto había hecho la empresa sólo en esa semana. ¡Él quedó sorprendido! No podía creer el éxito de su empresa. Me dijo: 'Vaya, ¡estamos tan ocupados desarrollando esta empresa que nunca me detuve a pensar cuán bien no está yendo!'.

Para Rich, nunca se trató de dinero. Siempre estaba en la misión de esparcir buena voluntad y ayudar a otros a alcanzar sus sueños. Todo lo que quería era ayudar a los demás a tener éxito, por eso su éxito fue el feliz resultado".

Joe Tomaselli Vicepresidente y Gerente General del Hotel Amway Grand Plaza:

"Un día le pregunté a Rich DeVos respecto a su éxito. Le dije: '¿Planeaste tener tanto éxito?' Él dijo: 'No. El dinero fue secundario. Me divertí mucho todos los días, y lo disfruté inmensamente. En especial disfruté viendo triunfar a tantas personas en sus metas, fue muy emocionante. Y eso es todo lo que hice. No sabía lo que me había pasado. Jay y yo sólo tuvimos esta idea, trabajamos duro en ella y nos divertimos. Luego empezó a avanzar y avanzar. Y sigue avanzando'".

Cheri Vander Weide, hija de Rich:

"El éxito de papá fue impulsado por su misión, no por una ambición de hacerse rico. Él siempre tuvo el deseo de ayudar a los demás mientras avanzaba. Sus decisiones se basaban en cómo la gente y sus familias se verían impactadas".

Rich DeVos:

"El éxito viene de tener un sueño y trazar metas tangibles y realizables que te permitan cumplir a plenitud tus sueños. El éxito viene de inspirar y motivar a los demás a fin de que tu sueño de éxito también se convierta en el sueño de otros. Así todos trabajan juntos y todos triunfan juntos.

Recibo mucho crédito por motivar a la gente. Pero cuando la motivo, de hecho me estoy motivando a mí mismo. Obtengo mucho entusiasmo de la audiencia. Los inspiro y ellos me inspiran y juntos avanzamos e impactamos el mundo.

Mi padre me inspiró a creer que hay oportunidades por todas partes y podemos aprovecharlas cuando se presentan. Así que si fallas en algo, no tienes que desesperarte. Hay otra oportunidad para que triunfes justo a la vuelta de la esquina. Ese principio me ha permitido conservar una actitud optimista ante las pruebas y decepciones.

A muchas personas exitosas hoy se les dicen que deberían sentirse culpables por su éxito, como si su fortuna viniera a expensas del pobre. Las personas que crean fortuna, oportunidades y trabajos nunca deberían sentirse culpables por eso. Creo que mi éxito ha venido por ayudar a otros a que también lo tengan. Así que no me disculpo por mi éxito ni por mis logros financieros. El éxito no es pecaminoso. La Biblia no lo condena.

La pobreza no es una virtud. Ser pobre no es algo maravilloso. Si eres pobre, deberías hacer algo al respecto. Y si tienes tu salud y una buena dosis de sentido común, tú puedes".

"He visto cualquier cantidad de personas tomar la decisión de tener confianza", dice Rich. "Si por naturaleza no te sientes intrépido y confiado, estás en la capacidad de elegir que vas a tener una actitud de confianza.

Una y otra vez, he visto personas que, al comenzar a hacer ventas directas, estaban nerviosas y vacilaban pero dieron esos primeros pasos hacia el éxito. En poco tiempo descubrieron habilidades que no sabían que tenían. Con cada pequeño triunfo, ganaban más confianza. Después de un tiempo, personas que antes habían sido tímidas, estaban liderando a otros cientos de personas y experimentando más éxito del que habían soñado posible. ¡Cuando la gente apunta alto, a menudo se sorprende a sí misma cuando da en el blanco!".

En palabras de Rich, damos un vistazo a la razón de su éxito fenomenal y al de Alticor hoy. Rich DeVos y Jay Van Andel no se propusieron a vender productos. Ellos venden *confianza*. Ellos impulsan a los demás a creer en sí mismos y son esas personas las que venden el producto. Bob Vander Weide está casado con la hija de Rich, Cheri, y ha servido como ejecutivo de la organización Orlando Magic. Bob me explicó la manera como Rich ha generado éxito al generar confianza.

"Rich DeVos es un gran vendedor", dijo, "pero él no sólo vende jabón y vitaminas. Él *te* vende a ti a *ti mismo*. Él vende *confianza*. Su argumento de venta es: '¡Tú puedes! ¡Corre un riesgo! ¡Sé el mejor que puedes ser!'. Así es como Amway creció. Rich ha hablado en convenciones por todo Estados Unidos y al salir de esas reuniones, realmente creías que podías logar cualquier cosa. Rich llevó a millones de personas a creer en sí mismas y una fuerza de ventas motivada y confiada que suma millones de individuos, puede lograr cualquier cosa. Era como un incendio forestal sin control".

El hijo de Rich, Dan, está de acuerdo: "Papá vende más que jabón y vitaminas (aunque, desde luego, nadie vende jabón y vitaminas mejor que él). Él vende ideas, verdad, fe en Dios, confianza en Estados Unidos, el sistema de libre empresa y compasión por los necesitados y menos afortunados. Él vende la comunidad de Grand Rapids, las causas artísticas, educativas y sociales. Más que todo, él vende una actitud positiva y el hecho de que podemos apuntar alto y creer en nosotros mismos. Él vende optimismo y confianza. Papá siempre ha usado sus talentos como vendedor para hacer del mundo un mejor lugar".

Nunca permitas que tu falta de confianza limite tus sueños. No permitas que otros echen abajo tu confianza. No esperes a haber aprendido más o haber logrado más para empezar a creer en ti mismo. Comienza ahora. Cree en ti mismo ahora. Toma la decisión de tener seguridad, luego levanta tu cabeza y persigue tus sueños.

"Dios confía en ti", concluye Rich. "Él te hizo con un propósito y te diseñó con una mente maravillosa y un cuerpo saludable porque Él tiene un trabajo importante para que tú lo hagas. Dios está en el negocio del éxito; Él tiene un plan para tu vida y no te planeó para que fracasaras. Así no confíes en ti mismo, confía en Dios y Él desarrollará Su plan de éxito por medio de ti".

Ingrediente de ventas número 4: valor

"La confianza, como todo buen don, viene de Dios. Si no recibiste ese don, puedes elegirlo. Y cuando lo eliges, también lo recibes".
—Rich DeVos

Todos los grandes vendedores son valientes. ¿Por qué necesitas valor para vender? Porque todos los vendedores enfrentan un gran temor: el temor al rechazo, un temor que se expresa con preguntas como: "¿Qué pensarán los demás de mí?" o "¿Qué tal si su respuesta es no?" Estudios psicológicos muestran que las personas exitosas y con grandes logros no se preocupan demasiado respecto a lo que los demás piensan. Esto sugiere que a fin de tener éxito en cualquier emprendimiento, especialmente en ventas, debemos superar nuestro temor al rechazo.

Para la mayoría de nosotros, el temor al rechazo es un patrón de pensamiento que aprendimos en la niñez. Los psicólogos llaman a este patrón "excesivo autocontrol" y a menudo está arraigado en mensajes destructivos que nos enviamos a nosotros mismos: "No quiero ser una molestia para los demás", "No le agradaré a la gente si soy muy asertivo y trato de venderles algo", "Me asusta conocer a otras personas", "No merezco triunfar".

El temor al rechazo a menudo lleva a procrastinar, a retrasar el hecho de comenzar una tarea difícil. El temor al rechazo también nos hace sentir el deseo de renunciar después de haber comenzado. Muchas personas dicen: "Venderé cuando me sienta más motivado. En este momento no tengo motivación, entonces ¿qué valor tiene intentarlo?". Para ser un vendedor sin temor, debes presionar más allá de tu tendencia natural humana a procrastinar. Debes salir, actuar (así sólo sea un paso de bebé) ¡y sencillamente *hacerlo*! El único modo de derrotar tus temores es enfrentarlos, afrontarlos directamente y atacarlos de frente.

La realidad de vender es que al comienzo casi nadie siente el deseo de hacerlo. El impulso a procrastinar es normal y casi universal. Casi todos los vendedores exitosos te dirán que su éxito usualmente ha venido como resultado de disciplinarse a sí mismos para vender cuando no sentían el deseo de hacerlo.

Los vendedores exitosos tienen buenos hábitos y buena disciplina. Y ¿qué es disciplina? Sencillamente es hacer algo que no quieres hacer a fin de lograr algo que quieres alcanzar. Cuando comienzas a hacerlo, cuando te dispones y te disciplinas a hacerlo aun a pesar de tus sentimientos, usualmente descubrirás que los sentimientos vendrán después. Te sientes motivado a vender cuando has iniciado el hábito de vender, y ese hábito sólo viene como consecuencia de buena autodisciplina.

Otra solución para el temor al rechazo es *la buena preparación*. Una fuente de rechazo es el sentirse inadecuado para la tarea. "¿Qué si estropeo mi charla de ventas? ¿Qué si el cliente me hace preguntas que exponen mi ignorancia? ¿Qué si me hago quedar como un tonto?". Si estás bien preparado, si sabes cómo responder cada pregunta y cada objeción, entonces puedes enterrar ese temor.

Otra solución al temor al rechazo es buscar la compañía de otros vendedores. Todo el que vende está en el mismo barco, enfrentando los mismos problemas. Asegúrate de buscar personas que se vean seguras y exitosas. Pregúntales cómo enfrentaron el temor al rechazo, el temor a hacer llamadas en frío, el temor al teléfono o el temor a conocer a

"Rich DeVos no sólo vende un producto. Él motiva a la gente a lograr sus sueños".
—Josie Luster-McGlamory, empleada de Alticor

otras personas. En el proceso encontrarás consejos de gente que ha estado en tu posición y ganarás valor al saber que no estás solo con tus temores.

Pero recuerda: aunque otros te pueden animar y compartir sus perspectivas e ideas, sólo tú puedes hacer realidad el éxito. Sólo tú puedes hacer tus llamadas y reunirte con tus clientes. Sólo tú puedes desarrollar buenos hábitos y buena autodisciplina. Nadie más puede hacerlo por ti.

Algo sí es cierto: si vendes, *serás* rechazado. No es cuestión de si tú o yo seremos rechazados, sino *cuántas veces al día* serás rechazado. Así que acostúmbrate al rechazo y no lo tomes como algo personal. Recuerda que las personas a quienes llamas tratan con cierta cantidad de vendedores cada semana y los rechazan a casi todos. No es personal. Si tu llamada de ventas es rechazada, no es a ti a quien rechazan. Cuando seas rechazado, sonríe, di "Gracias por tu tiempo" y avanza.

No te quedes en el rechazo. No te obsesiones con un cliente que dice "no". El rechazo no quiere decir que lo estás haciendo mal. No estás siendo señalado para ser perseguido. El rechazo sólo es parte del territorio.

Míralo de esta manera: supón que eres rechazado, ¿qué es lo peor que podría pasar? Tu cliente no te va a atacar físicamente cuando hagas una llamada de ventas. Tu cliente no puede despedirte o quitarte tu primogénito. De hecho, lo peor que puede pasar es que tu cliente diga "no". Y si el cliente

"Superas el rechazo al hacer cosas que te dan refuerzo positivo. La primera vez que haces una venta estás asustado. Pero cuando alguien compra algo, ganas confianza. Lo haces lo suficiente y pronto ganas confianza en ti mismo y en lo que estás vendiendo. Comienzas a no preocuparte más por el rechazo porque éste sólo es parte del proceso".
—Rich DeVos

dice no, no haces la venta. Pero ¿qué importa? Si no haces la llamada, tampoco lograrás la venta, ¡así que igualmente puedes juntar todo tu valor y hacer la llamada!

Si haces muchas llamadas de ventas, recibirás muchos rechazos, pero también lograrás muchas ventas. Con cada éxito, ganarás confianza y valor, y superarás tu temor al rechazo. "Si la gente no compra tu producto", dice Rich, "es probable que te sientas rechazado. Eso no es importante. No te preocupes por el rechazo. Sólo sal a vender. Cuando hayas alcanzado tus metas y logrado tus sueños, esos momentos de rechazo se desvanecerán a nada. Todo lo que recordarás es lo bien que se siente triunfar".

Tom Michmershuizen, un empleado de mucho tiempo, ya jubilado, me relató una historia acerca de la labor de ventas de Rich. "Esto se remonta a muchos años atrás", dijo Tom, "cuando Amway vendía alrededor de cien millones de dólares al año. Yo era un joven coordinador de ventas, y Rich me llevó con él a una reunión del Club de Ventas y Mercadeo de Detroit.

Rich se sentó en la mesa de los oradores, al lado del Presidente de General Motors. Siendo un visitante, yo me senté en una mesa con el Vicepresidente del Banco de Detroit y el Vicepresidente de la Compañía de Neumáticos y Cauchos Goodyear. El compañero del Banco de Detroit me preguntó dónde trabajaba yo y le respondí: 'Estoy con Amway'. El hombre respondió: '¿Amway? Nunca la he oído nombrar'.

"Rich DeVos no vende un producto o un artículo en particular. Él les vende a los demás su propio potencial. Él vende el Sueño Americano".
—Steve Van Andel, hijo mayor de Jay y Presidente de la Junta Directiva de Alticor

¡El hombre de Goodyear se sorprendió! Dijo: '¿Eres de Michigan y nunca has escuchado hablar de la Corporación Amway? ¡Es una de las compañías de crecimiento más rápido en Estados Unidos!'.

Al escuchar eso, el banquero cambió su opinión de inmediato y me dijo que lo contactara para hablar de las necesidades bancarias de la Corporación Amway. Ese salón estaba lleno de industriales de peso pesado, ¡él no tenía idea de cuán poca influencia tenía yo en la compañía!

Bueno, la reunión avanzó y Rich se puso de pie a dar su discurso, un gran discurso, muy motivador e inspirador como siempre. Después de la reunión le pregunté a Rich de qué había estado hablando con el Presidente de General Motors durante la cena. ¡Rich me dijo que le había vendido al Presidente de GM un suministro por un año completo de Nutrilite Doble X, y el Presidente de GM le había vendido un auto nuevo! Él dijo: '¿Sabes? Yo creía que era un muy buen vendedor, ¡pero creo que acabo de conocer a mi igual!'.

Luego Rich me dijo algo que se me grabó para siempre desde ese momento: 'Un buen vendedor nunca deja de vender'".

Si quieres ser exitoso como Rich, entonces ¡sal a vender!

> "Superar el temor ha sido una de las claves para mi éxito. El temor nos impide intentar nuevas cosas. He aprendido a superar el temor porque Dios es la fuerza que dirige mi vida. Por la Gracia de Dios se me han abierto puertas. Muchas personas fallan en aprovechar sus oportunidades porque temen al rechazo o el fracaso".
> —Rich DeVos

CAPÍTULO 10

¡Da hasta que lo disfrutes!

Tom Michmershizen llegó a ser empleado de Amway en 1962. Un incidente en esos primeros días de Amway dejó una gran impresión en Tom. "A principios de los años 1960", me dijo, "teníamos un compañero que trabajaba en el almacén, pero él se metió en muchos problemas un sábado por la noche. Él y su mejor amigo habían salido con sus novias y estaban bebiendo.

Su amigo salió temprano de la taberna con su novia y se fueron a casa. En una vuelta del camino se quedó sin gasolina. Él se bajó de auto y comenzó a empujar mientras su novia dirigía.

Poco después, su amigo, el que trabajaba en el almacén de Amway, se aproximó a la misma vuelta, conduciendo su propio auto estando legalmente ebrio. Ahí, en el camino delante de él estaba su amigo empujando el carro detenido. Sin tiempo para saber cómo reaccionar, el empleado de Amway arroyó a su mejor amigo, quien murió.

Los dolidos padres del joven muerto perdonaron al conductor e intercedieron en su favor. Le dijeron al juez: 'Enviar a este joven a prisión por homicidio involuntario no nos devolverá a nuestro hijo, ni tampoco le servirá de ayuda'.

Rich DeVos, el jefe del joven, también quería evitar que éste fuera a prisión. Él podía ver la pena y la culpa que aquel muchacho sentía por haber matado a su mejor amigo en un accidente tan sinsentido. Le preocupaba que lanzar a prisión a ese joven en medio de una cantidad de criminales empedernidos, le hiciera más daño que bien. Así que Rich apeló con el juez para que fue-

> *"Muchas personas saben que Rich es uno de los mejores líderes ejecutivos de su generación. Pero pocas conocen el espíritu tierno y amoroso que él tiene. Él es uno de los mejores motivadores de la Historia, precisamente porque él es motivado por el amor de Dios y por un deseo de ser fiel a su Señor".*
> —Billy Zeoli, Presidente de Gospel Communications International

ra suave en su sentencia: 'Si el joven tiene que pasar un tiempo en prisión', dijo Rich, 'manténganlo solitario con unos buenos libros, lejos de los otros prisioneros'. El juez dijo que debía darle una sentencia de seis meses y le puso una fianza de mil quinientos dólares, lo cual, para el joven, podían ser un millón de dólares. No los tenía.

Así que Rich pagó la fianza, poniéndola como un préstamo. El joven pudo pagar su condena lejos de los criminales empedernidos. Como lo había pedido Rich, leyó buenos libros durante esos seis meses y la junta de la prisión le dio evaluaciones favorables. Después de su liberación, el joven volvió a trabajar en Amway y creo que permaneció ahí hasta que se jubiló.

Entiende, a comienzos de los años 1960 Rich DeVos no era el billonario que es hoy. Así que cuando pagó la fianza de ese compañero, ese fue un costoso acto de verdadera generosidad, motivado por el sincero amor de Rich y por su compasión por la gente. Cuando vi lo que Rich hizo en ese caso, supe que era parte de una organización que tenía corazón. Estaba orgulloso de trabajar para un hombre como Richard M. DeVos".

Un buen ciudadano

"No debemos ser cínicos ni pesimistas. No tenemos que hacer todo nosotros mismos, ni tampoco tenemos que hacerlo todo hoy mismo. Toda compasión requiere que demos ese primer corto paso".
—Rich DeVos

¿Qué impulsa a Rich DeVos?

Él tiene dinero, influencia, fama, hermosas casas, botes de recreo y la libertad de llevar la vida como la quiere. Pero conozco a Rich y puedo decir que estas cosas no lo mueven. Hay una motivación más profunda en su corazón. Toda su vida él ha sido motivado a tener éxito, pero no para poder ostentar sus recompensas de éxito. Él está motivado por un deseo de honrar a Dios y por mejorar la vida de los demás en todas partes.

Uno de los ciudadanos más distinguidos de Michigan, que conoce bien a Rich DeVos, ofrece una perspectiva sobre la generosidad de Rich: "Rich DeVos tiene una sencilla filosofía de negocios", dice el ex Presidente Gerald R. Ford, "y es esta: si tienes éxito, entonces devuelve una parte a tu comunidad. Rich ha dado mucho en retorno a la comunidad de Grand Rapids y a la comunidad mundial. Cuando él da, también reta a otros a dar para que lo que sea que Rich aporte se magnifique y multiplique. Rich y su socio Jay Van Andel, han estimulado el renacimiento del centro de Grand Rapids, ellos han aportado al cuidado de la salud y la educación, y han ayudado a mejorar la calidad de vida de personas de otras partes del mundo. Rich DeVos es un clásico ejemplo de lo que significa ser un buen ciudadano".

La apreciación que el Presidente Ford tiene sobre Rich DeVos es replicada por otro distinguido americano, Edwin Meese III, quien fue el Fiscal General de los Estados Unidos durante la Presidencia de Reagan. Él me dijo: "Rich DeVos es un ejemplo de generosidad cuidado y compasión para todos nosotros. Él tipifica todo lo que es bueno en cuanto a Estados Unidos, tanto en su éxito como en la forma como hace uso de su éxito para mejorar la vida de las personas en todas partes. Él ha ganado grandes cantidades de dinero haciendo uso del buen juicio, trabajando duro e inspirando a otros a lograr sus sueños. Muchas personas en su posición usarían su fortuna para beneficiarse a sí mismas, pero Rich usa su dinero para ayudar a otros y para hacer del mundo un mejor lugar".

El ex Gobernador de Michigan, John Engler, añade: "Rich DeVos es un hombre generoso y no sólo con su fortuna. Él se da a sí mismo, da generosamente de su tiempo, su apoyo emocional y su sabio consejo. Él da sin vacilar porque quiere hacer la diferencia en la vida de los demás. Rich tiene un espíritu amoroso para todos y es por eso que es un modelo tan bueno".

John H. Logie, ex Alcalde de Grand Rapids, compara a Rich DeVos con otros benefactores adinerados y explica por qué Rich sobresale como único: "A lo largo de la Historia de nuestro país", dice el Alcalde, "empresarios adinerados e industriales se han agradado de mostrar su generosidad por medio de su última voluntad y testamento. Hombres como Rockefeller, Vanderbilt, Harriman, Ford y otros, han dejado donaciones y fundaciones después de sus muertes. En vida, ellos no pudieron ceder su fortuna, así que esperaron hasta morir. Pero ¿qué tan generoso es legar una suma de dinero cuando ya no puedes usarlo? Rich DeVos es una clase de líder ejecutivo diferente. Su generosidad es auténtica. Él ha sido un ejemplo de generosidad durante toda su vida. Igual de importante, él ha inspirado a otros a dar por su ejemplo de liderazgo cívico".

> *"Rich y yo somos leales a la comunidad de Grand Rapids. Aquí hicimos nuestra fortuna y queremos invertirla aquí. Por ejemplo, el Centro de Distribución de Amway fue construido aquí aunque habría sido menos costoso construirlo en otra parte. Construirlo en Grand Rapids no fue la mejor decisión operacional o económica, pero fue lo correcto".*
> —Jay Van Andel
> Cofundador de Amway

Rich no sólo da generosamente de su tiempo y bienes, sino que es un motivador para aumentar la generosidad y la compasión a donde quiera que él vaya. "Papá es un tremendo recaudador de fondos", dice el hijo de Rich, Dick DeVos. "Él no vacila para pedirle a otros que hagan grandes donativos porque él ya está dando con mucha generosidad. Su lema es: 'Te reto a unirte y hacer parte de este esfuerzo cívico o esa causa de compasión. Te ofrezco el privilegio y el gozo de dar. Esta es una gran causa y yo ya la estoy apoyando. ¿No quieres participar también?' La gente responde dando dinero, tiempo y servicios. Así que él no solamente es generoso, sino que puede movilizar generosidad y participación en toda la comunidad".

El líder de negocios y ejecutivo de Grand Rapids, John Canepa dice: "La filantropía de Rich DeVos no se trata sólo del dinero que él da, sino del papel de liderazgo que desempeña. Él hace que otros se involucren en mejorar la comunidad. Por ejemplo, cuando lanzamos la expansión del Centro de Convenciones de Grand Rapids, Rich hizo el mayor donativo. Otro hombre adinerado a quien buscamos se había rehusado a dar un centavo para el fondo de construcción. Yo llamé a Rich y le dije: 'Apreciaría que le enviaras una carta a este hombre y le solicitaras una donación de cincuenta mil dólares. Significará mucho más si procede de ti'. Rich envió la carta gustosamente. Pocos días después el hombre me llamó y me dijo: '¿Puedo hacer esta contribución durante el transcurso de tres años?' Rich tiene una manera de llegar al corazón, ¡así sea el corazón de un tacaño! Eso lo llamo la 'persuasión moral' de Rich. Es un motivo clave de las grandes cosas que han tenido lugar en el Oeste de Michigan".

"La razón por la cual a Rich le gusta ganar dinero es porque disfruta darlo. Él se complace en compartir su éxito con quienes son menos afortunados".
—Bill Nicholson, ex Jefe de Operaciones de Amway

Rich DeVos ha sido reconocido ampliamente por sus donaciones. Debido a su generosidad, el nombre de Rich aparece en edificios de Grand Rapids, incluyendo el Hospital Infantil DeVos, el Teatro DeVos, el Centro DeVos en la Universidad Grand Valley State y el Centro de Convenciones DeVos Place. Estoy seguro que Rich agradece que la gente haya elegido honrarlo de esta manera, pero conozco el corazón de Rich, y sé que sus donaciones no son motivadas por el ego o el deseo de tener reconocimiento. Él literalmente ha dado millones de dólares sin ninguna fanfarria ni publicidad, sino únicamente porque creía en una causa y quería ayudar a hacer la diferencia.

El Fiscal de Grand Rapids, Carl Beek, recuerda: "Jay Van Andel en una ocasión hizo un donativo importante a un centro de cuidado de Alzheimer en nuestras instalaciones para mayores. En gratitud por el enorme regalo de Jay, lo nombramos el Pabellón Van Andel. Lo que nadie sabe es que Rich DeVos también contribuyó para el edificio. Rich insistió en que no hubiera publicidad. 'Ese es el proyecto de Jay', dijo. 'Él lo hizo realidad, y yo sólo quiero ayudar'". Y el ex locutor de televisión de Grand Rapids, Jack Hogan recuerda: "A veces las obras de beneficencia locales se quedan sin dinero a final del año. Si no cubren su presupuesto, tienen que cortar servicios al año siguiente. Rich con frecuencia se involucra y cubre cualquier déficit para que estas obras de beneficencia sigan sirviendo a los necesitados, pero él siempre lo hace tras bambalinas. Él nunca acepta ningún reconocimiento por esto".

Max DePree, ex Director Ejecutivo de Herman Miller Inc., y autor del libro éxito en ventas *Leadership Is an Art (El liderazgo es un arte)*, me dijo: "Rich DeVos no sólo es generoso, es compasivo. Algunos hombres adinerados son generosos porque sienten que eso se espera de ellos, o porque una imagen de generosidad es buena para los negocios, o porque su riqueza los hace sentir culpables. Pero la generosidad de Rich está motivada por su compasión genuina por los demás. Así dé para ayudar a mejorar la atención en salud, mejorar la educación o el evangelismo cristiano, lo que motiva a Rich es la compasión por la gente. Déjame contarte una historia para mostrarte a qué me refiero:

Mi nieta, Zoe, nació dieciséis semanas prematura y pesó una libra con siete onzas. Ella ahora tiene catorce años de edad y está hermosa. A propósito, *zoe* es una palabra griega que significa 'vida'. Zoe estuvo bajo el cuidado médico en el Hospital Infantil DeVos en Grand Rapids. Durante los primeros seis años de su vida, le escribí a ella una serie de cartas que fueron compiladas en un libro titulado *Dear Zoe, (Querida Zoe)*. Le envié a Rich una copia del libro junto con una nota agradeciéndole por su hospital y el gran equipo médico que sirve allí. Pocos días después, Rich me llamó desde Florida. Estaba llorando después de haber leído mi libro. Esa es una mirada al corazón de este gran hombre. Su compasión siempre se manifiesta con generosidad".

> *"Rich nos enseña a devolver a la comunidad. 'Las ganancias son buenas, no malas', dice él, 'pero debes compartirlas con tu comunidad' ".*
> —Peter Secchia, líder comunitario y de negocios de Grand Rapids

Invirtiendo en las cosas que importan

Rich DeVos y su esposa Helen siempre han sido una pareja generosa. Ellos donan tiempo y dinero a muchas organizaciones valiosas, incluyendo iglesias, organizaciones civiles y de la comunidad, organizaciones de caridad y hospitales. "Tenemos el gozo de dar dinero", dice Rich. "Desde los primeros días de nuestro matrimonio, Helen se aseguró de que diezmáramos de nuestros ingresos. 'Diezmar' significa 'décimo'. Así que siempre dimos por lo menos una décima parte de todo lo que ganamos al Señor y a personas con necesidades. Diezmar te ayuda a ver las bendiciones materiales como provenientes del Señor y que le pertenecen a Él. Si no posees tu dinero, tu dinero te poseerá a ti.

Dar es un trabajo duro porque hay muchas causas que valen la pena. No sólo escribimos un cheque a cada organización que nos lo pide. Pasamos mucho tiempo investigando cada organización o necesidad y oramos pidiendo sabiduría. Vemos el diezmo y el dar como una manera de invertir en las cosas que realmente importan, invertir en vidas humanas, invertir en la eternidad. Así que hacemos nuestra tarea porque queremos que nuestras donaciones sean usadas por Dios de la manera más efectivamente posible, según Su Voluntad.

Siempre deberías apartar primero el diezmo, tan pronto como llegue el dinero. Y asegurarte de diezmar sobre el bruto, no sobre el neto después de impuestos. No pienses en eso como si fuera tu dinero. Piensa que es el dinero del Señor. Si no lo reclamas como tuyo, no te hará falta cuando se lo des a Dios. Pero si lo pones primero en tu bolsillo, será difícil darlo. Algo dentro de ti dirá: "¡No! ¡Ese es mi dinero!". Así que diezma primero, dar es más fácil cuando separas tu diezmo al momento de recibirlo.

"Traigan íntegro el diezmo para los fondos del templo, y así habrá alimento en mi casa. Pruébenme en esto —dice el Señor Todopoderoso—, y vean si no abro las compuertas del cielo y derramo sobre ustedes bendición hasta que sobreabunde".
—Malaquías 3:10 (La Biblia, edición Reina Varela, NVI)

El Señor me ha permitido tener éxito financiero, y no me disculpo por el éxito que he tenido. Pero así tengas poco o mucho, algo milagroso sucede cuando diezmas. Nosotros diezmábamos cuando éramos pobres, cuando yo ganaba cien dólares a la semana, y hoy diezmamos. Animo a todos a hacer lo mismo".

Los hijos de Rich y Helen han seguido con la tradición de diezmar que aprendieron de sus generosos padres. Doug DeVos me dijo: "Papá cree que el dinero que ganas no es tuyo, es de Dios. Él nos da la habilidad para trabajar y ganárnoslo. Así que debemos administrarlo y darlo sabiamente y usarlo bien. Nunca ames al dinero porque el dinero no te hará feliz. Si Dios te da dinero, sé un buen administrador de ese dinero para que al final Él diga: 'Bien hecho, buen siervo fiel'". Y Dan DeVos añade: "La filosofía de papá respecto al dinero es dar primero y dar con libertad de todo lo que tienes, tu tiempo, tu talento y tu tesoro. Papá disfruta dar y siempre nos ha enseñado a hacer lo mismo".

Tom Michmershizen recuerda: "En una ocasión escuché a un distribuidor de Amway preguntarle a Rich: '¿Cuándo supiste que habías triunfado financieramente? Es decir, ¿cuándo dejaste de preocuparte por el dinero?'. Rich respondió: '¿Cuánto das a tu iglesia? ¡Cuando diezmes al Señor, tus preocupaciones de dinero habrán terminado!' Escuché eso y tragué con fuerza. Me sentí convencido de que debía comenzar a diezmar, pero eso fue muchos años antes de que reuniera el valor para intentarlo. Pero Rich tenía razón. Cuando comencé a dar 10% al Señor, ¡mis preocupaciones de dinero desaparecieron!".

Rich no ve el diezmar como regalar tu dinero. De hecho, muchos se sorprenden al enterarse que Rich ve el diezmar como parte de toda una estrategia para el éxito. "El principio de diezmar funciona", dice Rich. "Entre más generoso eres en darle a Dios y ayudar a los necesitados, más personas tienes con quienes ser generoso. No puedes darle demasiado a Dios. ¡Inténtalo! ¡Da por lo menos 10% de tus ingresos brutos a la iglesia y a obras de beneficencia cada mes! ¡Encuentra una necesidad y satisfácela! Entonces mira lo que Dios hace en tu vida. Hay un viejo dicho que dice: 'Da hasta que duela'. Yo digo: '¡Da hasta que lo disfrutes!'".

Rich habló conmigo respecto a unos sencillos componentes de una estrategia general para producir fortuna: "Gasta menos que lo que recibes", dice. "Esa es una regla simple en la vida. Nosotros desarrollamos Amway de esa manera. Nunca tomamos prestado demasiado dinero. Cuando obteníamos una utilidad, la dejábamos en la empresa y permitíamos que creciera. Construimos con efectivo en las manos y no con préstamos de bancos.

En los primeros años trabajas para el dinero. En los últimos años el dinero trabaja para ti. Este es un principio que les enseño a los jugadores de los Orlando Magic. Estos chicos ganan bastante dinero y muchos de ellos nunca han aprendido a administrar grandes sumas. Yo les digo: 'Debes separar 10 millones de dólares y nunca tocarlos. Si ganas el 10% anual de esos 10 millones, tendrás un millón de dólares al año para vivir. De esa manera, cada año serás millonario. Puedes vivir cómodamente de las utilidades el resto de tu vida'.

Comprar una linda casa es una buena inversión, pero la mayoría de las demás cosas que la gente compra es un mal uso del dinero. Generalmente, cuando la gente se hace rica de repente, compra muchos juguetes costosos y desperdicia su dinero. No es extraño que en pocos años una persona que se ha enriquecido rápidamente, vuelva a donde comenzó, tan pobre como antes. Eso lo ves todo el tiempo en figuras del deporte con muy buenos sueldos, actores o ganadores de lotería.

> *"El abuelo nos habla de ahorrar dinero. Él dice: 'Comienza con un centavo, y éste crece'".*
> —Hannah Vander Weide, nieta de Rich (Hija de Bob y Cheri)

La clave para mantener la riqueza es estar dispuesto a renunciar a lujos actuales a fin de invertir en el futuro y vivir del interés de esa inversión. Como dice el dicho: 'Cuida tus centavos y los dólares se encargarán de sí mismos'".

Bob Schierbeek, miembro del equipo de asesoría en negocios de Rich DeVos, recuerda: "En una ocasión, cuando estaba en una reunión de junta con Rich, él me dijo: 'Bob, debes ser cuidadoso con una inversión o un negocio'. Entre más dólares tengas, más fácil será que el dinero se te vaya de las manos'. Rich siempre está animando a los demás a ver el cuadro completo y a adoptar una estrategia financiera sencilla para adquirir y conservar riquezas".

Impactando comunidades, impactando vidas

Podría llenar todo un libro con historias de actos de amabilidad y compasión que Rich ha mostrado a personas con necesidades. Pero déjame mostrarte unos pocos.

Billy Zeoli, el Presidente de Gospel Communications International y el hombre que me presentó a Rich DeVos, por muchos años ha sido amigo de Rich. Z me dijo: "Mi padre, Anthony Zeoly, lo llamaba 'Richie'. Nadie más lo llamaba así. Después de la muerte del padre de Rich, mi padre extraoficialmente, 'adoptó' a Rich y se aseguró de orar por él a diario. Mi padre tenía el ministerio de hablar con la gente, testificando acerca de su fe y llevarla a Cristo. Rich apoyaba el ministerio de papá, y mi padre se hizo responsable de rendirle cuentas a Rich.

Cada domingo por la mañana a las 8:45 en punto, el teléfono de Rich sonaba y era mi padre. Él le decía a Rich qué había hecho esa semana, cuántas personas había llevado a Cristo y cosas así. Esto fue así por cerca de quince años".

Rich continúa con el relato en este punto. "Anthony Zeoli se había hecho cristiano estando en la prisión", me dijo Rich. "Llegó a ser un evangelista ampliamente conocido. Él memorizaba tantos versículos que era conocido como 'La Biblia andante'. Yo apoyaba el trabajo de Anthony y él me informaba todo lo que hacía. Cada domingo por la mañana mi teléfono sonaba y yo siempre sabía quién era. Yo decía: 'Buenos días Anthony', y él pasaba a contarme todas las cosas que había hecho esa semana. Hasta que finalmente un domingo le dije: 'Anthony, no tienes que llamarme así'. Él dijo, 'Sí, sí tengo que hacerlo. Tú me pagas y yo soy responsable delante de ti por lo que hago con el dinero. Todos somos responsables delante de alguien'".

Con el tiempo Anthony Zeoli llegó a un punto de su vida en el que la edad y la mala salud lo forzaron a disminuir su actividad. Pero aunque ya no podía caminar por los andenes de la ciudad y compartir su fe con todo con quien se encontraba, Anthony seguía teniendo un trabajo que podía hacer para Dios: él podía *orar*.

"Papá fue a Rich", recuerda Billy Zeoly, "y le dijo: 'Richie, tengo un trato para proponerte. Me estoy volviendo viejo y debo irme de Filadelfia y mudarme a Florida. Te enviaré un presupuesto de mis gastos de sustento. Me mudaré cerca de ti para apoyarte en oración'. El presupuesto total de papá llegó a seis mil doscientos dólares.

"Rich dijo: 'Anthony, voy a tener que rechazarlo'.

Papá asintió. 'Bueno, entiendo'.

Rich dijo: 'No, no entiendes. No puedo hacerlo por seis mil doscientos dólares. Lo haré por doce mil dólares'. Rich puso a mi padre en un condominio en Florida, cerca de su casa. Mi padre apoyaba a Rich en oración. De hecho, podía ver la casa de Rich desde su ventana y cuando veía el bote de Rich salir hacia el mar, él oraba por la seguridad de Rich.

Una de las razones por las cuales Rich es como un hermano para mí, es porque fue como un hijo para mi padre. Cuando papá estaba en el hospital, Rich y yo fuimos juntos a verlo. Papá llamaba a Rich 'mi hijo mayor' porque Rich es seis años mayor que yo. Rich y yo nos arrodillamos al lado de mi padre y él nos dio su bendición así como Isaac bendijo a sus hijos desde su lecho de muerte en el Antiguo Testamento. Mientras estábamos arrodillados, le susurré a Rich, '¡Me estás robando la primogenitura!'. Era un momento solemne, pero no me pude resistir. En serio, fue un honor compartir la bendición de mi padre con Rich DeVos. Él dio mucho para que papá pudiera ser usado en gran manera por Dios".

> *"En una ocasión estábamos en Peter Island con Rich. Él dijo: '¿Herb, cuánto das a la iglesia y otras obras sociales?' Yo dije, '5% o 10%, supongo'. Rich respondió: '¿Por qué no intentas el 20% del bruto? ¿O incluso el 25%? Nunca te hará falta y serás bendecido en el proceso. ¡Vaya reto! Y desde entonces lo he hecho".*
> —Herb VanderMey, amigo de mucho tiempo de Rich DeVos

Así es Rich. Sus donaciones comienzan con amor por la persona. Rich ama a la gente y tiene un lugar especial en su corazón por quienes se han desgastado a sí mismos sirviendo a Dios y a otros. Él también tiene un lugar especial en su corazón por quienes han servido a su país.

Patrick Cleburne "Clebe" McClary III es un marine veterano (nunca digas "ex marine", un marine es un marine para toda la vida). El 3 de marzo de 1968, Clebe McClary era líder de pelotón con la Primera División de Marines en Vietnam. Justo después de medianoche, mientras Clebe y sus hombres estaban en Hill 146, detrás de líneas enemigas, su pelotón cayó en una emboscada. Un morral explotó cerca de él cortándole el brazo izquierdo.

"Rich DeVos me enseñó a dar. En la medida que nuestra empresa creció exitosamente, tuvimos dinero para dar. En la mayoría de comunidades no se espera que des. Pero en Grand Rapids Rich les da ejemplo a todos. Ha puesto un estándar muy alto. Hemos dado millones debido al ejemplo de Rich DeVos".
—John Kennedy, líder de negocios de Grand Rapids

Ignorando el increíble dolor, Clebe McClary siguió luchando y liderando a sus hombres. Cuando vio que una granada se acercaba cubrió su cara con su mano derecha. La granada explotó destruyendo su ojo izquierdo y sus dos tímpanos, mutilándole la mano que le quedaba. Otra granada acabó con sus piernas. El pelotón repelió el ataque enemigo y Clebe y sus hombres finalmente fueron llevados en helicóptero a un lugar seguro.

Clebe pasó más de dos años en hospitales de los Estados Unidos, sometiéndose a treinta y cuatro cirugías importantes y a interminables ciclos de terapia física. Los médicos constantemente le decían que no volvería a caminar, ¡pero él estaba decidido a hacerlos quedar como mentirosos! En los años siguientes él ha asombrado a sus médicos corriendo maratones. Hoy Clebe McClary *(www.clebemcclary.net)* es buscado como orador motivacional e inspirador, y Billy Zeoli ha hecho una película sobre su historia titulada *Clebe McClary: Portrait of an American Hero (Clebe McClary: retrato de un héroe americano)*.

"Después de haber sido abaleado en Vietnam", Clebe me dijo: "Volví a los Estados Unidos sin nada. Mi esposa Deanna y yo vivíamos en casas del gobierno y no teníamos muebles. Todo se veía desolador hasta que conocí a Billy Zeoli".

Billy Zeoli continúa con el relato. "Conocí a Clebe", me dijo Z, "cuando estaba haciendo una cruzada evangelística en Florence, Carolina del Sur. Después de predicar, invité a la gente a pasar adelante y darle su vida a Jesucristo. Uno de los que pasaron adelante fue Clebe McClary. Le faltaba un brazo y un ojo y necesitó ayuda para bajar por el pasillo. Oré con él y él recibió a Jesús como su Señor y Salvador esa noche".

"Después de eso Z y yo nos hicimos buenos amigos", recuerda Clebe. "Él llamó a Rich DeVos y le habló de mí. Rich le preguntó a Z si yo necesitaba algo y Z dijo: 'Sí. Clebe y su esposa necesitan una cama'. Rich dijo: 'Diles que ordenen todo un juego de alcoba y que me envíen la factura'. Nunca habíamos conocido a ese hombre, pero quería ayudarnos. Desde entonces hemos usado esos muebles, hace treinta y cinco años y todavía los tenemos hasta hoy".

Don Main, ex Presidente y Rector de la Universidad Davenport, ha conocido a Rich por varios años y me dijo: "Solía escuchar a Rich DeVos hablar en varios eventos en Grand Rapids y él era un orador fascinante. Él hablaba abiertamente de su fe y yo pensaba: *'Bueno, está bien para él, si él quiere ser religioso, pero a mí me va bien sin la religión'*. No entendía que Rich no estaba hablando de religión, sino de relación con Dios. Pero algo que Rich dijo muchas veces se quedó en mi mente: 'Soy sólo un pecador salvado por gracia'. Yo pensaba: *'Si él es un pecador, ¿qué soy yo?'*.

Finalmente llegué al punto en el que supe que debía ponerme serio en cuanto a mi fe. Tomé la decisión de seguir a Jesucristo y comencé a asistir a la iglesia y a estudiar la Biblia. No mucho después de eso, me

> *"He vivido en Egipto, Cuba, Israel y Haití, y he aprendido que lo que destruye a la mayoría de los países es que descuidan a las clases sociales más bajas. Las revoluciones comienzan en el fondo. En Grand Rapids y otras ciudades Rich DeVos ha dado el ejemplo volviendo a poner dólares en el centro de las ciudades. Grand Rapids es un microcosmos de lo que todos los países deberían ser. Comparte la fortuna con los menos favorecidos para que ellos se sientan parte del proceso".*
> —Paul Collins, artista premiado

enfermé. Tenía distrofia muscular y luego fui sometido a una cirugía de bypass coronario. Durante los siguientes meses, tuve trece diferentes procedimientos en el corazón. Después de cada cirugía, Rich me llamaba para saber cómo estaba y para animarme.

Un día, después que llegué a casa del hospital, sonó el teléfono. Era Rich DeVos. Dijo: 'Don ¿cómo estás? Vaya, nos asustaste a todos. Quiero que sepas que estoy orando por ti. Ahora eres cristiano, así que sabes a dónde vas si mueres. ¿Tienes paz? ¡Bien! Don, ¡eso es maravilloso!'.

La mayoría ve a Rich DeVos como el Sr. Amway, como un ejecutivo adinerado como el propietario de los Orlando Magic. Yo lo veo como un siervo cristiano que genuinamente se interesa en todas las personas que conoce. Rich quiere que encuentres la paz que Dios tiene para ti en la vida. Su interés y compasión son genuinos".

La compasión e interés de Rich DeVos comienzan con las personas y luego se extiende a la comunidad. Él se ocupa en hacer de las comunidades del Oeste de Michigan y de Orlando mejores lugares en donde todos puedan vivir. El amigo de Rich y líder de negocios de Grand Rapids, Chuck Royce, me dijo: "Rich y Jay han hecho maravillas por el centro de Grand Rapids. Hace veinte años, compraron el viejo Hotel Plantlind, el cual fue uno de los diez hoteles más finos en Estados Unidos cuando fue construido en 1913. Para los años 1980, se había convertido en algo desagradable a la vista y en decadencia. Ellos renovaron completamente el lugar y lo renombraron Hotel Amway Grand Plaza, el cual se ha transformado en el ancla para la renovación y actualización de la ciudad. Hoy, el área alrededor del Hotel Amway Grand Plaza es un lugar popular y deseable para vivir. De hecho, mi esposa y yo hemos vivido en un condominio al otro lado de la calle por diecisiete años".

"Rich es generoso porque él cree que se espera mucho de aquel a quien se le ha dado mucho. Eso se llama 'mayordomía'".
—Jay Van Andel, Cofundador

El hotel es sólo uno de los edificios en el centro de la ciudad que Rich ha ayudado a restaurar, creando una completa transformación en el corazón de Grand Rapids. "Rich DeVos y Jay Van Andel han estado restaurando viejos edificios y construyendo nuevos", dice Ralph W. Hauenstein, otro líder de Grand Rapids. "Los resultados son notorios. Grand Rapids ha estado experimentando un renacimiento, gracias a la generosidad de Rich y Jay".

Rich y Helen DeVos son bien conocidos como los principales clientes de las artes en Grand Rapids. "Rich y Helen son responsables de que Grand Rapids tenga una maravillosa orquesta sinfónica", dice Chuck Royce. "Ellos también han hecho posible la construcción de un salón acústicamente superior en el cual hacer presentaciones. Ellos comenzaron el programa de Artistas Residentes y fundaron el Cuarteto de Cuerdas DeVos. Con su asistencia, el entonces Director, Theo Alcantara, pudo transformar una orquesta comunitaria de voluntarios en una sinfónica de clase mundial con treinta y uno cargos pagados".

Rich tiene un gran corazón en cuanto al cuidado de la salud, en especial en lo relacionado con la salud infantil. La generosa donación financiera de Rich y Helen hizo posible fundar el Hospital Infantil DeVos en Grand Rapids, uno de los hospitales pediátricos más importantes de la nación. "Hoy, los niños del Oeste de Michigan que tenían que cruzar el Estado o ir a otro Estado para recibir tratamiento de cáncer y otras condiciones amenazantes para sus vidas, pueden recibir tratamiento justo aquí", dice el doctor James

Fahner, Jefe de Hematología Pediátrica y Oncología del Hospital Infantil DeVos. "Cuando Rich y Helen comenzaron a trabajar con nosotros para sentar los cimientos para este hospital, Rich sólo puso una condición. Él dijo: 'En todo lo que hagas, nunca te conformes con la mediocridad. ¡Siempre esfuérzate por lo magnífico!', Ellos han dado millones para hacer de este hospital una realidad magnífica.

Cada Navidad, Rich y Helen se reúnen con nosotros en un almuerzo durante el cual presentamos el progreso que se ha logrado durante el año. Los DeVos son la principal piedra espiritual y de inspiración de nuestro hospital y cuando compartimos juntos acerca de las vidas jóvenes que han sido tocadas en este lugar, nadie puede salir con los ojos secos".

Jim Hiaeshutter, ex Director de Seguridad de Amway, recuerda un evento que ilustra otra faceta de la preocupación de Rich en cuanto al cuidado de la salud. "Después del primer ataque cardiaco de Rich", recuerda Hiaeshutter, "fui con la familia DeVos de vacaciones a Fiyi. Atracamos el bote en una isla privada y fuimos a una fiesta. A la mañana siguiente, Rich no se sentía bien, así que le dije al propietario de la isla que necesitábamos ayuda. Él hizo que un avión privado llevara a Rich a un hospital en la isla grande. Rich terminó permaneciendo en ese hospital por dos días.

Cuando se estaba sintiendo mejor y alistándose para salir, Rich le preguntó al médico: '¿Qué clase de equipos tienen aquí?'. El doctor le dio un recorrido y Rich pudo ver que gran parte del equipamiento del hospital era viejo y obsoleto. Así que Rich me llevó aparte y me dijo: 'Averigua, qué necesita el médico para tener un hospital moderno en funcionamiento'. Hablé con el médico y escribí algunos artículos que él necesitaba. Luego Rich le dijo: 'Pronto nos contactaremos con usted'.

Cuando volvimos a Grand Rapids, Rich me dijo: 'Ve al Hospital Butterworth y diles que compren todo lo que está en esa lista y se lo envíen al hospital de Fiyi. Diles que lo facturen a mi cuenta'. No sé cuánto costó, pero Rich lo pagó todo".

Otra causa que Rich DeVos aprecia mucho es la educación. (Después de todo, se casó con una maestra de escuela). El doctor Gaylen Byker, Presidente de la Universidad Calvin, me dijo: "En nuestro campus necesitábamos construir un centro para Artes y Ciencias de la Comunicación, así que busqué a Rich para una donación importante. Tenía mi propuesta trazada en una hoja de papel. Le dije a Rich que podía presentarle una propuesta completa, pero él dijo: 'No necesito ver más. Confío en ti'. Al día siguiente, Rich me dijo: 'Vamos a hacerlo'".

"Rich DeVos en realidad es sólo un hombre sencillo que salió con un producto increíble y se hizo muy rico. Creo que Dios quería que él tuviera todo ese dinero en influencia porque sabía que Rich haría lo correcto con éste".
—Patrick Broski, empleado de Rich y Helen DeVos desde hace mucho tiempo

Arend Lubbers me dijo: "Yo era el Presidente de la Universidad Estatal Grand Valley y Rich estaba en nuestra Junta Directiva. Estábamos doce millas al oeste del centro y sentíamos que necesitábamos unas instalaciones más hacia el centro. Rich es un hombre de visión y vio que esa propuesta tenía sentido. Encontró un terreno y ayudó a financiarlo. Dedicamos el Centro DeVos en el año 2000".

Las empresas deportivas de Rich en Orlando también han beneficiado causas valiosas y a personas necesitadas. Un estudio hecho por CSL International (Convention Sports and Leisure) mostró que los Orlando Magic han tenido un impacto económico de más de un billón de dólares en la comunidad de Orlando desde que fue fundada en 1989, un impacto que significa trabajos y mejoramiento económico para la comunidad del centro de Florida. Rich DeVos personalmente ha donado millones a beneficencias de la zona de Orlando y a la Universidad de Florida Central. La organización matriz de los Magic, RDV Sports, ha distribuido más millones a beneficencias locales y escuelas públicas de Florida central y recientemente fue nombrada la Organización Filantrópica Sobresaliente del Año por la Sociedad Nacional de Ejecutivos Recaudadores de Fondos.

Por medio del Premio de Enriquecimiento de Comunidad Rich y Helen DeVos, Rich y Helen han animado a los jugadores de los Orlando Magic a usar su calidad de estrellas de la NBA para enriquecer la vida de la gente en su comunidad en general. Cada año, este programa honra a un jugador que da un buen ejemplo, muestra una actitud respetable y hace una contribución sobresaliente a su comunidad. El premio incluye una donación de cincuenta mil dólares a la obra de beneficencia que elija el jugador.

No hay una causa más querida por Rich DeVos que la causa de Jesucristo. Es por eso que Rich y Helen han aportado a ministerios que extienden las buenas nuevas del evangelio cristiano, como la iniciativa DeVos para el Liderazgo Urbano, la cual entrena en evangelismo, acción social, intervención en crisis y otras formas de ministerio cristiano urbano a jóvenes que trabajan dentro de las ciudades.

Billy Zeoli, Presidente de Gospel Communications International, me dijo: "Rich ha pagado la producción de docenas de películas que han permitido que cientos de miles de personas escuchen el evangelio de Jesucristo. Un día, Rich y yo almorzamos con D. James Kennedy, Presidente de Evangelismo Explosivo Internacional. Jim Kennedy y yo teníamos una película que queríamos hacer y le estábamos pidiendo a Rich que proporcionara los fondos. Jim le explicó la película a Rich, y al final del almuerzo Rich dijo: 'La financiaré'. Así de sencillo.

Después Jim me preguntó: '¿Cuánto dinero está dispuesto a poner? Nunca hablamos de un precio'. Yo le contesté: 'Si él dijo que la financiará, se hará cargo de todo, cualquiera que sea el precio al que llegue. Hicimos la película. Se tituló *Like a Mighty Army* y fue una película extraordinariamente exitosa. Muchas personas han tomado su decisión de seguir a Cristo como resultado de esa película".

Otra causa cercana al corazón de Rich (literalmente) es el tema de donación de órganos. "Todos los días", dice Rich, "dieciséis personas en Estados Unidos mueren esperando la donación de un órgano. Y mientras esas personas mueren, los órganos que necesitan están siendo enterrados o incinerados con los muertos porque no podemos obtener el consentimiento de la familia para la donación. Yo estuve en esa lista. Sé cómo es esa espera. Es por eso que ahora hago campaña para hacer que las donaciones de órganos sean más fácilmente disponibles para las personas que los necesitan".

> "Rich DeVos es el epítome de un buen ciudadano corporativo. Ha hecho mucho por la comunidad de Orlando, más que todo tras bambalinas y sin reconocimiento. Él no lo hace porque quiere inflar su ego o reputación. Él da a la comunidad porque ama a Dios, él ama a la gente y ama la ciudad de Orlando".
> —Jimmy Hewitt, líder ejecutivo y cívico de Orlando

El plan que Rich apoya se llama Proyecto Donador de Órganos, una propuesta que creará algo similar a una póliza de seguros o un crédito para el impuesto de rentas por diez mil dólares para los beneficiarios asignados de cualquier persona que acceda donar sus órganos después de su muerte. Los órganos serán distribuidos (como se hace en la actualidad) por medio de la Red Unida de Donación de Órganos (UNOS, por su sigla en inglés). El donante presenta un documento de donación firmado por él y un testigo. Dicho documento quedará activado únicamente después que la persona haya sido declarada mentalmente muerta y que la familia haya sido notificada. Esto le quita a la familia la carga de la decisión y la pone en manos del donante de órganos. (Tales decisiones pueden ser extremadamente dolorosas y difíciles para los familiares en un momento de pena).

Los diez mil dólares serán pagados por compañías aseguradoras o Medicare y estos pagos en realidad *ahorrarán dinero*. Por ejemplo, los pacientes de riñón normalmente generan gastos médicos entres doscientos mil y cuatrocientos mil dólares en diálisis mientras esperan un trasplante. Un pago de diez mil dólares a un beneficiario ahorraría cientos de miles de dólares, incluso después de aprobar los costos del procedimiento de trasplante y cuidado posoperatorio.

> *"A medida que Rich se hace más viejo, se hace más y más generoso. Él está alcanzando al mundo con su benevolencia".*
> —Larry Erhardt Sr., ejecutivo de la industria de construcción en Grand Rapids

El mundo es un mejor lugar porque Rich DeVos ha usado su éxito para el beneficio de la Medicina, la Educación, el desarrollo comunitario, las Artes, el medio ambiente e instituciones y esfuerzos de mayor alcance para la fe cristiana. Estoy convencido de que Dios le confió una gran fortuna e influencia a Rich DeVos sabiendo que Rich invertiría en la gente.

Pero además de la riqueza y la influencia, creo que Dios también le confió unos enormes retos personales a Rich DeVos. Dios sabía que podía confiarle unos problemas de salud que amenazaran con su vida, sabiendo que Rich usaría sus propias pruebas y heridas para aplicarlas a fin de ayudar y sanar a otros. Sus problemas cardiacos y su experiencia con un trasplante de órgano le dan una base para hablar acerca de estos asuntos con credibilidad y autoridad.

Rich DeVos no solamente da su dinero. Él no simplemente dona su tiempo. Él literalmente vierte su dolor, su sufrimiento y su corazón en la causa de ayudar a otros. Él impacta a su comunidad, impacta las vidas de las personas e impacta la eternidad.

Si queremos ser exitosos e influyentes como Rich DeVos, entonces debemos aprender qué significa dar como Rich.

Principios bíblicos para las donaciones de beneficencia

Rich DeVos disfruta dar más de lo que disfruta gastar. "Cada vez que Rich compra un artículo costoso, lucha con eso", dice el empleado Patrick Broski. "Él dice: 'Este dinero se habría podido usar mejor ayudando a otros'. Sus hijos deben decirle: 'Papá, has hecho mucho por otros. Haz algo por ti sin sentirte culpable al respecto'".

"Siempre fui tímido respecto a mi riqueza", dice Rich, "pero un día, uno de mis hijos me dijo: 'Papá, deja de disculparte por ser billonario'. Así que dejé de disculparme. Hoy me concentro en gastar bien, invertir bien, usar mi fortuna como Dios la usaría. Mi esposa y yo oramos al respecto, luego decidimos a dónde va".

Rich DeVos fundamenta sus donaciones en los principios bíblicos de la caridad cristiana. Su amigo, el pastor urbano Orlando Rivera, dice: "Las donaciones financieras de Rich DeVos vienen de un verdadero compromiso de fe. Como Dios lo ha bendecido, Rich cree que dar es un deber y un gozo. Su deseo de dar está inspirado en su fe en Dios". Si queremos dar como Rich, entonces debemos entender los principios bíblicos de dar, los cuales están detrás de cada decisión que Rich toma respecto al uso sabio de su dinero.

> *"Era un joven contador público certificado apenas iniciando en Grand Rapids. Rich tuvo una influencia duradera en mi carrera profesional. Él dio un buen ejemplo en la comunidad al dar de su tiempo, energía, ideas y talentos, y no solamente dinero. Habría sido más fácil para Rich simplemente haber girado un cheque y ya, pero siempre hizo más que eso".*
> —Mike Jandernoa, líder de negocios de Grand Rapids

Primer principio para dar: dar bíblicamente es sistemático

En 1 Corintios 16:2 (La Biblia, edición Reina Varela, NVI), el Apóstol Pablo escribe: "El primer día de la semana, cada uno de ustedes aparte y guarde algún dinero" para donar. Pablo pone en primer lugar el principio que dar debe ser regular y habitual. Debe ser sistemático.

Segundo principio para dar: dar bíblicamente es proporcional a nuestros ingresos

Pablo continúa: "...conforme a sus ingresos..." Dios no nos exige más de lo que podemos dar. Lo que damos debe ser proporcional al nivel de nuestras bendiciones materiales.

Tercer principio para dar: dar bíblicamente es alegre

En 2 Corintios 9:7 (La Biblia, edición Reina Varela, NVI) Pablo escribe: "Cada uno debe dar según lo que haya decidido en su corazón, no de mala gana ni por obligación, porque Dios ama al que da con alegría". Cuando le das a Dios con la actitud correcta, dar es un gozo, no una carga. Un dador alegre siente entusiasmo en su corazón cuando firma un cheque para una donación. Ese entusiasmo viene de un sentido de gratitud por las bendiciones de Dios y por ser usado por él para dar bendiciones a otros.

Cuarto principio para dar: dar bíblicamente es generoso

"Rich disfruta dar de su dinero, ¡mucho! Y entre más envejece, más lo disfruta".
—John Boerema, amigo de Rich DeVos

1 Crónicas 29:9 (La Biblia, edición Reina Varela, NVI) nos dice: "El pueblo estaba muy contento de poder dar voluntariamente sus ofrendas al Señor, y también el rey David se sentía muy feliz". Nuestras donaciones deberían ser con libertad, de todo corazón y generosas. No damos para mejorar nuestra reputación o ser reconocidos por otros, sino por un corazón lleno de gratitud hacia Dios.

Quinto principio para dar: dar bíblicamente es sacrificial

El Apóstol Pablo elogió las iglesias en apuros de Macedonia del primer siglo por dar sacrificialmente, diciendo: "En medio de las pruebas más difíciles, su desbordante alegría y su extrema pobreza abundaron en rica generosidad. Soy testigo de que dieron espontáneamente tanto como podían, y aun más de lo que podían" (2 Corintios 8:2-3). Dios conoce nuestros corazones y Él conoce nuestras circunstancias. Cuando damos, Él evalúa nuestra donación no por el costo en dólares, sino por el costo en sacrificio. Para un donante, una donación de veinte dólares puede ser un sacrificio extremo; para otro, una donación de veinte mil dólares puede ser insignificante. Lo que sea que demos, debemos asegurarnos de que lo que damos es costoso y sacrificial. Una donación sólo se siente bien si duele.

Sexto principio para dar: dar bíblicamente es agradecido

Todo lo que tenemos viene de Dios. Puedes decir: "Trabajé muy duro para todo lo que he ganado". Eso es cierto, pero ¿de dónde obtuviste la fuerza y la salud para trabajar duro? ¿Elegiste nacer en una tierra de oportunidades? ¿Te enseñaste a ti mismo a valor el trabajo duro, o fue por la pura Gracia de Dios que aprendiste a tener éxito por tu labor? Evidentemente le debemos a Dios gratitud por todo lo que somos y todo lo que tenemos. Esa gratitud debería motivarnos a dar. En 2 Corintios 9:11 y 15 (La Biblia, edición Reina Varela, NVI), Pablo escribe: "Ustedes serán enriquecidos en todo sentido para que en toda ocasión puedan ser generosos, y para que por medio de nosotros la generosidad de ustedes resulte en acciones de gracias a Dios... ¡Gracias a Dios por su don inefable!".

Séptimo principio para dar:
dar bíblicamente es fiel

Dios nos ha confiado sus bendiciones materiales y debemos ser fieles mayordomos de esas bendiciones usándolas para el beneficio de quienes nos rodean. En 1 Corintios 4:2 (La Biblia, edición Reina Varela, NVI), Pablo escribe: "Ahora bien, a los que reciben un encargo se les exige que demuestren ser dignos de confianza". Debemos asegurarnos de dar a causas que valgan la pena y lo merezcan y a personas que usarán esas donaciones sabia y efectivamente. Dios no es honrado y la gente no recibe ayuda si sólo escribimos un cheque que termina desperdiciado.

Estos son principios bíblicos que Rich DeVos sigue en sus donaciones. Si practicamos estos mismos principios en nuestra vida personal y de negocios, traerán bendición a nuestra vida y a las de quienes nos rodean.

> *"El enfoque de vida de Rich es: 'Los que dan, reciben, y a los que toman se les quita'. Él quiere que todos seamos dadores. Él quiere ver un espíritu de generosidad duplicado en miles de vidas".*
> —Tony Renard, empresario independiente

Después de todos los millones de dólares que Rich y Helen DeVos han dado a cientos de causas importantes, él sigue siendo modesto y sin afectarse. El amigo de Rich, Paul Conn, Presidente de la Universidad Lee, me compartió una historia que ilustra la inmensa humildad de Rich. En una ocasión", dijo, "Rich hizo una enorme donación para nuestra universidad. Hicimos una gran ceremonia en el campus para agradecerle públicamente y reconocerle su generosidad. Yo presenté a Rich ante el público e hice un resumen muy completo de su fenomenal éxito en los negocios.

Luego Rich pasó al micrófono. Sus primeras palabras fueron: '¿Saben? Yo antes era una hombre muy adinerado hasta que conocí a Paul Conn'. ¡Luego procedió a elogiarme por haber logrado una donación tan grande! ¡Él no quería el crédito por su generosidad y prefirió darme todo el crédito a mí! Fue un toque agradable y muy típico en Rich DeVos".

Incluso después de su trasplante de corazón, su deseo sigue siendo el mismo: ser un dador alegre, generoso, agradecido y fiel. Él sabe que el verdadero éxito se mide no por cuánto uno recibe sino por cuánto uno da.

¿Quieres experimentar el verdadero éxito? Entonces sé como Rich DeVos. ¡Da hasta que el sentimiento que te produzca dar sea *estupendo*!

¡Ama a tu familia!

El impulso empresarial de Rich, al igual que su ambición, fueron forjados por su padre, Simon DeVos. El padre de Rich no fue empresario en sí mismo; fue un electricista honesto y trabajador que lamentó nunca haber tenido su propia empresa. "Lo que sea que hagas, Rich", le decía, "ten tu propia empresa. Es la única manera de controlar tu futuro y tener verdadero éxito".

Ese consejo resonó en su alma motivándolo e inspirándolo desde muy temprana edad a siempre ser su propio jefe. Su padre tenía sólo 59 años de edad cuando falleció en 1962, pero vivió lo suficiente como para ver que su consejo dio fruto en la vida de su hijo. Cuando Simon falleció, Amway estaba en su infancia, apenas tenía tres años, pero tuvo la satisfacción de saber que la creciente compañía de su hijo estaba convirtiéndose rápidamente en un gran éxito. De hecho, Simon DeVos esperaba que la empresa de su hijo nunca llegara a ser tan grande e impersonal que tratara a sus empleados de la misma forma en que lo trataron a él en aquella para la cual trabajó.

Poco antes de su muerte, Simon tomó aparte a Rich y le dijo: "Haz siempre lo correcto para tus empleados. Nunca olvides que tu éxito se construyó sobre fundamentos de honestidad y justicia para con los demás".

Esas palabras han dado forma a la vida de Rich; sin duda, han delineado sus valores ejecutivos y sus negocios.

Rich DeVos es producto de su familia, así como del amor y la instrucción que recibió de sus padres. "Tengo recuerdos muy queridos de mi niñez", recuerda. "Mis abuelos vinieron a América desde Holanda y nuestra familia era muy unida. Hubo tiempos difíciles, tuvimos adversidades financieras, pero enfrentamos esos retos unidos. El dinero puede habernos faltado, pero nunca nos faltó el amor".

La hermana de Rich, Jan Courts, añade: "Nuestra casa estaba llena de amor y nos divertimos mucho durante nuestra niñez. Rich era muy bueno haciendo caramelo blando y lo hacía de muchas clases diferentes. Él encon-

> *"Rich viene de una familia de recursos comunes. Su padre era optimista y extrovertido, así como lo es Rich hoy. Por muchos años trabajó para una gran empresa de electricidad, pero fue despedido a comienzos de sus cincuentas y no recibió pensión ni beneficios después de todos los años que le dio a esa organización. El trato que recibió su padre tuvo un gran efecto en Rich DeVos. Eso afecta la manera como él trata hoy a sus empleados".*
> —Marvin Van Dellen, amigo de la familia DeVos

tró la manera de pasarle el caramelo por una cuerda a la niñera de la casa del lado.

A Rich le gustaban los deportes y era muy creativo encontrando formas para practicarlos por toda la casa. Construyó un aro de baloncesto casero y jugamos mucho. Cuando quisimos un sitio para ir a patinar en el invierno, inundó un lote vacío. El agua se congeló y tuvimos nuestra propia pista de patinaje. Siempre me he sentido orgullosa de mi hermano y su ingenio".

Con recuerdos como esos, no es de sorprenderse por qué Rich cree tanto en la familia.

La familia: un fundamento de fe y valores

La fe y los valores de Rich fueron formados por su familia. En ocasiones su madre libraba toda una batalla llevando a su hijo del cuello a la iglesia. Pero las lecciones que él aprendió en casa y en la escuela dominical se quedaron en su mente y en su corazón para toda la vida. Sus padres le enseñaron el evangelio cristiano y el significado del amor. Ellos inculcaron en él los valores de la integridad cristiana y la compasión que han sido en centro de su ser a lo largo de su vida. Cada noche alrededor de la mesa sus padres oraban y fueron modelos para él de un fuerte sentido de gratitud a Dios por Su Gracia y por bendecir sus vidas.

La familia de Rich también formó en él un amor por su país y respeto por la democracia y la libertad. "Creo que el patriotismo comienza en casa", dice él. "El hogar es la incubadora del Sueño Americano. Fui afortunado por tener padres que me criaron para aprovechar las ilimitadas oportunidades que ofrece este país y creer en mí mismo y en mis sueños".

La guía de Rich DeVos para desarrollar relaciones familiares más fuertes

"La familia", dice Rich DeVos, "es el fundamento de nuestro país". Rich compartió conmigo varios principios que lo han guiado como esposo, padre y abuelo. Me pidió que los compartiera contigo:

Claves para tener un matrimonio sólido

1. *Ten fe en Dios:* es importante que los esposos compartan una misma fe. Si una pareja de esposos no puede alabar en unidad ¿para qué casarse? Un matrimonio sólido debe estar basado en principios bíblicos. Las parejas a menudo piensan que la *religión no es importante. Nuestro amor nos mantendrá unidos.* Pero cuando llegan los hijos generalmente comienza un tira y afloja religioso en el que cada parte exige que los hijos sean criados en "mi fe". Los hijos, atrapados en el medio, terminan rechazando *ambas fes.* Todo este dolor podría evitarse si las parejas hicieran que la misma fe fuera un requisito incondicional para el matrimonio.

2. *Perdónense el uno al otro:* los matrimonios se desmoronan cuando los esposos se culpan mutuamente. Todos somos pecadores. Todos nos casamos con seres humanos imperfectos y nosotros mismos no somos perfectos. Una actitud perdonadora cubrirá multitud de pecados y fallas y eso los mantendrá unidos.

3. *Anímense mutuamente:* elógiense el uno al otro, tanto en público como en privado.

4. *Pónganse de acuerdo en cuestiones de dinero:* con frecuencia tengan "reuniones de junta" para que los dos puedan estar de acuerdo en un presupuesto. Sepan qué pueden pagar y qué no, pónganse de acuerdo en ser responsables y prudentes en todo lo que tenga que ver con el dinero, el cual es un tema de mucha importancia en cada matrimonio y una causa de conflicto muy común cuando los esposos no están de acuerdo y no administran el dinero responsablemente.

Claves para la paternidad efectiva

1. *Presta atención a tus hijos:* no sólo saca tiempo para ellos, ¡haz tiempo! "Cuando mis hijos estaban en la escuela", recuerda Rich, "yo programaba mi agenda, y siempre separaba sus cumpleaños, sus eventos deportivos y las vacaciones familiares. El resto de la agenda lo programaba en torno a esos eventos. Mis hijos siempre sabían que ellos estaban primero en mi horario".

2. *Escucha a tus hijos:* ellos sabrán que los amas por la manera como los escuchas. Dales toda tu atención cuando hablen. Míralos a los ojos, asiente y repíteles lo que te dicen para que ellos sepan que los has escuchado.

3. *Disciplina a tus hijos:* observa que "disciplina" y "discípulo" vienen de la misma raíz. Haz discípulos de tus hijos al trazarles límites con amor e imponiendo consecuencias justas y razonables cuando los excedan.

4. *Conoce las amistades de tus hijos:* "Nuestra casa siempre estuvo abierta para los amigos de nuestros hijos", recuerda Rich. "Siempre fue el lugar de encuentro local. Hicimos una piscina como imán para sus amigos.

Queríamos saber quién más estaba ejerciendo influencia sobre ellos y en qué dirección. Y queríamos ser influencia para ellos".

Claves para ser abuelos efectivos

1. *Enséñales a tus nietos las lecciones fundamentales de la vida*: habla con ellos de valores, carácter, actitud, de la importancia de la diligencia y el trabajo duro, de ganar e invertir y sobre todo, de la fe.

2. *Haz de tu casa un sitio divertido para tus nietos*: "Compramos nuestro bote para que nuestros nietos quisieran venir y pasar tiempo con nosotros", dice Rich. "En el bote pasamos tiempos divertidos, tenemos buenas comidas y largas conversaciones. Helen y yo dirigimos sus juegos y llevamos el marcador. Los nietos son una delicia".

3. *Mantén una buena relación con tus hijos, los padres de tus nietos*: si pierdes la relación con tus hijos, también perderás a tus nietos. Evita interferir con el papel de padres de tus hijos, así no estés de acuerdo con la manera como tus nietos están siendo criados. Evita juzgar o criticar a tus hijos.

4. *Ama intensamente a tus nietos, pero también exige un comportamiento educado*: "Por ejemplo", dice Rich, "enséñales la importancia de mirar a los demás a los ojos y de llamar a las personas por su nombre. Siempre insisto en que mis nietos me miren a los ojos y digan, 'Buenos días abuelo'. Éstos son buenos hábitos para relacionarse con otras personas y les servirán mucho en la vida".

5. *Dales a tus nietos tu afecto y atención*: "A los nietos les encantan los abrazos y la atención", dice Rich. "Cuando están conmigo, nadando o realizando otra actividad, todos dicen lo mismo: '¡Abuelo! ¡Mírame! Para ellos significa mucho tener esa atención y afecto de sus abuelos".

Como su familia ha tenido una influencia tan profunda en la formación de su vida y valores, Rich DeVos está convencido que la familia es la que definitivamente forma la sociedad, para bien o para mal. Después de todo, una sociedad es la suma de las personas que la componen. Si la unidad familiar es sólida y saludable, ésta producirá personas sólidas y saludables que desarrollarán una sociedad sólida y saludable.

Pero si la unidad familiar no es saludable, producirá una sociedad enferma con rechazo, abuso, abandono, adicción, analfabetismo, inmoralidad, crimen, enfermedad y violencia. De hecho, estos aspectos de plaga social son lo que vemos en todos los niveles de nuestra sociedad hoy. "Hemos menospreciado la importancia de la familia", dice Rich, "y estamos cosechando los resultados de ese rechazo. Nuestros hijos ya no tienen el fundamento de valores de fe y principios morales. Las familias les están fallando a sus hijos porque, como sociedad, le hemos fallado a la familia".

Todas las familias tienen luchas y problemas. Todos los padres cometen errores. Pero el amor cubre multitud de pecados y errores. Si nuestros hijos saben que son verdaderamente amados por sus padres, probablemente salgan bien. Cuando, como padres, creamos un ambiente de amor y aceptación para nuestros hijos, entonces es mucho más probable que escuchen nuestra enseñanza y reciban los valores y principios que estamos tratando de entregarles.

"Helen y yo no fuimos padres perfectos", recuerda Rich. "Cometimos errores. Pero nuestros hijos siempre supieron que eran amados. Les dijimos y les mostramos, de la mayor cantidad de maneras que pudimos, que creíamos en ellos y estábamos orgullosos de ellos. Les enseñamos nuestros valores y los criamos en nuestra fe. Tratamos de enseñar tanto con palabras como con ejemplo. Enseñar sólo con ejemplo no es suficiente. Nuestros hijos necesitan escucharnos hablar de nuestra fe y nuestros valores todos los días".

Rich habla acerca de un principio bíblico de paternidad que empieza mucho tiempo atrás en los días de Moisés. El libro de Deuteronomio nos dice: "Amen al Señor su Dios y cumplan siempre sus ordenanzas, preceptos, normas y mandamientos... Enséñense-

> *"No conozco a Rich DeVos, pero sí conozco a su hijo Dick. Él es el ex Presidente de Amway y está muy orgulloso de los fundadores Rich DeVos y Jay Van Andel. De hecho, Dick se ve impresionado por ellos, no intimidado, sino respetuosamente impresionado. Las siguientes generaciones de los DeVos y de los Van Andel saben que tienen que desarrollar su propio legado y dejar su propia huella en la historia de la compañía, y lo harán. Rich y Helen han pasado sus valores de vida a sus hijos. Hay un brillo especial de confianza en la personalidad de Dick. Es algo que Rich DeVos le pasó a sus hijos".*
> —Alan Spoon, ejecutivo de prensa

las a sus hijos y repítanselas cuando estén en su casa y cuando anden por el camino, cuando se acuesten y cuando se levanten" (Deuteronomio 11:1, 19, La Biblia, edición Reina Varela, NVI)

No podemos enseñar nuestra fe y valores a nuestros hijos a menos que pasar tiempo con ellos lo volvamos una prioridad. Rich suele citar el viejo dicho que dice: "Si estás muy ocupado para pasar tiempo con tu familia, estás demasiado ocupado". Nada sustituye el tiempo con tu familia, disfrutando de buenos momentos juntos, teniendo conversaciones profundas, demostrando amor y afecto mutuo y desarrollando relaciones duraderas. Nada reemplaza el darle tu total atención a tus hijos, escucharlos, responder a sus preguntas, abrazarlos y hacerles saber que sí son amados.

La Biblia dice: "Instruye al niño en el camino correcto, y aun en su vejez no lo abandonará" (Proverbios 22:6, La Biblia, edición Reina Varela, NVI). ¿Qué tanto éxito tuvieron Rich y Helen DeVos al trasmitir su fe y valores a sus hijos? Hoy sus cuatro hijos adultos son cristianos y todos hacen parte de las empresas de la familia DeVos de una u otra forma.

> *"Rich está muy involucrado en la vida de sus hijos, nietos, sobrinos y sobrinas. Él se pone al nivel de los niños y se interesa genuinamente en todo lo que hacen. Les habla y les enseña. Ellos lo aman y se impresionan con él".*
> —Bernice Heys y Jan Courts, hermanas de Rich

Una de las razones por las cuales Rich y Helen han podido criar exitosamente a sus hijos para que adopten su propia fe y valores es que ellos no solamente les hablaron a sus hijos. Ellos los *escucharon*. Y como sus padres los escuchaban, Dick, Dan, Cheri y Doug supieron que *eran amados*.

"Mi padre y yo somos muy parecidos", me dijo su hija Cheri. "Papá es un buen oyente y es totalmente justo. Yo podía debatir con él mejor que mis hermanos. Papá y yo teníamos un buen ánimo para discutir sobre diferentes temas durante mi niñez, pero nuestras discrepancias siempre se presentaron dentro de una relación de respeto mutuo. Por ejemplo, cuando yo era adolescente, él me dio permiso para llegar a casa a las 10 p.m. y eso lo discutí. Escribí una lista de todas mis razones lógicas por las cuales mi permiso debería extenderse hasta las 11 p.m., él leyó mi lista y accedió. Para un joven significa mucho saber que sus padres realmente lo escuchan y tratan de ser justos".

"¿Cómo fue tener a Rich DeVos como mi padre?" dice Dan. "Él estaba disponible para nosotros. Nos dio su tiempo y atención. Nos ayudó con nuestras tareas y fue a nuestros juegos y eventos. Eso no era fácil para él porque estaba ocupado desarrollando Amway durante nuestros años de niñez. Él no podía ir a todos los eventos, pero nunca me sentí engañado respecto al amor de mis padres y su atención porque sabía que ellos tenían toda su agenda organizada en torno a nosotros".

"Con papá todo se trata de familia", dice Doug. "Fuimos una familia americana normal. Teníamos compañerismo, nos divertíamos y sí, discutíamos. Pero nunca dudamos del amor que papá y mamá tenían por nosotros. Recuerdo que una vez cuando estaba en secundaria llegué mucho más tarde de la hora de permiso. Fui directo a papá y le dije: 'Obré mal, lo siento'. Yo sabía que vendrían consecuencias, pero también sabía que mi padre me amaba y fuera lo que hiciera, sería justo y amoroso.

"Mi padre me mostró su amor de muchas maneras, incluyendo prepararnos para la vida. Recuerdo que en una ocasión en la que estaba en tercer grado me quejé con mi padre diciéndole que no tenía amigos. Así que en el camino a la escuela me dio una charla de ánimo. Me dijo: 'Tú puedes hacer amigos. Sólo sé alegre y los demás querrán ser tus amigos. Las personas alegres atraen amigos'. Al salir del auto y dirigirme a clase, lo escuché decir: '¡Ve por ellos, señor alegría!' Esa lección se quedó conmigo toda mi vida y él tenía toda la razón".

"Papá siempre se esforzó por asistir a los eventos importantes de mi vida", recuerda Dick. "Si lo necesitaba, él estaría ahí. No recuerdo nunca haberme sentido rechazado o ignorado, sin importar cuán ocupado estuviera papá en su empresa. Cuando consideras cuánto viajaba y todas las horas que trabajaba, es un logro asombroso y dice mucho de lo comprometido que está con su familia. Los cuatro hijos DeVos crecimos sabiendo que éramos importantes para él. Los jóvenes se meten en problemas con narcóticos, sexo y malas compañías cuando sus recipientes emocionales no están llenos. Papá se aseguró de que nuestros recipientes emocionales estuvieran siempre llenos hasta rebosar. Sabíamos que éramos amados".

> *"Para papá el bote no es un lujo. Él lo usa para desarrollar relaciones familiares. Los espacios estrechos de un bote obligan a la familia a pasar tiempo junta. Los momentos de enseñanza son más frecuentes y más extensos en un bote. No hay nada como un bote para desarrollar relaciones".*
> —Dick DeVos,
> hijo mayor de Rich

Como padres, Rich y Helen han impactado no sólo la vida de sus hijos sino la de los amigos de sus hijos. "Dan DeVos y yo hemos sido amigos desde el preescolar", recuerda Kevin Solon. "Muchos viernes me quedé a dormir en la casa de Dan y el sábado por la mañana me despertaba con el aroma de panqueques de banana. El mismo Rich estaba en la cocina haciéndolos. Al pasar tanto tiempo en la casa de los DeVos, vi de primera mano que las prioridades de Rich siempre han sido la fe, la familia y los amigos. Entonces admiraba eso y todavía lo hago. Rich dejó una impresión en mi vida que sigue hasta el día de hoy. Rich y Helen han tenido un impacto en mi vida al igual que mis propios padres".

Otra parte importante del papel de padre que Rich les estaba enseñando a sus hijos, fue la importancia del trabajo duro y la responsabilidad. El hijo de Rich, Dick, comenzó a trabajar para la empresa a la edad de doce años. Dick ganaba treinta y cinco centavos por hora arrancando yerba y haciendo otras tareas de mantenimiento durante sus vacaciones de verano.

Con los años, todos los hijos DeVos, Dick Dan, Cheri y Doug, trabajaron en varios departamentos de la compañía aprendiendo de qué se trataba el negocio de Amway desde la base.

"No queríamos que nuestros hijos se vieran a sí mismos como los herederos de la fortuna de Alticor", dice Rich. "Ellos tuvieron que aprender los valores de la empresa de la familia, pagar sus deudas, tener su aprendizaje y ganarse una posición de liderazgo. Todos trabajaron en cargos de nivel básico y no recibieron ningún tratamiento especial. Como consecuencia, nuestros hijos conocieron el valor del trabajo duro y aprendieron a apreciar a las personas que trabajan con tezón y que aportaron para el éxito de Alticor".

> *"Rich ha sido una presencia constante de ánimo en mi vida". Él es un ejemplo para todos en su familia porque es genuino, siempre es la misma persona en público y en privado. Continuamente me anima y se interesa en lo que estoy haciendo".*
> —Betsy DeVos, nuera de Rich (Esposa de Dick)

A medida que los hijos de Rich crecían, él les confió más y más responsabilidad, y siguió animándolos a tener confianza en sí mismos. "Yo tenía veinticuatro años y estaba recién casado", recuerda Doug, "cuando papá me envió a Europa. Por seis meses dirigí la división de la corporación en Bruselas, luego, por dieciocho meses, la división en Inglaterra. Yo estaba nervioso debido a la tarea. Era una gran responsabilidad y no sabía si podría manejarla. Pero antes de subir al avión, papá me dijo: 'Organízate y hazte cargo, ¡lo vas a hacer muy bien!'. El ánimo de papá nos preparó para salir a la vida y enfrentar grandes retos y responsabilidades".

Algunas de las lecciones más importantes que Rich enseña respecto a la familia no se imparten con palabras sino con la clase de vida que él lleva. "El tío Rich vive sus convicciones todos los días", dice el sobrino de Rich, Glenn Heys. "Su matrimonio con la tía Helen es un testimonio de completo amor y fidelidad. La forma como él siempre cuidó de la abuela DeVos después de que el abuelo DeVos muriera tan joven, es otro ejemplo de lo que significa el amor de familia. El tío Rich siempre ha hecho de las reuniones familiares una prioridad y todos nosotros en la familia tenemos muy buenos recuerdos de las cacerías de huevos de Pascua, los paseos en bote en las celebraciones del Día de los Caídos, las cenas de Acción de Gracias seguidas de un baño en la piscina, las fiestas de Navidad en las que todos llevábamos regalos al hospital infantil. Más importante que todo, él se ha asegurado de que todos sepamos lo que significa ser cristiano y tener una fe viva en Dios. Me siento increíblemente bendecido por ser parte de su familia".

Mi amigo Ken Hussar, autor y humorista, hizo esta perspicaz observación respecto a los valores de la familia DeVos después de leer el primer manuscrito de este libro: "¿Sabes?", dijo, "me parece que la esposa de Rich, Helen, no recibe suficiente crédito en el libro. Recuerdo lo que el gurú de negocios Tom Peters dijo en una ocasión: 'Siempre hay un precio que pagar por el éxito, y quienes logran grandes triunfos tienden a hacerlo sacrificando en el altar del éxito a su matrimonio, su familia y sus amistades'.

¡Pero mira la familia de Rich! Aunque él evidentemente estuvo disponible para sus hijos en gran manera, estaba bien ocupado y tenía que viajar mucho por cuestión de sus negocios. Podrías pensar que sus hijos sufrieron y probablemente se rebelaron en cierto grado, pero todos ellos y sus nietos son seguidores de Jesucristo. Eso me dice que Helen DeVos debe haber sido un ejemplo cristiano asombrosamente constante para sus hijos. Cuando Rich y Helen miren todas las empresas, ministerios y edificios que han construido, ellos sabrán que su verdadero legado, que trasciende por encima de todo lo demás que han logrado es este: 'Nuestros hijos y nietos son seguidores de Jesucristo'".

Reflexiones sobre el "abuelo Rich"

El esposo de Cheri, Bob Vander Weide, recuerda un evento que ilustra el corazón tierno que Rich tiene por sus hijos: "Cuando nuestra hija Hannah nació en 1991, invitamos a Rich y a Helen a estar en la sala de partos con nosotros en el Hospital Spectrum Health. Rich es de la vieja escuela, en sus días los padres de los hijos que estaban por nacer eran relegados a una sala de espera. Así que esta fue una experiencia única para Rich.

"Rich nunca fue renuente a poner a sus hijos en posiciones de responsabilidad en Amway y esperaba que lo hicieran bien. Los chicos podían desarrollar cualquier trabajo que su padre les diera. Ellos tenían confianza en sí mismos, como Rich. Es así como fueron criados".
—Boyd Hoffman, amigo de Rich DeVos por mucho tiempo

Rich y Helen vinieron y esperaron con Cheri, fue un parto largo porque era su primer hijo. ¡Rich estaba emocionado de estar ahí pero fue angustioso para él! Cada cinco minutos se paraba y salía a caminar por los pasillos, y les decía a las enfermeras lo que estaba sucediendo. Él quería asegurarse de que nada saliera mal. Después de hablar con las enfermeras, regresaba y se sentaba nerviosamente.

Fue muy revelador ver a Rich rondando alrededor de Cheri. Para él fue agonizante ver a su única hija pasar por el dolor de dar a luz. Aunque estaba emocionado de ver nacer a su nieta, podías ver que le brotaba preocupación y compasión al ver a Cheri pasar por ese dolor. Ver el amor de un padre por su única hija dejó un increíble recuerdo en mí".

Rich tiene dieciséis nietos y está muy involucrado en sus vidas. Todos los días Rich y Helen oran por los dieciséis nombrándolos a cada uno. "Así es como nos acordamos de sus nombres", bromea.

Los nietos de Rich le han dado toda una nueva generación de jóvenes para amar, animar y enseñar. Él los trata como trató a sus propios hijos, dándoles su tiempo y atención y compartiendo con ellos las lecciones de vida que los capacitarán para crecer y ser adultos felices, efectivos y exitosos.

"Rich es un gran hombre de familia", recuerda Thelma Vander Weide, madre de Bob. "Fui con Bob y Cheri en un viaje de negocios de Rich a Asia. Ayudé a Cheri con los niños y tuve muchas perspectivas de primera mano de la manera como Rich ama y cuida a sus nietos. Era un viaje de negocios y Rich estaba muy ocupado. Pero no importaba cuán ocupado estuviera, no importaba si tenía una cita con el rey de Siam, cuando sus hijos estaban cerca, Rich sacaba tiempo para ellos. Les daba toda su atención".

> *"Para mí, Rich es sólo mi tío, no un líder ejecutivo mundialmente famoso. Mi recuerdo más vívido de él es yendo a su casa de campo el fin de semana del Día de los Caídos y jugando en un partido gigante de béisbol infantil".*
> —Sue Brandsen, sobrina de Rich

Elissa DeVos, hija de Dick y Betsy, recuerda: "Cuando viajamos en el bote con el abuelo Rich, pasamos mucho tiempo juntos. A todos los nietos DeVos nos encanta navegar porque eso quiere decir que podemos estar con nuestros abuelos". A Katie Vander Weide, hija de Bob y Cheri, también le gusta navegar con Rich. "En el bote, a la hora de la cena", dice ella, "el abuelo quiere sentarse conmigo y asegurarse de que estoy divirtiéndome".

Dalton DeVos, hijo de Doug y María, recuerda las lecciones de vida que su abuelo le enseñó: "El abuelo nos enseña a decirles cinco cosas a los demás: 'Estoy equivocado', 'Lo siento', 'Gracias', 'Te amo' y 'Estoy orgulloso de ti'". Y Cassie DeVos, hija de Dan y Pam, dice: "El abuelo siempre nos está enseñando algo. Hazle cualquier pregunta y él te dará todo el tiempo que necesites para entender la respuesta. Me encanta que sea tan buen oyente y que siempre esté dispuesto a hablar conmigo".

Varios de los nietos de Rich resaltaron unos de los hábitos divertidos de su abuelo: "El abuelo canta mucho", recuerda Ryan DeVos, hijo de Dick y Betsy. "Se inventa canciones acerca de nosotros y nos canta. Es divertido y agradable". Rick DeVos, hijo de Dick y Betsy, también recuerda las canciones de Rich: "Cuando salimos en el bote, él se inventa canciones. Nos ve e inventa letras y las rima a medida que avanza".

"Él hace una canción de cualquier cosa como tu nombre, lo que estás haciendo, hacia dónde te diriges", dice Andrea DeVos, hija de Dick y Betsy. "Él tiene un maravilloso sentido del humor". Y Elissa añade: "El abuelo siempre está cantándonos. Ni siquiera se da cuenta que lo hace. ¡Es tierno!".

Micaela DeVos, hija de Doug y María, está agradecida por el ánimo y estímulo de Rich: "El abuelo vino a mi juego de fútbol", recuerda. "Estaba animándonos y gritando: '¡Ve por ese balón!' Se divirtió animándonos, pero perdimos el juego. Después me dijo: 'Estoy orgulloso de ti. Si todos jugaran tanto como tú, tu equipo ganaría todos los juegos'".

Para Rich las tradiciones familiares son importantes y le está pasando el legado familiar a su familia inmediata y extendida. "La familia siempre ha sido muy importante para Rich", dice Craig Courts, sobrino de Rich. "Toda nuestra familia extendida se reúne en Navidad y Rich habla de sus padres y el impacto que tuvieron en su vida. Luego nos anima a todos a pasar nuestra herencia e historias familiares a la siguiente genera-

> *"Hace poco vi a Rich con unos de sus nietos. Los besaba en la mejilla y los abrazaba. Me encanta ver hombres como él, que no temen mostrar emoción y afecto hacia sus hijos y nietos".*
> —Charles W. Colson, Fundador de Confraternidad Carcelaria

ción. Todos somos inspirados a seguir haciendo lo que Rich ha hecho por mantener vivas esas tradiciones".

Como hijo, esposo, padre, tío y abuelo devoto, Rich DeVos es un hombre que vive, respira y ejemplifica los valores familiares. Y como su propia familia es tan importante para él, Rich está comprometido con estimular los valores familiares en todos sus emprendimientos de negocios.

Valores familiares de Amway

Hay pocas corporaciones que honestamente pueden afirmar estar tan orientadas hacia la familia como Amway. "Lo maravilloso acerca de las empresas de venta directa como Amway", dice Rich, "es que permiten que las familias trabajen juntas y se unan. Es la clase de empresa en la que los esposos pueden trabajar como equipo y tienen la posibilidad de incluir a sus hijos. Los valores de Amway son valores familiares. Los valores familiares son demasiado importantes para nuestra cultura corporativa y hemos creado tradiciones y políticas que estimulan el involucramiento de la familia. Cuando reclutamos empresarios independientes, reclutamos unidades familiares completas, no personas. Hemos aprendido que el concepto de Amway funciona mejor cuando el esposo y la esposa trabajan como equipo".

A diferencia de la mayoría de convenciones corporativas, las convenciones de Amway son eventos orientados a la familia. Rich recuerda la confusión de los administradores de hoteles en las primeras convenciones de Amway. "Normalmente", él dice, "cuando llega una convención a la ciudad, un hotel debe añadir camareros extras al bar para dar a basto con el aumento en las ventas de licor. El bar del hotel es un gran centro de utilidades durante la mayoría de las convenciones, pero no durante una convención de Amway. El público de Amway está conformado por familias, no por una cantidad de personas solitarias viajando con nada mejor que hacer que pasar tiempo en el bar. Así que los hoteles tenían que sacar los camareros de bar extra y ponerlos a ayudar más en los cafés, porque era ahí donde estaban las familias de Amway".

"Las familias siempre han sido más importantes que las ganancias", dice Rich. "Mi familia formó la clase de persona que soy y las familias forman nuestra compañía y nuestra sociedad. Quisiera que cada niño del mundo pudiera tener la clase de trasfondo de familia amorosa que yo he tenido. Jay y yo siempre quisimos que Amway estimulara el mismo tipo de valores familiares saludables que hicieron de nosotros lo que somos".

El amigo de Rich, John Bertrand, recuerda: "Hace unos años estuve en Michigan ayudando a lanzar un nuevo bote, el _Windquest_, de 70 pies que los tres hijos de Rich construyeron para su padre. La fiesta de bautizo y lanzamiento se hizo el Día del Padre y tuvo lugar detrás de la casa de verano de Rich en Holland, Michigan. Durante la preparación para la fiesta, Rich bajó al muelle a ver cómo iba todo. Yo le dije: 'Es genial que tus hijos hagan algo así por ti el Día del Padre'.

Rich contestó: 'Sí, lo es, ¿pero, John, tú no eres padre? Me siento terrible que estés aquí cuando deberías estar con tu familia el Día del Padre. ¿Sabes? Si te vas ahora mismo, puedes estar en casa con tu familia esta noche'.

Yo sabía que Rich tenía razón. Salí de inmediato, corrí al aeropuerto, volé a California y llegué a casa al anochecer. De eso es que se trata Rich DeVos. A él le importa la familia, no sólo su propia familia, sino tu familia, mi familia, la familia de todos".

> _"Conocí a Rich DeVos durante un almuerzo en su planta en 1989. Incluso me hice distribuidor de Amway, estábamos comprando tantos de sus artículos de limpieza que me era más barato unirme. Mi hija de ocho años sacó las cosas del paquete para principiantes y las vendió por el vecindario"._
> —Tom Monaghan, Fundador de Domino's Pizza

Rich DeVos ha aplicado esos mismos valores familiares a la organización de los Orlando Magic. La declaración de misión del equipo dice: "Mejoramos la calidad de vida en nuestras comunidades siendo pioneros de excelencia en la administración de los deportes y el bienestar por medio de un compromiso con los valores familiares". Personalmente puedo dar testimonio de que esta declaración es completamente cierta y este compromiso con la familia comienza en la cima. Cuando Rich viene a mi oficina, lo primero de lo que quiere hablar es acerca de mi familia.

Los valores de Amway, los valores familiares de los Magic, ¿de dónde salieron? Son un reflejo directo del corazón de Rich DeVos. Y el amor de Rich por la familia está entrelazado con su corazón por Dios. Su familia es ejemplo de las palabras del salmista: "Si el Señor no edifica la casa, en vano se esfuerzan los albañiles" (Salmo 127:1, La Biblia, edición Reina Varela, NVI). La casa de Rich DeVos fue construida por el Señor y es por eso que Rich ha estado rodeado de una familia cercana y amorosa hasta hoy.

> *"Rich DeVos es un hombre que lo tiene todo, pero nada en su vida es más importante para él que su familia. Su casa siempre está abierta para los demás y lo que la gente ve cuando lo visita es una familia llena de amor. Rich ha sido un ejemplo para todos nosotros de lo que es una familia".*
>
> —Ken Koldenhoven, amigo de la familia DeVos

Hace poco Rich estuvo mirando fotos de su boda de hace cincuenta años, al prepararse junto con su esposa Helen para celebrar su Aniversario de Bodas de Oro en febrero de 2003. Su asistente, Carol Cunningham, estaba presente. "A medida que él miraba las fotos", recuerda ella, "sus ojos se nublaron. 'Ella era tan hermosa', dijo, 'y todavía lo es'. Después de todos estos años, él sigue muy enamorado de Helen".

La Biblia nos dice: "Esposos, amen a sus esposas, así como Cristo amó a la iglesia y se entregó por ella" (Efesios 5:25. La Biblia, edición Reina Varela, NVI). Esa es la clase de amor que Rich tiene por su esposa. El verdadero amor pone las necesidades de los demás por encima de las propias. Esa es la clase de amor que desarrolla hogares estables y estimulantes donde los hijos crecen emocionalmente saludables y espiritualmente fuertes. Cuando ves a tu cónyuge como un regalo personal de Dios, y cuando ves a tus hijos como un fideicomiso especial que Él te dio, entonces puedes amar a tu familia como Dios lo diseñó.

"No hay mejor manera de amar a tus hijos", dice Rich, "que amando a tu cónyuge. Si quieres criar hijos seguros y confiados, entonces debes criarlos en una familia segura e intacta. Cuando los hijos ven que mamá y papá de verdad se aman el uno al otro, nunca se preguntan si son o no amados. Es algo que ellos saben sin duda".

Rich DeVos es un hombre exitoso según cualquier criterio o consideración que quieras aplicarle. Él ha desarrollado una empresa exitosa; ha acumulado fortuna y prestigio; ejerce influencia en la sociedad y en políticos de Estados Unidos. Pero pregúntale en realidad qué significa para él la palabra "éxito" y él dirá: "Éxito significa tener un matrimonio sólido y criar hijos que sean seguros, confiados y fuertes en la fe. Mi padre no fue un hombre adinerado o influyente, pero fue un hombre exitoso. Tuvo un matrimonio exitoso, creó un hogar exitoso e inculcó en mí los valores y cualidades de éxito real: fe, confianza, trabajo duro y amor. Todavía lo miro como un modelo de éxito. Todo lo que sé y creo respecto a la familia, lo aprendí de él".

Si quieres ser como Rich DeVos, si quieres conocer el verdadero éxito en la vida, entonces haz lo que Rich hace; ama a tu esposa, ama a tus hijos, ama a tu familia.

¡Ama a tu país!

Estuve hablando con el congresista de los Estados Unidos, Vern Ehlers, respecto a las ideas políticas de Rich DeVos. "¿Qué clase de presidente habría sido?" le pregunté.

"Ah, Rich habría sido un gran presidente", respondió el congresista. "Y habría tenido una muy buena oportunidad de ser elegido. Recuerda, tenía consigo una organización con un par de millones de voluntarios y todos tenían mucho conocimiento respecto al mercadeo de persona a persona. Y estaban motivados". "¿Usted cree que él habría amado el trabajo?" Pregunté. El congresista Ehlers pensó por un momento, luego me dijo: "No. Creo que habría estado muy frustrado. Rich cree en llevar a cabo el trabajo. Habría sido muy impaciente con la burocracia de Washington. Sin embargo, lo habría soportado a fin de servir a su país. No hay nadie en Estados Unidos que ame más a su país que Rich DeVos".

Richard M. DeVos es un patriota desvergonzado que ondea su bandera y también es un intrépido capitalista sin complejos. Él ama a los Estados Unidos y vende su confianza en el estilo americano a donde quiera que vaya. Sus enemigos políticos lo atacan por ser del "ala derecha", pero cuando pienso en mi amigo, Rich DeVos, no pienso en etiquetas políticas. Para mí, Rich es sólo una persona que siempre ha dado lo mejor de sí, quien siempre ha tratado de servir a Dios y honrar a su país, quien siempre respeta a la gente que lo rodea y es compasivo hacia las personas con necesidades. No entiendo cómo alguien puede ver algo malo en cualquiera de esos rasgos.

¿Qué es lo que Rich más ama de los Estados Unidos? "La libertad", responde. "Me emociona el reavivamiento del patriotismo y el amor por la libertad que hoy estamos viendo en Estados Unidos. Me encanta ver a la gente celebrar las bendiciones de la libertad y los sacrificios de quienes la han comprado para todos nosotros con su vida y su sangre. Por mucho tiempo los americanos han dado por hecha su libertad. Muchos estado-

"Me preocupa que muchas personas hayan perdido de vista el hecho de que Estados Unidos es lo que es hoy porque Dios ha bendecido esta tierra. Ellos ni siquiera lo quieren mencionar más. Este país fue desarrollado sobre una herencia religiosa y sería mejor que volviéramos a ésta. ¡Deberíamos comenzar a decirle a la gente que la fe en Dios es la verdadera fortaleza de Estados Unidos!".
—Rich DeVos

unidenses creían que el patriotismo se había salido de nuestro estilo. Parecían avergonzados de poner su mano en el corazón y prometer su lealtad a la bandera. Pero el patriotismo ha vuelto y eso es muy bueno verlo".

La palabra "Amway" es más que un nombre atractivo e inteligente para una compañía de ventas directas, es una declaración de convicción, principios y fe personal. Rich DeVos y Jay Van Andel llamaron su empresa Amway como una declaración de su confianza en el estilo americano. Esa confianza nunca flaqueó.

Vendiendo Estados Unidos

A comienzos de 1963, Rich fue programado para dirigirse a un grupo de mujeres ejecutivas sobre un tema relacionado con negocios. Pero cuando llegó al almuerzo se sintió impulsado a hacer a un lado los comentarios que había preparado y hablar sobre un tema hacia el que se sentía fuertemente atraído: Estados Unidos. Hacía poco él había escuchado a muchos oradores y comentaristas decir que los Estados Unidos estaban en decadencia. Algunos decían que la reciente crisis de los misiles cubanos presagiaba días tristes y sombríos para el futuro. Otros decían que el éxito de la Unión Soviética en el espacio, desde el Sputnik hasta el primer hombre en órbita, mostraba que el Comunismo era la ola del futuro.

En contra de ese trasfondo pesimista y de los temores de la Guerra Fría, Rich DeVos se puso de pie y habló acerca de las virtudes de los Estados Unidos, la libertad, el patriotismo y el sistema económico de mercado libre. Él habló sin notas. Habló desde su corazón. Y cuando terminó de hablar, un salón lleno de mujeres ejecutivas estalló en una ovación de pie para Rich. Había pasado mucho tiempo sin que nadie hablara acerca de lo bueno de los Estados Unidos y el público de Rich estaba muy feliz de escucharlo.

En pocos días Rich se vio inundado de solicitudes para que pronunciara el mismo discurso a grupos por todo el país. Así que lo refinó y presentó ante cientos de públicos durante los siguientes diez años. Ese discurso llegó a ser conocido como "Vendiendo Estados Unidos", y fue grabado y distribuido por todo el mundo en cintas de audio y discos LP. Recibió muchos galardones incluyendo el prestigioso Premio Hamilton de la Fundación Libertad.

La Historia le ha dado la razón a Rich DeVos. A pesar de unos triunfos iniciales, el Comunismo soviético nunca pudo competir con una sociedad libre ni con una economía de libre mercado. No pudo competir tecnológica, económica, social o militarmente, ni de ninguna otra manera. La Unión Soviética ha seguido el camino del dodo y del dinosaurio. El viejo bloque de naciones orientales, como Polonia, Hungría y Rumania, ahora son sociedades de libre mercado y aliados de Estados Unidos. Cuba está agonizando y China continental ha tenido que adoptar compromisos de libre mercado a fin de conservar su supervivencia.

> *"Un gobierno sabio y frugal, que dé a los hombres la libertad de regular sus propias búsquedas de industria y mejoramiento, y que no le quite de la boca al trabajador el pan que se ha ganado, ese es el resumen de un buen gobierno".*
> —Thomas Jefferson, tercer Presidente de los Estados Unidos

Rich habla con orgullo y sin vergüenza de los logros y nobleza del espíritu americano. Más de una vez me he sentado a escucharlo, con toda atención, hablar de inmigrantes fluyendo hacia esta tierra, provenientes de todas partes del mundo, buscando libertad, iniciar nuevas vidas, forjar un nuevo legado. Lo he escuchado relatar la historia de esos patriotas americanos superados en número y mal equipados que defendieron Bunker Hill en contra de las enormemente superiores fuerzas del General Howe, una batalla que reunió la resistencia americana en contra del dominio británico. Lo he escuchado describir cómo, en la batalla de Nueva Orleans, 3.500 americanos, bajo la dirección de Andrew Jackson derrotaron a 6.600 soldados británicos desde una trinchera hecha de bultos de algodón y barriles de azúcar.

He escuchado a Rich hablar con pasión acerca de los estadounidenses que enfrentaron el calor y la fiebre tropical para cavar un canal a lo largo del istmo de Panamá; acerca del único estadounidense atrevido, Charles Lindbergh, el primer hombre en volar cruzando el Atlántico; acerca del genio estadounidense Thomas Edison, quien hizo retroceder la oscuridad con un filamento brillante

> *"En una ocasión Rich me habló de sus posiciones políticas. Dijo: 'Quienes escriben las leyes deben volver aquí, al mundo real y vivir bajo esas leyes'".*
> —Milt Weeks, empleado jubilado de Amway

dentro de un globo de vidrio; acerca de Neil Armstrong, estadounidense que fue a la luna en representación de toda la humanidad, dejando audazmente huellas donde nunca un hombre había ido. Una y otra vez, los pesimistas poco visionarios han declarado que los mejores días de los Estados Unidos han quedado en el pasado, pero Rich DeVos no permite que esas declaraciones de pesimismo y fatalidad sigan sin ser retadas. Es cierto, nuestro pasado está lleno de grandeza y heroísmo, pero mientras seamos libres, mientras creamos en Dios y en nosotros mismos, también hay grandeza y heroísmo en nuestro futuro.

Las dos grandes fuentes de grandeza de los estadounidenses, nos dice Rich, son la fe y la libertad. Estados Unidos fue fundado en la confianza en Dios y en el principio de que todos somos creados a Su imagen para soñar grandes sueños. Nuestros documentos de fundación declaran una confianza en Dios el Creador y en la igualdad de todos los seres humanos. "Tenemos estas verdades como evidentes por sí solas", dice la Declaración de Independencia, "que todos los hombres son creados iguales; que son dotados por su Creador de ciertos derechos inalienables, que entre estos están la vida, la libertad y la búsqueda de la felicidad".

> *"Rich DeVos es el ciudadano más patriota que haya conocido. Siempre ha creído en hacer lo correcto para el pueblo de los Estados Unidos y la nación en general".*
> —General Alexander M. Haig Jr., ex Secretario de Estado de los Estados Unidos

Todas las personas son creadas a la imagen de Dios y todas deberían tener la libertad de ir en busca de sus sueños. "La única respuesta a los problemas que plagan nuestro mundo y nuestra nación", dice Rich, "es la respuesta que dio Jesús a sus discípulos justo antes de ser crucificado: 'Este es mi mandamiento, que os améis unos a otros'". En otras palabras, Estados Unidos sólo puede *ser* Estados Unidos si nos tratamos los unos a los otros como deseamos ser tratados; si vemos a cada ser humano como un hijo de Dios, hecho a Su imagen; si nos relacionamos con gentes de todas partes viéndolas como valiosas, dignas y con un potencial único.

Esa es la profunda visión de Estados Unidos que tiene Rich DeVos y él lo toma como algo personal cuando la gente menosprecia las oportunidades que esta tierra proporciona. El empleado ya jubilado y que trabajó por mucho tiempo para Amway, Tom Michmershuizen, me dijo: "Por años, Rich se cortó el cabello en cierta barbería de Grand Rapids. Es la misma barbería en la que Jerry Ford se peluqueaba cuando vivía en Grand Rapids. Yo todavía me arreglo el cabello en ese sitio.

En una ocasión, a comienzos de los años 1960, Rich entró y le pidió al barbero Fred que le cortara el cabello. Ahí se encontraba otro cliente, un trabajador de ferrocarril quien no hizo más que quejarse por su trabajo. '¡La compañía no me paga lo suficiente! ¡Me hacen trabajar muchas horas extras!' Siguió y siguió queja tras queja respecto a su trabajo en dicha empresa.

Mientras esto sucedía, Fred pudo ver que Rich se estaba alterando. Finalmente, Rich ya había oído suficiente. 'Escucha', le dijo al trabajador del ferrocarril, 'eres afortunado de tener un buen empleo trabajando para una buena empresa y viviendo en el país más grandioso de la tierra. Si lo odias tanto, ¿por qué no renuncias al ferrocarril? ¿Por qué no te vas del país y buscas otro sitio más adecuado para tu gusto? ¡De hecho, tengo suficiente dinero en mi bolsillo como para comprarte un tiquete de ida a Rusia!'.

Después de eso, Rich le contó al barbero la historia de su 'discurso 'Vendiendo los Estados Unidos', la cual se convirtió en una muy famosa anécdota. Pocos meses después que eso sucediera, yo fui a la barbería para mi corte habitual. Me senté en la silla y mientras Fred se alistaba para hacerme el corte, me señaló a otra persona en la barbería y me dijo: '¿Ves a ese hombre? Él es de quien el señor DeVos habla, el hombre que trabaja en el ferrocarril'. Luego Fred le dijo al hombre que yo trabajaba en Amway con Rich DeVos.

> *"Creo en la vida con un gran sí y un pequeño no. Creo que la vida es buena, que la gente es buena, que Dios es bueno. Y creo en afirmar orgullosa y entusiasmadamente cada día que vivo, que la vida en los Estados Unidos dirigida por Dios es una experiencia positiva".*
> —Rich DeVos

El empleado del ferrocarril frunció el ceño. '¿Ah, sí?', dijo. '¡Déjame decirte algo! ¡El día que ese hombre me dio su discurso acerca de lo afortunado que soy por trabajar para el ferrocarril, me fui a casa y vi que mi esposa estaba usando jabón de ropa de Amway! ¡Hice que lo tirara a la basura!'.

La siguiente vez que vi a Rich DeVos le dije lo que había hecho el hombre del ferrocarril. Se rió entre dientes y dijo: '¡Está bien, de todas formas no necesitamos clientes como él!'. Ese es Rich. Le encanta vender productos de Amway, pero si se trata de una elección entre vender Amway o vender los Estados Unidos, siempre venderá a los Estados Unidos".

La fórmula del éxito

Cuando la Corporación Amway inició, la oficina ejecutiva era una mesa de cocina, y la planta de producción era un sótano. Hoy, la matriz Alticor tiene edificios de oficinas, plantas industriales y almacenes en todo el mundo para facilitar las fortalezas de sus oportunidades de negocios y la distribución de sus líneas de productos. Esta historia de éxito es un tributo a una de las bendiciones más ignoradas y subestimadas de los Estados Unidos: *el sistema de libre empresa*.

¿Qué es el sistema de libre empresa? Es una economía que se fundamenta en fuerzas del mercado (como la oferta y la demanda) para determinar los precios y la distribución de bienes y servicios. El sistema de libre empresa permite la creación privada de empresas para competir por utilidades en un mercado abierto con la menor regulación gubernamental posible. El sistema de libre empresa sólo es posible en un entorno de Capitalismo, un sistema económico basado en la propiedad de capital privado (riqueza).

> *"Siempre fuimos 'esa empresa de jabones'. Pero 'esa empresa de jabones' le dio a muchos la oportunidad de triunfar. Todos podían obtener un paquete y comenzar a venderlo".*
> —Cheri Vander Weide, hija de Rich

Desde los años 1960 Rich ha estado predicando sin pudor sobre las bendiciones de Estados Unidos y el sistema de mercado libre, cuando el Capitalismo no era "atractivo". En aquellos días, el Socialismo estaba en marcha y el Capitalismo del mercado libre estaba en retirada. Para los americanos jóvenes "Capitalismo" era una mala palabra, así como frases como "el establecimiento", "el proyecto" y "la Guerra de Vietnam".

El empresario independiente, Jim Dornan, recuerda aquellos días. "En los años 1960 yo estaba en la escuela", dice, "así que crecí con la Guerra de Vietnam, los hippies y toda la mentalidad antiestadounidense. Adopté la posición de contra cultura. Luego, a comienzos de los años 1970, escuché hablar a Rich en una convención patriota. Estaba rodeado de personas vestidas de rojo, blanco y azul que ondeaban banderas de los Estados Unidos. ¡Hablando de choque cultural! Yo era un chico de los sesentas, pero Rich me cambió la mentalidad".

En su libro publicado en 1975, *Believe! (¡Cree!)*, Rich describe la mentalidad de aquellos tiempos: "Desafortunadamente", observa, "palabras como 'libre empresa', 'utilidades' y 'Capitalismo' conjuran perspectivas de industriales hambrientos de dinero codiciosamente acumulando dólares en sus bolsillos mientras que las masas pobres se empobrecen más. La libre empresa se está convirtiendo rápidamente en el chivo expiatorio para todo propósito de este medio siglo. Los críticos te dirán que todos los males de los años 1970 están a la puerta. El aire y los arroyos están contaminados debido al Capitalismo, la gente es pobre debido al Capitalismo, las guerras se libran debido al Capitalismo. El sistema de libre empresa es malvado, sus argumentos avanzan y envenenan toda la sociedad. ¡Qué ignorancia! ¡Qué ignorancia tan tonta y desafortunada!".

¿Cuál es el principio opuesto al Capitalismo? El Socialismo. Y la historia ha demostrado que los problemas de polución, pobreza, guerra y conflictos, siempre son mayores bajo economías socialistas (como la antigua Unión Soviética y sus estados adheridos) que bajo economías capitalistas. En sociedades libres, la gente es libre de inventar, solucionar problemas y cosechar las recompensas de su duro trabajo e innovación. Es por eso que las sociedades libres siempre son las más limpias y menos contaminadas, las más estables económicamente y las más pacíficas y seguras.

"Le debo toda mi vida a Rich y a Jay, como millones más. Esta compañía le ha dado esperanza a la gente al hacer disponible en todo el mundo el sistema de la libre empresa. Rich DeVos es un héroe porque le da a la gente la oportunidad de realizar sus sueños. Los propios sueños de Rich son tan grandes que contienen los sueños de millones más".
—Ron Puryear, empresario independiente

Como Rich DeVos es rápido para decirlo: "El sistema de libre empresa es la única mayor fuente del éxito de la economía de nuestro país". El sistema de libre empresa es también una razón importante de la gran tradición de nuestro país de donaciones compasivas a organizaciones caritativas. Una de las características impactantes de las antiguas economías socialistas caídas es que no pudieron dar apoyo a las organizaciones de caridad. ¡La antigua Unión Soviética nunca tuvo el equivalente a United Way o Community Chest porque nadie en una economía socialista tiene dinero para donar!

Rich DeVos ve que el sistema económico de una nación se entrelaza inseparablemente con la vida política, religiosa y los valores culturales. La libertad económica está íntimamente conectada con la libertad religiosa, la libertad política y la libertad de expresión. Como hemos visto en varios experimentos con el Socialismo durante el siglo pasado, cuando un gobierno se hace cargo de la economía, no se detiene ahí. Toda libertad desaparece así como la prosperidad. Desafortunadamente, muchos estadounidenses disfrutan las bendiciones de un sistema de libre empresa: opciones de alimentos como nunca antes, casas, carros y otros productos y servicios de calidad, mientras que al mismo tiempo se quejan del sistema como "malvado" y "codicioso".

Muchos usan la palabra "codicia" sin entender lo que realmente significa. Algunos confunden el ánimo de lucro del Capitalismo con la "codicia", la cual no es querer ganar más. "Codicia" no es querer acumular riqueza para tu familia o heredarles esa riqueza a tus hijos después de tu muerte. "Codicia" no es querer disfrutar del fruto de tu labor.

La verdadera codicia es un deseo excesivo de adquirir riqueza que no se ha ganado y es inmerecida, o acumular excesivas riquezas sin la dispo-

"La propiedad privada es elemental para la libertad. Quítala y la economía quedará condenada al fracaso. Niégales a las personas la libertad de ser lo que quieren y hacer lo que quieren y la economía colapsará. Hablar de libertad económica como una forma política independiente de libertad social o política no tiene sentido... la libertad para trabajar en lo que quieres, va de la mano con toda clase de libertad".
—Rich DeVos

sición a mostrar generosidad con personas necesitadas. Obviamente la codicia saca su repugnante cabeza dentro del sistema de mercado abierto. En 1985, el especulador de bolsa, Ivan Boesky declaró: "La codicia es saludable", y al año siguiente fue multado con $100 millones de dólares por la comisión de Valores y Bolsa por abuso de información privilegiada. Los excesos de la codicia de Boesky fueron caricaturizados en la película de Oliver Stone, *Wall Street* (1987), en la que un codicioso magnate interpretado por Michael Douglas pronunció la famosa frase "La codicia es buena". Los recientes escándalos financieros en compañías como Enron, WorldCom y Global Crossing, han mostrado que la maldad y la codicia están vivas en el sistema de libre empresa, pero estos excesos no significan que éste en sí sea malo. Cuando las personas ricas y poderosas quebrantan la ley y roban a sus empleados e inversionistas, se comportan como criminales, no como capitalistas. Asumir que alguien adinerado es automáticamente codicioso es una equivocación. Cierto, algunas personas ricas son codiciosas, pero las hay pobres que son codiciosas así como hay personas ricas que son generosas. "Codicia" es una palabra que describe el corazón de una persona, no su cuenta bancaria.

La Biblia nos dice que Dios nos da riquezas para nuestro beneficio y disfrute. Proverbios 10:22 (La Biblia, edición Reina Varela, NVI) dice: "La bendición del Señor trae riquezas y nada se gana con preocuparse". Y Jeremías 29:11 (La Biblia, edición Reina Varela, NVI) nos dice: "Porque yo sé muy bien los planes que tengo para ustedes, afirma el Señor, planes de bienestar y no de calamidad, a fin de darles un futuro y una esperanza". Y Eclesiastés 5:19 (La Biblia, edición Reina Varela, NVI) dice: "Además, a quien Dios le concede abundancia y riquezas, también le concede comer de ellas y tomar su parte y disfrutar de sus afanes, pues esto es don de Dios".

Pero la riqueza se convierte en una maldición en lugar de una bendición cuando nos volvemos arrogantes respecto al dinero y las propiedades que hemos adquirido, cuando perdemos la compasión por los menos afortunados y olvidamos que Dios es la fuente real de todo lo que somos y tenemos. Como nos advierte Deuteronomio 8:18 (La Biblia, edición Reina Varela, NVI) "Recuerda al Señor tu Dios, porque es Él quien te da el poder para producir esa riqueza".

En su libro *Compassionate Capitalism (Capitalismo Solidario)*, Rich lamenta el hecho de que en total dos tercios de los jóvenes estadounidenses sepan tan poco del Capitalismo, que ni siquiera puedan definir la palabra *utilidad*. Si el pueblo estadounidense ni siquiera entiende qué es *utilidad*, (la definición básica: "ingresos menos costos") entonces, ¿cómo puede de alguna manera apreciar

> *"En Estados Unidos la gente estaba en decadencia en los años sesentas, pero Rich siempre ha sido un patriota, un impulsor de los Estados Unidos y sus valores. Cuando el tema es Dios y patria, Rich habla apasionada y motivadamente desde el corazón".*
> —Betsy DeVos, nuera de Rich (Esposa de Dick)

el sistema de libre mercado que hace posible la misma calidad de vida de la que disfruta? A Rich le gusta citar una pequeña copla de Oliver Wendell Holmes para explicar de qué se trata la utilidad:

"Sólo pido que la fortuna me dé un poco más de lo que he de gastar".

Utilidad, ganar más dinero del que se gasta, es la base del sistema capitalista de libre empresa. La utilidad le permite a una empresa tener éxito y crecer. Las utilidades permiten que una empresa mejore la vida de sus propietarios (o accionistas), empleados y clientes. Las utilidades permiten que una empresa practique la compasión, la generosidad y la caridad, ayudando a aliviar los problemas sociales desde la contaminación hasta el hambre y la falta de vivienda; de esta manera, las utilidades benefician a toda la sociedad.

En los años 1960, Rich DeVos usó una formula sencilla para explicar en términos claros y directos cómo funciona el Capitalismo:

$$BM = RN + EH \times H$$

¿Qué significa esa fórmula? Rich explica: "Nuestro *bienestar material* (BM) viene de los *recursos naturales* (RN) que son transformados por la *energía humana* (EH) la cual se ha hecho más eficiente por medio del uso de *herramientas* (H)".

El *bienestar material* consiste en las riquezas, posesiones y estilos de vida que adquirimos y hacen que la vida sea más fácil y disfrutable. Los *recursos naturales* son materiales como el algodón, que puede transfor-

> *"Rich DeVos es un verdadero patriota estadounidense. Si hubiera vivido en 1776, habría firmado la Declaración de Independencia. Habría sido el primero en firmarla, y su firma habría achicado la de John Hancock. Los libros de Historia hablarían de Jefferson, Washington, Franklin y DeVos".*
> —Bill Nicholson, ex Jefe de Operaciones de Amway

marse en ropa; el hierro mineral y el vidrio que se convierten en autos; el petróleo que toma la forma del plásticos y de combustible; los vegetales y el ganado que pueden ser transformados en alimento. La *energía humana* es el ingenio y el trabajo que realiza esas transformaciones.

Las *herramientas* son las ideas o máquinas que magnifican el ingenio humano y trabajan para que la energía humana sea más efectiva y eficiente. Por ejemplo, un hombre con un arado tirado por bueyes (una herramienta primitiva) tiene la capacidad de sembrar un campo; pero durante la misma cantidad de tiempo, un hombre con un tractor moderno puede sembrar cien campos porque una herramienta más avanzada puede multiplicar la efectividad de la energía de un hombre.

Por años, Rich DeVos, enseñó esta fórmula del éxito. Pero después vio que le faltaba un ingrediente.

Capitalismo solidario

En años recientes, Rich ha añadido otro factor a esa ecuación: *compasión*. "El secreto para el éxito real y duradero", dice hoy en día, "es la compasión. Ahora, cuando presento la fórmula, añado compasión a cada estado del proceso". La nueva fórmula compasiva de Rich para el éxito se ve así:

$$BM = (RN + EH \times H) \times C$$

La letra C, desde luego, es para *compasión*. "Hay quienes se burlan cuando digo que la compasión y no las utilidades son la meta definitiva del Capitalismo", escribe Rich en *Compassionate Capitalism (Capitalismo solidario)*. "Dilo como quieras, pero ten presente esto: cuando la compasión inspira y toma parte en la libre empresa, las utilidades vienen como consecuencia, la calidad de vida humana se mejora, y la tierra es restaurada y renovada". Él prosigue diciendo que el Capitalismo sin compasión arroja utilidades a corto plazo, pero inevitablemente cobra su cuenta por medio del sufrimiento humano y el agotamiento de la tierra.

La meta del Capitalismo solidario al estilo DeVos es hacer que el sueño americano de éxito y seguridad financiera esté al alcance de la mayoría, no de unos pocos. "El Capitalismo no es genial porque permite que unos pocos ganen millones", concluye Rich. "Es genial porque permite que millones de personas sean lo que quieren ser".

Durante los turbulentos y rebeldes años sesentas, Rich se dirigió a un público de estudiantes en un campus universitario. Él explicó que el sistema económico de los Estados Unidos de hecho es la mejor manera de crear un ambiente de compasión, solidaridad y generosidad hacia el pobre. Al hablar, Rich mencionó que el carro que conducía era un Cadillac. Eso hizo que un exaltado estudiante se pusiera de pie con una pregunta: "Señor DeVos", dijo el joven, "si usted de verdad siente compasión por el pobre, ¿por qué no se deshace de ese Cadillac? ¿Por qué no compra un auto económico para su transporte básico que lo llevará a donde quiere ir sin el gasto y el lujo de un Cadillac?".

"Supongamos que hago lo que dices y me deshago de mi Cadillac", respondió Rich. "¿De qué manera exactamente los pobres tendrían más si yo tuviera menos?".

"¿No es obvio?" preguntó el estudiante. "Usted puede tomar el dinero que ahorra conduciendo un auto más económico y dárselo a los pobres".

"Estás equivocado", dijo Rich, "si crees que el pobre tendrá más si el rico tiene menos. En realidad si el rico tiene menos, entonces todos tendrán menos, incluyendo al pobre. El estudiante parecía escéptico.

"Entiendo tu escepticismo", continuó Rich, "pero fácilmente puedo ilustrar mi punto. Cuando compré mi Cadillac, pagué cierta cantidad de dinero por él. Algo de ese dinero fue al distribuidor que me lo vendió, otra parte fue a General Motors Inc., y otra parte fue a los sueldos de los trabajadores de la línea de ensamblaje. Si no hubiera comprado ese Cadillac, esos trabajadores habrían sido más pobres. Cada producto o servicio que compro, pone dinero en circulación en la economía de libre mercado. Entre más dinero circula en la economía, hay mas trabajos y más oportunidades para que el pobre salga de la pobreza".

En ese momento una luz de entendimiento cayó en el rostro del estudiante.

"Desde luego", Rich continuó, "dar con solidaridad es importante. Cuando las personas tienen hambre o no tienen vivienda, necesitan ayuda con urgencia. Pero la caridad sólo es una solución de corto plazo. La única

"El nivel de patriotismo en Estados Unidos ha aumentado dramáticamente desde que fuimos atacados el 11 de septiembre de 2001. Esta clase de patriotismo ondeando la bandera y diciendo que Dios bendiga a los Estados Unidos puede ser una nueva experiencia para muchas personas, pero ha sido la piedra angular de toda la vida de Rich DeVos. Cuando los Estados Unidos cambiaron después del 11 de septiembre, redescubrieron el amor de patria que Rich ha tenido todo el tiempo".
—Dr. Richard Lapchick, Director del Programa de Administración de Empresas, Universidad de Florida Central

manera para sacar a los pobres de su pobreza y darles un futuro más brillante, es educándolos e inspirándolos para tener acceso a las oportunidades de la sociedad de libre mercado".

El genio del sistema de libre empresa estadounidense es que trabaja con la naturaleza humana, no en su contra, como lo hace el Socialismo. Una economía libre tiene incorporado el incentivo para que la gente trabaje duro, mejore y se ocupe de sus posesiones. Una persona libre en una economía libre puede cosechar las recompensas de su labor.

> *"El Capitalismo y el Comunismo están en polos opuestos. Su diferencia básica es esta: el comunista, al ver al hombre rico y su hermosa casa dice: 'Nadie debería tener todo eso'. El capitalista, al ver lo mismo dice: 'Todos deberían tener todo eso'".*
> —Phelps Adams, periodista estadounidense

En un sistema socialista, el estado es el propietario de los bienes y las herramientas, recibe la recompensa de la labor y la redistribuye de tal forma que destruye los incentivos. Digamos que tú y yo trabajamos lado a lado en la fábrica de reproductores controlada por el Estado. Tú trabajas duro, produciendo cientos de reproductores por día, pero yo soy perezoso y no veo ninguna razón para desgastarme, así que sólo produzco veinte reproductores por día. Pero como vivimos en una sociedad socialista, los dos recibimos el mismo pago. El trabajo duro no es recompensado; la pereza nunca es castigada. ¿Qué pasa con tu incentivo para trabajar duro? Te das cuenta que el trabajo duro no paga y pronto estás produciendo sólo veinte reproductores al día, al igual que yo. Es por eso que el Socialismo ha fracasado cada vez que lo ha intentado.

Rich DeVos cita la analogía del psicólogo Albert Bandura para explicar por qué el Socialismo no funciona: "Ningún copo de nieve se siente responsable en una avalancha". Si me gano la vida con las herramientas que compré con mi propio trabajo, cuidaré bien de ellas; pero si las herramientas que uso le pertenecen al Estado ¿por qué ha de importarme lo que les suceda? Si tengo la idea de una herramienta más eficiente y sé que esa idea me puede hacer rico, patento mi idea y la pongo a producir; pero si el estado se lleva todas las nuevas ideas sin pagar por ellas, ¿entonces, porqué soñar e innovar?

El sistema de libre empresa crea incentivos para que la gente piense, innove, trabaje duro y cuide bien de sus posesiones. El Socialismo mata los sueños, sofoca la creatividad, desanima la diligencia y destruye el orgullo de la propiedad. Sin importar cuán bien intencionado pueda ser el Socialismo, siempre termina lastimando al mismo pueblo al cual pretendía ayudar: al pobre y no privilegiado.

En su libro *Compassionate Capitalism (Capitalismo Solidario)*, Rich habla de una pareja que conoció cuando visitó Berlín poco después de la caída del régimen comunista en Alemania Oriental. Rich acababa de hablar del tema del Capitalismo solidario ante una convención de Amway en Berlín. Después de su charla, se quedó en el salón de baile del hotel por un rato, conversando con la gente, cuando una pareja se le acercó, con sus dos bebés gemelos en los brazos.

"Señor DeVos", dijo el esposo, "mi nombre es Andrej Zubail. Ella es mi esposa, María. Cuando la libertad llegó a Alemania Oriental, no sabía qué hacer... Queríamos iniciar nuestra propia empresa, ¿pero cómo? Así que le pregunté a María, '¿Qué deberíamos hacer?' Y ella respondió, 'Ahora somos libres. Podemos hacer cualquier cosa'".

> *"Rich DeVos siempre ha sido un audaz defensor del sistema de libre empresa. Él cree que la libertad económica y política son dos lados de la misma moneda".*
> —Dave Van Andel, hijo menor de Jay

Eso es lo que hace la libertad. Abre posibilidades infinitas. Permite que las personas sueñen en grande. Cuando la gente es libre, puede hacer cualquier cosa.

Andrej y María Zubail comenzaron su propia distribución de Amway sólo seis meses antes de conocer a Rich DeVos y la desarrollaron hasta convertirla en una empresa exitosa. Ellos querían decirle a Rich DeVos lo que su nueva libertad significaba para ellos: "Ahora somos libres. Podemos hacer cualquier cosa".

Si quieres saber por qué Rich DeVos es un motivador de vieja data en los Estados Unidos, con la mano en el corazón y bandera ondeante, es porque él sabe lo que muchos estadounidenses trágicamente han olvidado: ésta es una tierra de oportunidades infinitas. Como los estadounidenses son libres, pueden hacer cualquier cosa. Es por eso que ellos han desarrollado la economía más grande que el mundo jamás ha visto. Es por eso que hay huellas estadounidenses en la luna, como también naves espaciales robóticas hechas por estadounidenses recorriendo los planetas lejanos y acelerando hacia las estrellas.

Somos libres. Somos estadounidenses. Podemos hacer cualquier cosa que nos propongamos.

Rich DeVos cree que el sistema de libre empresa no es nada menos que un don de Dios para la humanidad, haciendo posible la calidad de vida sin precedentes de la que disfrutamos hoy. Todas las maravillas de nuestro mundo moderno, desde los avances en la tecnología médica hasta las nuevas fronteras en tecnología espacial, son un resultado directo de la libertad

*"Los resultados del Socialismo
han oscilado entre lo apenas
lamentable y lo realmente
catastrófico: pobreza, conflictos,
opresión y en los campos de
concentración del Comunismo
las muertes... de quizá 100 millones de personas. Una opuesta
y conservadora creencia en una
libertad gobernada por leyes se
trazó en contra de esa doctrina.
Fue esta perspectiva la que triunfó con la caída del Muro
de Berlín".*
—Margaret Thatcher, ex Primera Ministra de Inglaterra

económica de este país.

En Estados Unidos nadie está excluido del sistema económico. Compites y el color de piel no importa. Tus creencias religiosas (falta de las mismas) no importan. Tu géne-ro ni orientación sexual importan. La liber-tad es el derecho que te da la Constitución. Si te atreves a soñarlo, puedes perseguirlo y lograrlo en Estados Unidos.

Esa es la gran idea que Rich DeVos y Jay Van Andel tenían en mente cuando llama-ron a su empresa "Amway". Ese es el estilo americano.

CAPÍTULO 13

¡Ten fe!

Rich DeVos fue criado en la Iglesia Cristiana Reformada. Los domingos eran guardados como días para alabanza y descanso y sus padres fielmente lo llevaban a la iglesia dos veces cada domingo, en la mañana y en la noche. "No importaba si afuera había una ventisca o una tormenta de granizo", recuerda, "la familia DeVos iba a la iglesia y eso era todo, no había discusión. Fue una crianza religiosa estricta y yo me resistí a algunas de las tradiciones en las que fui criado. La escuela dominical me parecía aburrida y los sermones e himnos parecían durar eternidades.

Aunque no lo apreciaba en ese momento, estaba recibiendo unos de los regalos más grandes de la vida. Mis padres, los pastores y maestros, los diáconos, los ancianos y los voluntarios, pasaron mucho tiempo durante mis años de formación dándome un mapa hacia Dios. Todavía sigo ese mismo mapa que me trazaron cuando era un niño. Ha sido una gran fuente de fortaleza y ánimo para algunas de las pruebas que he enfrentado. Además me enseñaron la ética laboral holandesa calvinista, la cual me ha servido mucho durante toda mi vida".

Rich también agradece la educación cristiana que recibió en la secundaria. La Escuela Secundaria Cristiana de Grand Rapids no sólo fue académicamente fuerte sino que reforzó la fe cristiana que le inculcaron en casa y en la iglesia. También fue el lugar donde conoció a su amigo de toda la vida y socio de negocios, Jay Van Andel. Después de su graduación Rich se enlistó en el Cuerpo de la Fuerza Aérea durante la Segunda Guerra Mundial.

> *"Rich DeVos es uno de los laicos cristianos más enérgicos y dedicados que he conocido. Cuando he estado cerca de él no ha habido ocasión en la que no haya sentido su fortaleza de carácter y dedicación a las cosas de Dios".*
> —Billy Graham, evangelista

"Antes de entrar al servicio", recuerda Rich, "nunca me había puesto de pie delante de la iglesia ni profesado públicamente mi fe en Jesucristo.

Los líderes de la iglesia habían querido que lo hiciera pero yo discutía con ellos asumiendo que era cristiano por haber crecido en un hogar cristiano y argumentaba: 'Voy a ir al cielo, así que ¿por qué tengo que hacer algo más?'.

Después de regresar de la Segunda Guerra Mundial, mi pastor me llamó aparte y me dijo: 'Dios te llama, pero tú debes elegirlo. Naciste con libre albedrío, pero Dios conoce tu respuesta antes que respondas'. Es un misterio y no lo entendí, pero lo acepté. Así que a la edad de veinte años, me paré delante de la iglesia e hice una profesión pública de mi fe".

Desde el mismo comienzo, Rich se aseguró de integrar por completo su fe con su vida de negocios. Su compañero de secundaria, Gale Smith, recuerda: "Rich y yo trabajamos en la misma tienda de ropa para hombre durante nuestros años de secundaria. Después de la Segunda Guerra Mundial, Rich y Jay volvieron a los Estados Unidos e iniciaron su propia escuela de aviación, el Servicio Aéreo Wolverine. Yo fui a ver su trabajo y le pregunté a Rich: '¿Abren los domingos?' Él dijo: 'No, sólo seis días a la semana'. Yo le dije: 'Bueno, muchos de tus clientes potenciales trabajan durante la semana y sólo estarán disponibles para tomar lecciones los fines de semana. Vas a perder muchos negocios si no abres los domingos'. Rich respondió: 'No voy a hacer negocios en el día del Señor. Si no logramos ganancias durante seis días a la semana, entonces haremos otra cosa'. Rich sólo tenía veintidós años en ese momento pero sus valores de vida ya estaban en el lugar correcto. Desde entonces ha operado según los mismos valores".

La historia de un pródigo

Nicholas DeRuiter, Director de Educación para la Corporación de Sistemas de Gestión de Información Global, se familiarizó con Rich DeVos después de la guerra. "Rich y yo asistíamos a la Iglesia Cristiana Reformada Calvin, en Grand Rapids. Después de los servicios, Rich, Jay Van Andel y yo nos sentábamos en la entrada de College Hall y discutíamos sobre el sermón. Todos veíamos un poco diferente los asuntos teológicos y espirituales, así que las discusiones eran animadas e interesantes".

"La fe de Rich en el potencial humano está arraigada en su fe en Dios. Él cree que podemos lograr grandes cosas, no porque somos grandiosos, sino por lo que un Dios grandioso puede hacer por medio de nosotros".
—Earl Holton, líder ejecutivo de Grand Rapids

Los tres jóvenes se vieron profundamente impactados por sus experiencias en la guerra. "Habíamos visto la muerte y el sufrimiento", recuerda DeRuiter, "y eso nos había cambiado. Durante mi servicio con la Armada de los Estados Unidos desde 1943 hasta 1946, yo había salido volando del portaaviones *USS Antietam* en el Pacífico y había visto muchas cosas terribles. También fui un observador en Hiroshima y la horrible aniquilación de esa ciudad me perseguía. Todavía lo hace. Así que los tres veteranos de la guerra buscábamos respuestas acerca de Dios, acerca del bien y el mal, acerca del significado de la vida.

"Esas discusiones espirituales con Rich eran intensas. Recuerdo que él era muy sincero y apasionado respecto a sus puntos de vista, pero también era humilde y un buen oyente. Siempre quería escuchar lo que los demás tenían para decir. Recuerdo que había reanudado sus estudios en la Universidad Calvin, donde su fe estaba siendo formada por unos buenos teólogos y profesores. Rich tenía algunas preguntas y dudas, pero sobre todo, su fe era roca sólida. Era un hombre de acción que vivía su fe, mostrando siempre caridad y amabilidad hacia las personas con necesidades. También estaba muy ocupado durante esos primeros años después de la guerra, vendiendo productos Nutrilite.

Yo tenía un enfoque muy diferente. No era un vendedor sino un filósofo y un cínico. Para mí la fe cristiana no era cuestión de creencia sino de investigación y cuestionamientos. Tenía muchas dudas acerca de Dios después de haber visto la destrucción causada por la bomba atómica.

Rich mostraba mucha sabiduría y paciencia en nuestras discusiones teológicas. Escuchaba atentamente mis puntos de vista y cuestionamientos respondiendo de una manera cuerda y humilde".

Nicholas DeRuiter dejó Grand Rapids en 1960 y perdió contacto con Rich y Jay, y también con Dios. "Perdí mi fe en Dios y la comunidad cristiana", dice. "En mi alma

> *"Rich DeVos me enseñó a ser lo que soy al estar cimentado en Jesucristo. Él nunca quiere que seas nadie más que tú mismo y te acepta como eres, incluso con tus falencias y defectos. En cierto sentido, es irónico que este libro se titule* Cómo ser como Rich DeVos. *Él no querría que nadie fuera como él. Él sólo quiere que seas como tú y que todos sean más como Jesús".*
> —Barb Van Andel Gaby, hija de Jay

me volví muy desintegrado. Políticamente serví con el partido demócrata, luego me desilusioné después del asesinato de John F. Kennedy. Le di la espalda a la familia, a la iglesia y a los amigos, y me sumergí en una vida de vino, mujeres y jazz".

El siguiente encuentro de DeRuiter con Rich DeVos se presentó más de veinte años después, a mediados de los años 1980. "Una mañana estaba viendo un programa religioso en televisión", recuerda DeRuiter, "cuando, para mi sorpresa, el pastor presentó a Rich DeVos. Aunque yo era un pródigo y un cínico, quedé intrigado por escuchar qué era lo que Rich tenía para decir. Su humildad y sinceridad me llevaron a nuestras discusiones en la entrada de College Hall. Ahí estaba un hombre que había llegado a la cima del mundo de los negocios, pero que expresaba su fe en Jesucristo en términos sencillos y honestos.

Al escuchar hablar a Rich, por primera vez en muchos años oré: 'Dios, ¿qué he hecho con mi vida?'. Las lágrimas corrían por mis mejillas. No podía dejar de pensar en todo lo que había perdido durante mis años de pródigo, pero también estaba agradecido por mi viejo amigo Rich DeVos. Él todavía no lo sabía, pero Dios usó a Rich para resucitar a un hombre espiritualmente muerto. No volví a ver en persona a Rich sino hasta 1998 cuando nos reencontramos en una conferencia de Gospel Communications en Grand Rapids. Me alegró haber tenido la oportunidad de agradecerle personalmente y decirle cómo él fue usado por Dios para traerme de vuelta a la fe en Cristo".

Un pecador salvado por gracia

Para Rich DeVos no hay nada más importante que vivir su fe en Jesucristo. Dios tiene el primer lugar en su vida, y todo lo demás, en el mejor de los casos, es secundario. Hablé con dos de los pastores de Rich en la Iglesia Reformada La Grave Avenue, en Grand Rapids. Su pastor actual, el doctor Stan Mast, me dijo: "Rich tiene una profunda relación personal con Jesucristo. Él cree en Jesús con todo su corazón y piensa que tú y todo el mundo deberían creer en Él también. Podrías pensar que eso hace que Rich sea intolerante con personas de otras creencias, pero su gran humildad y amor por la gente le permiten aceptar muy bien a quienes son de otras religiones. Aunque nunca vacila en compartir su fe, está muy dispuesto a escuchar lo que otros tienen para decir. Su audacia por Cristo ha aumentado desde su operación de trasplante de corazón. Algo en cuanto a esa experiencia profundizó su convicción de que la fe cristiana es la verdad y que todo el mundo sobre la tierra necesita escuchar de Jesús".

El ex pastor de Rich, el Reverendo Jacob Eppinga, me contó una historia que ilustra muchas facetas del carácter de Rich, incluyendo su compromiso con Jesucristo: "Rich servía como anciano en el Consejo de nuestra iglesia", recuerda el Reverendo Eppinga, "aunque era uno de los hombres más ocupados del mundo, estaba tan comprometido con servir en la iglesia que volaba desde Florida sólo para asistir a la reunión de Consejo del lunes en la noche.

En una ocasión, Rich me dijo que iba a estar presente en dicha reunión. Pero cuando llegó la hora de iniciarla, él no estaba. Uno de los ancianos inició la reunión orando, una larga e inspirada oración. Mientras el anciano oraba, el teléfono del salón contiguo comenzó a sonar. Sonó y sonó mientras la oración seguía. El teléfono sonando se convirtió en una distracción así que me levanté y fui a contestarlo. Tomé el teléfono y era Rich. Le dije: 'La reunión acaba de comenzar. ¿Dónde estás?'.

Él dijo: 'Estoy a dos cuadras de distancia, en el hospital'. Yo dije: '¡En el hospital! Rich, ¿estás bien?' Él dijo, 'Estoy bien. Sólo caminé hasta acá para usar el teléfono'.

(Desde luego esto fue en los días antes de que hubiera teléfonos celulares). 'Tomé un taxi desde el aeropuerto, pero cuando llegué a la iglesia todas las puertas estaban cerradas y no pude entrar. Así que golpeé la puerta pero supongo que no me podían oír. Comencé a pensar que había llegado la noche equivocada. ¿Puede alguno de ustedes venir a recogerme?' Así que trajimos a Rich y la reunión continuó.

Ese pequeño incidente ilustra exactamente la clase de persona que es Rich DeVos. Esta comprometido con su fe y su iglesia, vuela miles de millas para asistir a una reunión de Junta de la iglesia. Y es persistente, golpeará y golpeará a la puerta, y si eso no funciona, buscará un teléfono y lo hará timbrar hasta que alguien conteste. Esas cualidades, fe, compromiso y persistencia, han hecho de Rich la persona que es hoy".

Cuando Rich se pone de pie para hablar, se presenta a sí mismo en los términos más sencillos. Él dice: "Soy sólo un pecador salvado por gracia'". Incluso en entornos seculares ante públicos seculares, Rich audazmente basa su identidad en su fe.

Rich me explicó sus motivos para presentarse de esa forma: "Hace años fui invitado a hablar en una conferencia de banqueros en Mackinac Island. El maestro de ceremonias me dio una introducción larga y pomposa. Seguía y seguía. Cuando finalmente me puse de pie para hablar, dije: 'Vamos. Yo sé quién soy en realidad. Soy sólo un pecador salvado por gracia'. La frase simplemente fluyó.

> *"Rich DeVos cree sinceramente en la Biblia y en su fe cristiana. Es uno de los pocos hombres verdaderamente ricos que conozco que trata igual a todas las personas, como seres humanos hechos a la imagen de Dios. Rich se apoya en su fe para superar obstáculos como las críticas que ha recibido con los años como Cofundador de Amway y prominente pensador conservador. Su fe y valor me dan un ejemplo que trato de emular".*
> —Glenn Steil, ex Senador del Estado de Michigan y líder ejecutivo de Grand Rapids

Pocos años después recibí una nota de un hombre que estaba entre el público de esa conferencia. Él escribió: 'Cuando usted dijo eso, algo me golpeó como un rayo. Sabía que también era un pecador y que tenía que cambiar mi vida'. Dios usó esa frase para traer convicción al alma de este hombre. Así que hoy, cuando me invitan a hablar, le digo al público: 'Soy sólo un pecador salvado por gracia'. Sin importar cualquier pomposa introducción, eso es lo que realmente soy. Lo digo prácticamente en cada sesión".

Por muchos años, Rich llevó consigo tarjetas que les entregaba a las personas que conocía. Las tarjetas tenían impresas estas palabras:

Discúlpeme, ¿me permite hacerle una pregunta?
Espero no ofenderlo, pero si usted muriera hoy ¿sabe dónde pasaría la eternidad? La Biblia dice que será o en el cielo o en el infierno.
¿Podría, por favor, considerarlo? Gracias y que Dios lo bendiga.
Rich DeVos

Esa tarjeta es una descripción exacta del corazón y el alma de Rich. Él está completamente dedicado a su Señor, Amigo y Salvador Jesucristo, y quiere que todo el mundo lo sepa. Algunos creen que la fe es una cuestión privada, y que es mejor mantenerla sólo para uno. Rich no. "La fe no es pasiva ni privada", dice. "La fe es activa. Es algo que vives y declaras".

Quienes han conocido a Rich por más tiempo, dicen que siempre ha sido muy abierto e intrépido respecto a declarar su fe en Dios. El ex empleado Jim DeVos me contó esta historia: "Un empleado asistió a un seminario en la Costa Este. En el seminario conoció a un hombre que servía como alguacil en un pueblo del Sureste.

'¿Con qué empresa trabaja?' preguntó el alguacil. 'Alticor', dijo el empleado. 'Es una empresa internacional de ventas directas con sus oficinas principales en Ada, Michigan'. El alguacil dijo '¿En serio? Yo conocí a un hombre de Ada, Michigan. Me pregunto qué habrá sido de él'.

El alguacil procedió a explicar que, cuando estaba en el ejército había estado en la misma unidad del cuerpo de la Fuerza Aérea con un joven de Ada. Ese hombre había hecho un gran impacto porque era el único del cuartel que sin falta se arrodillaba al lado de su litera todas las noches y oraba. Sólo alguien que estuviera completamente seguro de su fe en Dios sería así de intrépido.

El empleado de Amway le preguntó al alguacil si recordaba el nombre del joven que oraba en el cuartel. 'Sí, lo recuerdo', respondió el alguacil. 'Su nombre era DeVos, Rich DeVos. ¿Por qué, lo conoce?' Al empleado le alegró poder decirle a este alguacil qué había sido de la vida de Rich DeVos después de la guerra".

> *"Rich cree en absolutos, y su fe es la base de su vida".*
> —Helen DeVos, esposa de Rich

La fe de Rich permea cada aspecto de su vida, incluyendo su decisión de involucrarse en el mundo de los deportes profesionales. "Cuando se presentó la oportunidad de comprar los Orlando Magic en 1991", recuerda Rich, "nuestra familia se reunió a orar por eso. Anteriormente habíamos hablado sobre comprar a los Dallas Cowboys, pero había un problema importante: el fútbol profesional se juega los domingos. La NFL habría abrumado completamente nuestra vida todos los domingos durante la temporada de futbol americano. Sentimos que nuestra vida de iglesia se habría visto comprometida".

Rich y su familia decidieron que querían participar en deportes profesionales como una manera de expandir su influencia por Jesucristo. Los Orlando Magic les dieron el medio perfecto. No sólo el ser dueño de un equipo de la NBA le da a Rich acceso a las páginas de deportes nacionales y a los micrófonos de ESPN, sino que también le da todo un grupo de celebridades influyentes con quienes hablar de su fe. "Oro con el equipo al comienzo de cada temporada", dice Rich, " y los jugadores responden a eso. Les hago saber que estoy disponible para ellos durante todo el año. Disfruto hablar con los jugadores acerca de la fe y los valores de vida".

En su libro *Hope From My Heart*, Rich escribe: "Pongo mi confianza en Dios y Su Hijo Jesucristo. Mi fe cristiana es el cimiento sobre el cual está fundado todo lo demás en mi vida, es el activo más importante de mi vida. Creo que el verdadero éxito, en cada aspecto de nuestra vida, depende de un inquebrantable fundamento de fe cristiana. Sin fe en un Dios creador y personal, el universo es un lugar sin sentido, nada en la vida tiene dirección y los principios morales son imposibles. Sin fe en el Dios personal de la Biblia y sin el conocimiento de Su Palabra, nadie tiene un mapa acertado para la vida". ¿En qué consiste la fe de Rich? ¿Cómo podemos conocer a Jesucristo de manera personal, como lo conoce Rich? Rich explica el evangelio con una sobresaliente sencillez:

> *"Rich DeVos tiene un compromiso poco común con su fe. Muchos líderes ejecutivos están comprometidos con sus empresas. Rich ha mantenido su compañía subordinada bajo su fe. Muchos que dicen ser cristianos actúan como si su Dios ya no viviera. Puedes ver que Dios está vivo y muy involucrado en la vida de Rich DeVos".*
>
> —Max DePree, autor de libros éxitos de ventas y ex Director General de Herman Miller, Inc.

"El hombre está separado de Dios debido al pecado", dice. "Pero Dios envió a Su Hijo, Jesucristo, a nacer como niño para poder unir la brecha entre Dios y la humanidad. Como hombre, Cristo murió en la cruz para pagar por nuestros pecados. No podemos comprar o ganarnos nuestra salvación. La buena noticia es que la salvación es un regalo de Dios para todo el que acepte a Jesucristo como su Salvador. Puedes llegar a conocer a Dios al admitir que eres un pecador y pedirle a Cristo que te acepte. Todo lo que se necesita es una fe verdadera y una sencilla oración. Jesús mismo explico esto: 'Porque tanto amó Dios al mundo, que dio a Su Hijo Unigénito, para que todo el que cree en Él no se pierda, sino que tenga vida eterna' (Juan 3:16, La Biblia, edición Reina Varela, NVI)

Compartir mi fe es lo más sencillo del mundo. Lo único que hago es mostrarles a los demás que estoy interesado en ellos. Disfruto hacerles preguntas y saber en qué creen. Pregunto: '¿A qué iglesia asistes? ¿En qué crees?'. Hablamos de lo que creen y luego me preguntan en qué creo yo. Nunca impongo mi fe sobre los demás. No tengo que hacerlo. Usualmente me preguntan, y luego les hablo de mi amigo Jesús".

Un cimiento de fe

Sólo Dios sabe cuántas personas han encontrado fe en Jesucristo por medio del sencillo mensaje cristiano de Rich DeVos. Una pareja que encontró a Cristo por medio de la vida y las palabras de Rich, son los empresarios independientes Dan y Bunny Williams. "Rich nos presentó a su amigo Billy Zeoli", me dijo Dan. "Billy es un amigo cercano de Rich y su consejero. Bunny y yo podíamos ver que Rich y Billy tenían algo muy especial, algo que no teníamos. No sabíamos qué era, pero los dos lo queríamos".

"Al hablar con ellos y conocerlos", dijo Bunny, "vimos que lo que Rich DeVos y Billy Zeoli tenían era una profunda relación con el Señor Jesucristo. Debido a esos dos hombres cristianos y la manera de ser tan abierta respecto a su fe, Dan y yo oramos y le pedimos a Jesús que fuera nuestro Señor y Salvador. Nuestras vidas han sido bendecidas de muchas maneras debido a nuestra amistad con Rich DeVos, pero la mayor bendición de todas fue cuando Rich y Billy nos presentaron a Jesucristo".

Dennis Delisle es ex Presidente de la Junta de la Asociación Internacional de Empresarios Independientes. "La primera vez que Rich DeVos llegó a mi vida", él recuerda, "yo era estudiante de tercer año de la Universidad Estatal San José. En esa época mi mente estaba absorta por la ética situacional y el relativismo moral que aprendía en mis clases de universidad. Traté de explicarle a Rich por qué el relativismo moral era más válido que los absolutos basados en la fe en la que él creía. Rich respondió: 'Dennis, si está en contra de la Biblia, está mal'. Pensé al respecto y desperté al darme cuenta que Rich tenía razón y mi profesor de la universidad estaba equivocado.

"La fe está entretejida en la tela de la vida de Rich. Su optimismo fluye de su fuerte fe en Dios. Seguro, Rich sabe que en el mundo hay maldad, pero tiene la confianza de que Dios está en control. Si las cosas van bien para Rich, él le da a Dios el crédito. Si las cosas van en su contra, él no culpa a Dios. Él acepta las derrotas junto con los triunfos, y sigue confiando en Dios, sin importar qué surja en su camino".
—Bill Nicholson, ex Jefe de Operaciones de Amway

No mucho después de eso, hice un viaje con Rich a Rio de Janeiro y tuve mucho tiempo para sentarme a hablar con él y absorber de su sabiduría. Yo era un joven duro y ambicioso en mis veintes y pensaba que estaba conquistando el mundo. Al ver la vida de Rich, vi que una persona podía tener éxito y ser influyente, y al mismo tiempo mantener firme su fe cristiana. Su fe hizo un impacto positivo sobre mí. Fue en ese tiempo que oré para recibir a Jesucristo como mi Señor y Salvador.

Rich no sólo estaba interesado en ver que yo me hiciera cristiano. Él quería que yo creciera como cristiano. En una ocasión me preguntó: 'Ahora que eres creyente, ¿qué estás aprendiendo? ¿Cómo estás creciendo?' Me animó a estudiar la Biblia y a orar. Dijo: 'Pídele al Espíritu Santo que te dé sabiduría. Él guiará tu vida y te mostrará qué creer'".

Billy Zeoli recuerda: "Un domingo, Rich y yo hablamos juntos en la capilla de los Yankees de New York. Después, el lanzador

"Las riquezas, el amor, el gozo y el regocijo de la vida, sólo pueden encontrarse mirando hacia arriba. Éste es un mundo emocionante. Está lleno de oportunidades. Hay grandes momentos a la vuelta de cada esquina".
—Rich DeVos

Ron Guidry se nos acercó y era evidente qué estaba buscando. Yo lo dirigí a Rich y él le dijo a Ron: 'Aquí hay tres tipos de pecadores. Está el pecador ejecutivo, el pecador predicador y el pecador beisbolista'. Ron estaba completamente listo para comprometerse con Cristo, y Rich tuvo el privilegio de orar con Ron para que diera ese paso".

> *"Cada vez que veo a Rich, él me dice lo emocionante que fue para él verme predicar en el funeral de Mickey Mantle. Rich ama al Señor y su mayor gozo es ver a la gente escuchando y recibiendo el evangelio".*
> —Bobby Richardson, ex segunda base de los Yankies de New York.

Rich está tan dispuesto a compartir su fe ante grupos como en situaciones uno a uno. Elsa Prince-Broekhuizen es la madre de Betsy DeVos, la esposa del hijo de Rich, Dick. "La fe de Rich sencillamente es parte de su vida", me dijo Elsa, "y es completamente abierto al respecto. Puede estar en un banquete o una reunión y dice: 'Nuestra costumbre es orar al Señor en un evento como este', y hace una oración. Desde su cirugía de corazón, es incluso más intrépido en cuanto a su fe porque cree que para eso es que Dios lo salvó".

Howard Edington, ex pastor principal de la Primera Iglesia Presbiteriana en Orlando, dice: "Rich DeVos no divide su vida entre lo sacro y lo secular. En su vida, *todo* es sagrado. Raspa la superficie de su vida y descubrirás que su fundamento de fe es inequívoco".

El hijo mayor de Rich, Dick, dice: "La fe de papá está entretejida en su cosmovisión y en todo lo que hace. Su fe no es una profunda teología intelectual, sino una sencilla relación de confianza con Dios. Es absoluta en cada área de su vida. Es la brújula por la que él se guía".

El hijo menor de Rich, Doug, añade: "Papá practica su fe amando a Dios y a su prójimo, y no lo deja sólo en debates teológicos. Cuando surgen las preguntas profundas acerca del nacimiento virginal o algún otro asunto teológico, papá dice: 'No sé. Es un misterio. Sólo lo acepto por fe. ¿Por qué quedarse en discusiones doctrinales? Lo único que sé es que Dios me ama, y Jesús murió por mí'".

Quienes conocen mejor a Rich dicen que son la misma fe cristiana y los mismos valores de Rich DeVos y Jay Van Andel los que les han permitido a los dos mantener una sociedad de negocios tan estrecha y exitosa con el paso de los años. El hijo de Jay, Steve, ahora Presidente de Alticor, dice: "Papá y Rich tienen un mismo esquema de creencias que rodea sus vidas y sus negocios. La fe en Jesucristo mantiene unidos a Rich y a papá. Ella suavizó todos los puntos ásperos de su relación de negocios.

En la mayoría de negocios familiares, las cosas pueden colapsar cuando la segunda generación se hace cargo. Pero las familias DeVos y Van Andel han basado su vida en la misma fe y valores que tienen los fundadores. Estamos construyendo ese mismo fundamento en la vida de nuestros propios hijos".

El hijo de Rich, Doug, afirma: "La razón por la cual papá y Jay trabajaron tan bien juntos", dice, "es porque siempre han sido hombres de integridad y de una fuerte fe cristiana. Ellos creían que eran parte de algo más grande que ellos mismos. Ellos querían usar su empresa para servir a Dios e impactar vidas. Ellos sentían que Amway era una empresa especial porque era una empresa de Dios. Si algo salía mal, ellos nunca dijeron 'Es tu culpa', o 'Te lo dije'. Ellos nunca se echaron culpas; sólo resolvieron problemas. La siguiente generación de los DeVos y Van Andel ve la vida de la misma manera. Todos nos sentimos responsables de ser buenos mayordomos de las bendiciones de Dios".

"Admiro, respeto y amo a Rich DeVos y le doy gracias al Señor por él. Con los años he conocido a muchos gigantes ejecutivos que sirven al Señor, como J. C. Penney, el señor Kraft, de Alimentos Kraft y Art DeMoss, para nombrar algunos. Rich DeVos definitivamente está en esa lista. Pocos han logrado más que él y en medio de todos sus logros, ha traído a miles al Reino de Dios".
—Doctor Bill Bright, Fundador de Cruzada Estudiantil para Cristo

Muchos creen que la etiqueta de Rich de Cristianismo completamente abierto ya está fuera de moda. Con frecuencia escucharás gente decir, "Ah, yo soy muy espiritual, pero no religioso. Puedo salir al bosque o a la playa y alabar a Dios. No necesito encontrar a Dios en un edificio con música de órgano y vitrales".

Ante esas objeciones la respuesta de Rich es: "Necesitamos a Dios y necesitamos ser parte de una comunidad de adoración. No veo a la iglesia como un sitio al que tengo que ir. Es un lugar al que amo ir porque puedo compartir mi fe con una comunidad de creyentes y unirme con ellos en alabanza a Dios. La iglesia para mí no es un edificio. Es la gente, y me encanta estar con la gente. En mi comunidad de adoración, tenemos compañerismo juntos, nos edificamos unos a otros, y nos animamos unos a otros para poder volver al mundo y vivir nuestra fe en las trincheras del mundo real".

Aunque Rich DeVos tiene una fe firme en Jesucristo, le interesan mucho las creencias religiosas de otras personas. "Rich viene de un trasfondo holandés reformado", dice su amigo Paul Conn, "el cual no es exactamente conocido por ser muy inclusivo. Pero Rich practica su fe de una manera notablemente inclusiva. Él no es rígido ni juzga las otras fes. Él es de mentalidad asombrosamente abierta y curiosa acerca de las creencias de otros. Me he sentado en discusiones que ha tenido con personas de otras religiones y siempre está interesado en escuchar los puntos de vista de los demás. Es inquieto y siempre quiere saber de dónde viene otra gente".

Arend Lubbers, ex Presidente de la Universidad Estatal Grand Valley, dice: "Aunque Rich es firme en sus creencias evangélicas conservadoras, siempre se adapta a quienes no creen lo que él cree. Él recibe a las personas como amigas, así sus creencias sean muy diferentes. Encuentra una zona de comodidad con la gente".

> _"Nunca había hablado en público acerca de mi fe cristiana hasta que conocí a Rich DeVos. Él me enseñó a tener seguridad y a ser audaz acerca de mis convicciones"._
> —Dexter Yager, empresario independiente

El hijo de Rich, Doug, ofrece un ejemplo de la manera como Rich audaz y públicamente practica su propia fe mientras alcanza a personas de otras religiones. "La oración es una parte natural de la vida de papá", me dijo Doug. "Puede estar hablando en un evento público o en una reunión, y dirá: 'Bien, es hora de orar'. En una ocasión papá oró en una reunión pública, y como siempre lo hace, terminó su oración en el nombre de Jesús. Luego, un hombre judío tomó a papá aparte y le dijo que estaba ofendido por el uso del nombre de Jesús. Ahora, papá no va a dejar de orar en el nombre de su Señor, pero entendió completamente el problema del hombre. Así que papá dijo: 'Bien, la próxima vez oras tú'. Y eso estuvo bien para el judío".

La gente le ha preguntado a Rich si Amway es una organización cristiana. "Completamente no", él responde. "En Amway hay muchas personas maravillosas que son cristianas, pero también hay buenas personas de otras religiones que hacen parte de Amway. El hecho es que una organización no puede ser cristiana. Sólo las personas pueden ser cristianas, porque el Cristianismo es una relación personal entre Jesucristo y un ser humano individual. Nunca usaría el evangelio cristiano para promover Amway, ni usaría a Amway como medio para imponer mis creencias religiosas a otras personas.

Ahora, es cierto que no soy tímido respecto a discutir mi relación con Jesús a dondequiera que voy, incluyendo las reuniones de Amway. Siempre me presento como un pecador salvado por gracia, porque eso es lo que soy. No puedo dividirme y decir: 'Esto es lo que soy los domingos y esto es lo que soy el resto de la semana'. Soy un cristiano veinticuatro horas al día, siete días a la semana. No hay parte de mi vida que no ponga bajo el señorío de Jesucristo.

En una ocasión alguien le pregunto a Jesús: '¿Cuál es el gran mandamiento?' Jesús dio una respuesta muy sencilla: 'Ama a Dios', dijo, 'y ama a tu prójimo como a ti mismo'. Ese mandamiento es la fuente de todos mis valores. Sé que Dios me ha puesto en esta tierra para amarlo y amar a otros como me amo a mí mismo. Eso puede sonar como demasiado simplista, pero eso es lo que dijo Jesús, y es en lo que fundamento mi vida. En ocasiones fallo en lograr ese estándar, pero siempre es mi meta".

> *"A medida que los años avanzan, Rich se hace más intrépido al expresar públicamente su fe en Cristo. Lo he visto hacerlo incluso en situaciones que no son políticamente correctas. Él se sale con la suya debido a su obvia sinceridad y encanto personal".*
> —Vern Ehlers, Congresista de los Estados Unidos

¿Por qué Rich DeVos depende de su fe tan fuertemente? Es exitoso. Es adinerado. Tiene fama y es influyente. ¿Acaso todo eso no es suficiente para satisfacer al ser humano? "Sin fe", dice Rich, "ninguna cantidad de éxito te satisfacerá. La vida es vacía sin Dios. No hay significado, no hay propósito en la vida si no conoces a Jesús como tu Señor y Salvador. Jesús mismo lo explicó perfectamente cuando dijo: '¿Qué de bueno es para un hombre si gana todo el mundo, pero pierde su alma?'. ¿Cuando te acerques al final de tu vida en la tierra, qué bien te harán la fama o las riquezas? En esta vida, sólo hay algo de lo que podemos depender completamente, y ese es Dios mismo".

El valle de la sombra de la muerte

Cuando Rich DeVos habla acerca de la mortalidad humana, habla con años de experiencia, tras haber sobrevivido a infartos, problemas cardiacos, una cirugía de bypass coronario en 1983, un accidente cerebro vascular, un ataque cardiaco y un segundo bypass en 1992, una infección por estafilococos y diabetes. En 1997 enfrentó el reto más duro de su vida. Su corazón de setenta y un años estaba fallando y los médicos le dijeron que sólo tenía una posibilidad de sobrevivir: con un trasplante de corazón. Esa única oportunidad se hacía más remota debido a la edad de Rich, a su historia de mala salud y a un raro tipo de sangre, AB positivo. Para comenzar, los donantes de órganos son escasos, pero los factores especiales en el caso de Rich reducían sus posibilidades a algo así como una en un millón.

Los médicos pasaron meses buscando un cirujano que recibiera su caso, pero cada cirujano al que contactaban, se rehusaba. Finalmente un doctor accedió a considerar a Rich como candidato, el Profesor Sir Magdi Yacoub, un cirujano torácico y cardiovascular, nacido en Egipto, que trabajaba en el

"Una persona pobre puede vivir toda su vida con la desilusión de que si sólo tuviera suficiente dinero, todos sus problemas desaparecerían. Cuando obtiene una fortuna, descubre cuán limitado puede ser el dinero porque no puede comprar la paz mental. No puede sanar relaciones rotas o darle significado a una vida que no lo tiene. No puede aliviar la culpa o hablar a las grandes agonías del corazón roto".

—Rich DeVos

Hospital Harefield en Londres. El Profesor Yacuob era un investigador de trasplantes que se especializaba en casos inusuales y retadores que extendían las fronteras del conocimiento médico. La rara combinación de problemas en el caso de Rich, representaba exactamente la clase de reto que el Profesor Yacoub estaba buscando.

Adicionalmente a los problemas médicos de Rich, había que superar obstáculos legales a fin de que él recibiera un nuevo corazón. Según la Ley británica, Rich no podía recibir un nuevo corazón si también había un británico que fuera apto para un órgano disponible. "Literalmente yo era la última persona de la lista para recibir un nuevo corazón", recuerda Rich. "Si iba a recibir uno, tendría que ser todo un milagro. Todas los posibilidades estaban en mi contra".

En enero de 1997, Rich voló a Londres, junto con Helen y dos de sus hijos para someterse a cuatro días de pruebas y evaluaciones. Allá Rich se enteró que lo que inicialmente había parecido un punto en su contra, su extraño tipo de sangre, sencillamente podía resultar ser una bendición disfrazada. Como los donantes de AB positivo son tan escasos, los corazones de AB positivos no son fáciles de encontrar, pero la rareza de ese tipo de sangre también significa que hay pocos pacientes AB positivos en la lista de espera en cierto momento. Así que si no había individuos británicos esperando cuando hubiera un corazón disponible, un no británico como Rich, podía recibir un corazón que de otra forma podría desperdiciarse. El extraño tipo de sangre de Rich, un punto en su contra en los Estados Unidos, se convirtió en un factor a su favor en Inglaterra.

Aun así, encontrar un nuevo corazón para Rich DeVos no era fácil. Rich tuvo que permanecer en una habitación de hotel en Londres, cerca de un buscapersonas constantemente. Si había disponible un donante de corazón, Rich tendría que ir rápidamente y de inmediato al hospital. Un corazón donado no puede permanecer fuera del cuerpo por más de cuatro horas. Cada segundo cuenta. Como todo resultó, Rich esperó en esa habitación de hotel en Londres por cinco meses hasta que hubo un corazón disponible. A medida que la espera se prolongaba, el propio corazón de Rich siguió deteriorándose. Se debilitaba con cada día que pasaba.

Mientras Rich esperaba, su esposa Helen estaba constantemente con él. Sus cuatro hijos (Dick, que tenía cuarenta y un años en ese tiempo; Dan, de treinta y nueve; Cheri, de treinta y seis; y Doug, de treinta y tres) se turnaban para visitarlo junto con los nietos. Todos los días, Rich y Helen leían la Biblia juntos concentrándose especialmente en pasajes tan amados como Filipenses 4:4-7. El versículo 4 (la Biblia, edición Reina Varela, NVI) dice: "Estén siempre llenos de alegría en el Señor. Lo repito, ¡alégrense!".

Finalmente, a comienzos de junio de 1997, el buscapersonas sonó. Había un corazón disponible. Rich fue trasladado al Hospital Harefield y preparado para cirugía.

Un donante de un corazón vivo

El nuevo corazón de Rich se hizo disponible debido a una alta y muy poco probable, e incluso milagrosa, cadena de circunstancias. Al mismo tiempo que Rich estaba esperando su nuevo corazón, una mujer estaba esperando sus nuevos pulmones y ella tenía el mismo extraño tipo de sangre AB positivo que Rich. El corazón de la mujer era fuerte y saludable porque había estado esforzándose más para compensar sus debilitados pulmones. Pero su corazón tenía agrandado el ventrículo derecho, lo cual lo hacía inapropiado para casi cualquier receptor. Milagrosamente, era ideal para Rich DeVos. Su corazón también estaba agrandado en el lado derecho debido al esfuerzo generado por un edema pulmonar, (una acumulación de fluidos en los pulmones). Para quienes creen en Dios, es más que mera coincidencia que el corazón de aquella mujer fuera exactamente del tamaño ideal, forma y tipo para el cuerpo de Rich.

> *"Todos los días la gente pierde oportunidades de oro debido al temor al rechazo, le temen a lo que los demás puedan decir. No puedes dejar que el temor al rechazo te detenga. Cuando yo necesité un nuevo corazón, batallé a diario contra el rechazo, fui rechazado por todos los cirujanos de trasplante de corazón de los Estados Unidos. Pero no dejé que eso me detuviera. Incluso después de una exitosa cirugía de trasplante de corazón, tuve que lidiar con el temor al rechazo, la posibilidad de que mi cuerpo pudiera rechazar mi nuevo corazón. A lo largo de toda mi vida, he enfrentado el rechazo y he ganado. Es por eso que hoy estoy vivo".*
> —Rich DeVos

> *"Sé que el Señor está a cargo de mi vida. Y si él quiere que yo viva más, entonces esto va a salir bien. Y si él dice, 'Eso es todo', entonces está bien. Sé hacia dónde me dirijo y tengo paz. No le temo a morir".*
> —Rich DeVos, justo antes de la cirugía de trasplante de corazón

Sólo había una cosa que le impedía a Rich recibir el pulmón de esa mujer: ella todavía lo estaba usando. Pero un día, después de Rich haber estado esperando por cinco meses en un hotel de Londres, todo cambió. Se había hallado una víctima de un fatal accidente automovilístico en la República Checa que tenía un par de pulmones y un corazón sin daños, y con el extraño tipo de sangre AB positivo. En casos de trasplante de pulmones, los cirujanos prefieren reemplazar el corazón y los pulmones al mismo tiempo porque eso aumenta las posibilidades de supervivencia. Así que la mujer iba a recibir un corazón nuevo y unos pulmones de la víctima checa del accidente automovilístico, y Rich DeVos recibiría el corazón saludable de la mujer. De la trágica muerte accidental de una persona, dos personas recibirían el regalo de la vida.

> *"Poco después de la cirugía de trasplante de Rich, estaba hablando con él por teléfono y usé una expresión que siempre uso: 'Bendiciones para tu corazón'. De inmediato Rich dijo: '¿Cuál?'".*
> —John Haggai, Fundador y Presidente del Instituto Haggai

Rich fue llevado en silla de ruedas a la sala de cirugía, sabiendo que su propio corazón estaba por ser removido de su cuerpo y desechado. Si todo salía bien, recibiría un nuevo corazón y una nueva oportunidad en la vida. Si la operación fallaba, él sabía que la pregunta de su destino eterno ya estaba definida. Iría a dormir en la tierra y despertaría en la presencia de Dios.

La cirugía duró cinco horas y fue completada sin problemas. Luego vino la verdadera prueba de Rich, un largo proceso posoperatorio de dolor, debilidad, pesadillas inducidas por medicinas, despertar alucinando y temores de rechazo e infección. En los días siguientes Rich se sintió desorientado y luchó con la depresión, una experiencia extraña para el siempre optimista y luchador Rich DeVos.

Hablé con el Profesor Yacoub, el cirujano de Londres de Rich, y me dijo: "Rich es muy decidido, optimista y disciplinado. Todos estos rasgos se hicieron evidentes mientras él superaba la experiencia más difícil de su vida. Estoy convencido de que esos rasgos le permitieron superar la cirugía y la difícil recuperación posoperatoria".

Los médicos lo hicieron poner de pie lo más pronto posible. Era crucial que hiciera ejercicio y necesitaba la sensación de estar vivo, de estar de vuelta en el juego de la vida. Un día, mientras caminaba por un corredor del hospital para ejercitar sus músculos, conoció a una paciente que también estaba caminando por el corredor. Estaban en la zona de trasplantes así que era obvio que tenían algo en común. La mujer le sonrió a Rich y le dijo: "¿Entonces ahora tienes un nuevo corazón, cierto? ¿Cuándo lo recibiste? ¿En qué día? ¿A qué hora?" Rich le dijo.

El rostro de la mujer se iluminó. "¡Tú tienes mi corazón!"

Fue uno de los milagros más extraños. ¡Rich acababa de conocer a la mujer cuyo corazón estaba latiendo dentro de su propio pecho! ¿Quien creería que él tendría el privilegio de conocer y agradecerle al *donante vivo* de su nuevo corazón? "Ella estaba viva y bien, y recuperándose de su propio milagro", recordó Rich luego. "¡*Los dos* estábamos vivos!".

Tres semanas después de su cirugía, Rich pudo salir del hospital. Pasó un mes recuperándose en la villa de Viareggio en la costa de Italia, luego regresó a los Estados Unidos. Fue recibido en el Aeropuerto Internacional Gerald R. Ford en Grand Rapids por una multitud de familiares, amigos y seguidores que incluían a su madre de noventa y dos años, Ethel, y al Gobernador de Michigan, John Engler.

Cómo enfrentar la muerte como Rich

Rich DeVos ha vivido a la sombra de la muerte por muchos años y la manera como ha enfrentado su propia mortalidad es una inspiración para todos los que lo conocen. A continuación hay unas observaciones de primera mano de personas que han visto a Rich enfrentar las más grandes crisis de su vida con valor, serenidad y fe.

Dr. Rick McNamara, uno de los médicos de Rich:

"Conocí a Rich en 1992 en el momento de su peor ataque cardiaco. Llegó en ambulancia sufriendo fuertes dolores en el pecho. Cuando llegó lo vi en su punto más débil. La siguiente semana fue muy intensa mientras luchábamos por su vida. Me asombraba lo seguro que estaba.

Finalmente se le hizo una cirugía de bypass y salió muy bien de la operación. Pero luego una seria y enorme infección se introdujo. En ese punto vi la verdadera fuerza de Rich. Se requirieron tres cirugías para limpiar la infección.

El ataque cardiaco de Rich lo había dejado con un músculo cardiaco muy deteriorado y la infección lo había dejado muy débil. No tenía muchas posibilidades. Hablé con Rich y me dijo que estaba listo para morir. No quería morir, desde luego, pero su fe era fuerte y estaba preparado para irse.

Cuando surgió la posibilidad de un trasplante de corazón, se lo sugerimos a Rich y él dijo que lo iba a considerar. 'Me estaba preguntando si ustedes lo iban a mencionar', dijo. Él confiaba en que nosotros tomáramos las decisiones. Y confiaba en que Dios se haría cargo de los resultados".

Dick DeVos, hijo mayor de Rich:

"Papá estaba en un hotel de Londres esperando un trasplante de corazón para salvar su vida. Al mismo tiempo, estaba muy emocionado respecto al bote que había diseñado, el *Independence*. Lo estaban construyendo en Italia. Aunque papá estaba tan débil, apenas podía caminar, se sentaba en esa silla rodeado de planos de botes, gráficas del clima y guías de crucero.

Yo le dije: 'Papá, ¿cómo puedes hacer todo esto? Puede que nunca veas ese bote'.

'Probablemente viva para verlo, probablemente no', respondió. 'Es sólo un bote. Si muero, el bote se puede vender. Tengo fe en Dios así que no me preocupa morir. Si Dios me da más años de vida, entonces el punto es, ¿cuál es mi papel? ¿Qué quiere que haga luego?'.

Esa es la clase de actitud positiva que sólo es posible cuando tienes fe en Dios. Como papá cree que Dios está en control y hay un orden es este universo, él puede vivir con valor y optimismo incluso cuando los expertos médicos le decían: 'Eres demasiado anciano, no hay esperanza, este es el fin'".

Fred Meijer, líder comunitario y de negocios de Grand Rapids:

"Visitamos a Rich en Londres ocho días antes de su cirugía de corazón. Estaba muy enfermo y demasiado débil, pero estaba animado y seguro de que la cirugía iba a ser un éxito. No puedo imaginarme enfrentar algo así, pero el optimismo de Rich y su fe lo ayudaron".

Lynne Courts, sobrina de Rich:

"Fui a ver a Rich cuando estaba en Londres esperando su trasplante de corazón. Estaba terriblemente enfermo, pero no estaba deprimido. ¡De hecho estaba sentado en su habitación haciendo planes para su último bote! Pero ese es Rich, siempre mirando hacia el futuro, al siguiente reto, siempre planeando para el futuro y trabajando en su siguiente proyecto. Rich nunca se rendirá porque está muy lleno de vida. De eso es de lo que él se trata".

Joe Tomaselli Vice Presidente y Gerente General del Hotel Amway Grand Plaza:

"Cuando llegó el momento para que Rich recibiera un nuevo corazón, le pregunté si tenía miedo. Él dijo: 'No, tengo paz con el Señor y estoy preparado para el resultado. Si muero, sé que voy a estar en un mejor lugar'. Estaba muy calmado y en paz. De hecho fue un tiempo de gozo para él".

Doctor Oliver Grin, médico en Grand Rapids:

"Rich DeVos tiene una asombrosa actitud de optimismo y entusiasmo incluso cuando enfrenta enfermedades que amenazan con su vida. Estoy seguro que es esa actitud la que le ha permitido sobrevivir cirugía tras cirugía. Hablé con su esposa Helen respecto a su actitud y le pregunté si él pudo permanecer positivo incluso cuando la muerte se acercaba antes de su trasplante de corazón. Ella dijo que incluso cuando se debilitó al punto de apenas poder hablar, durante las últimas semanas antes del trasplante, su actitud positiva nunca menguó. Incluso al enfrentar una prueba tan increíble, sigue siendo optimista; él siempre tiene dos pulgares hacia arriba".

General Alexander M. Haig Jr.,
ex Secretario de Estado de los Estados Unidos:

"Rich demostró un notorio valor durante el tiempo que estuvo esperando un nuevo corazón. Su viejo corazón estaba fallando y las probabilidades de que un nuevo corazón estuviera disponible eran remotas. La mayoría de personas se habrían dado por vencidas, pero Rich esperó pacientemente en Londres, apoyándose en su fe en Dios".

Bob Vander Weide, yerno de Rich,
y Director General de los Orlando Magic:

"Hace unos años vi a Rich enfrentar su crisis de salud. Observé su paz mental. No había pánico, no había temor. Estuvo completamente tranquilo durante ese tiempo tan terriblemente difícil, porque toda su vida había estado concentrada en las cosas correctas".

Jay Van Andel, Cofundador de Amway:

"Desde el trasplante de corazón de Rich, su fe parece incluso más profunda. Habla con más libertad acerca de su fe y es más expresivo al respecto. Rich ve lo que Dios le ha dado así como lo que espera como consecuencia".

Bud Berends, viejo amigo de Rich:

"Cada año, Rich y Jay hacen una gran fiesta de Navidad en las oficinas principales de Alticor. La comida es tremenda, y siempre hay excelente música en vivo. Después de su trasplante de corazón, Rich empezó a hacer algo nuevo en la fiesta de Navidad. Para la música, se pone de pie ante al público y dice: 'Tengo un nuevo corazón. Tú también puedes tener un nuevo corazón. Lo único que debes hacer es confiar en Jesucristo'. Él nunca ha sido tímido en cuanto a su fe, pero desde su roce con la muerte, ha sido aún más audaz para hablar acerca de lo más importante en su vida, su fe en Jesucristo".

Al recordar, Rich ve su cercano encuentro con su mortalidad como un milagro de la asombrosa gracia de Dios: "Sólo un ciego espiritual no podría ver la mano de Dios en mis circunstancias", reflexiona en *Hope From My Heart*. "Pero aún quedó una pregunta: ¿Por qué yo? Todos los días mueren personas esperando un órgano donado... Definitivamente sólo había una explicación para un milagro como ese: la gracia de Dios y nada más. La gracia de Dios da esperanza en las situaciones donde no la hay".

"El abuelo cree en Jesús. Dice que siempre debemos confiar y creer en Él".
—Micaela DeVos, nieta de Rich (Hija de Doug y Maria)

Rich y Helen DeVos miran este nuevo capítulo en su vida como una emocionante aventura de fe en Jesucristo. La experiencia de Rich se parece mucho a un emocionante juego de la NBA. Los Orlando Magic van perdiendo por tres puntos mientras el reloj sigue en cuenta regresiva hasta cero. De repente, un increíble lanzamiento de tres puntos pasa por la red al momento que suena el timbre y el juego pasa a tiempo adicional.

Ahora mismo Rich está jugando su juego en tiempo extra. Todavía compite, sigue batallando, sigue divirtiéndose, sigue viviendo su sueño de éxito e influencia para Dios. "Dios todavía tiene algo importante para que Rich haga en esta vida", dice su esposa Helen. "Creo que esa es la razón por la cual todavía está vivo".

La fe de Rich ha conquistado sus temores, liberándolo para vivir la aventura de la vida. Nada lo detiene, ni siquiera su propia mortalidad. "No temo morir", dice. "Al enfrentar mi trasplante de corazón, descubrí que la paz de Dios es asombrosa. Conozco a Jesús y su amor, y quiero compartir ese amor con todo el mundo".

La nueva vida que recibió Rich por medio de su trasplante de corazón en 1997 es un símbolo de la nueva vida que Dios le ofrece a todos los que ponen su confianza en Él por medio de la fe en Jesucristo. Esto es lo que Dios dice en Su Palabra acerca del nuevo corazón y la nueva vida que quiere trasplantar en cada uno de nosotros:

"Los rociaré con agua pura, y quedarán purificados... Les daré un nuevo corazón, y les infundiré un espíritu nuevo; les quitaré ese corazón de piedra que ahora tienen, y les pondré un corazón de carne. Infundiré mi Espíritu en ustedes" (Ezequiel 36:25-27. la Biblia, edición Reina Varela, NVI). Ese es el mensaje y significado de la vida de Rich DeVos: ¡Ten fe, y Dios te dará un nuevo corazón!

CAPÍTULO 14

¡Mantén la mirada hacia arriba!

Ya leíste sobre cómo en 1949 Rich DeVos y Jay Van Andel se embarcaron en una aventura de navegación hacia el Sur, por la Costa Este de los Estados Unidos, rumbo al Caribe. Ellos habían planeado navegar hasta Suramérica, pero su bote se hundió en el Canal de las Bahamas. Aunque perdieron su bote (y con él una gran parte de su patrimonio neto), los dos jóvenes ventieañeros continuaron. Rogaron que los llevaran a Suramérica a bordo de un buque carguero, luego prosiguieron con su aventura a bordo de un avión saltacharcos, después en un bote a vapor y hasta en un tren con locomotora a vapor. Su viaje juntos fue más que sólo unas vacaciones tropicales; estuvo lleno de lecciones de vida respecto a actitud, carácter, y todo lo que se necesita para triunfar en la vida.

Veinte años después, en 1969, Rich DeVos y Jay Van Andel eran socios de negocios en una empresa con crecimiento realmente veloz llamada Amway, a la cual también posteriormente golpeó el desastre. Un incendió quemó completamente su planta de producción de aerosoles. La misma noche del incendio Rich y Jay se propusieron reconstruir la planta y avanzar, y así lo hicieron.

"Rich es positivo en cuanto a todo", me dijo su sobrino Randy Heys. "Él incluso puede ser positivo cuando lo critican injustamente. En una ocasión salió un artículo negativo en el periódico respecto a un asunto en el que él estaba involucrado. Le pregunté: '¿No te molesta que la gente te ataque y te diga que estás equivocado?'. Él respondió: 'No, eso nunca me molesta'. Rich jamás deja que las opiniones de otros lo desanimen. Él es una figura pública y la gente expuesta al público tiene que enfrentar muchos ataques injustos. Algunas personas contraatacan a sus críticos. Otros dicen: 'No tengo por qué soportar esto", y se alejan disgustados. Pero Rich simplemente deja los sinsabores en el pasado y sigue avanzando".

Cómo desarrollar carácter

"Rich DeVos me ha enseñado perseverancia en medio de tiempos difíciles. Amway siempre ha sido atacada y ridiculizada como 'aquel negocio de mercadeo multinivel'. Rich mantuvo su cabeza erguida y avanzó. Él es exitoso porque no escuchó las críticas. Él perseveró".
—Dr. Robert A. Schuller, Vicepresidente de Crystal Cathedral Ministries

Cualquiera que desee tener éxito y ser influyente como Rich DeVos, debería reconocer una verdad crucial: la vida está llena de golpes duros, y entre más exitoso e influyente seas, más fuertes los golpes. Si quieres ser como Rich DeVos, entonces debes desarrollar una actitud como la de él. Vas a necesitar un carácter como el suyo. Hay muchas actitudes y cualidades del carácter que definen a Rich DeVos. Pero a medida que nos acercamos al final de este libro, concentrémonos en sólo seis: persistencia, humildad, amabilidad, honestidad, capacidad para el trabajo duro y optimismo.

Primer rasgo esencial del carácter: persistencia

La existencia en sí de Amway es un ejemplo práctico de persistencia. A comienzos de los años 1960, durante el precario inicio de la compañía, Rich y Jay planearon un gran evento en Lansing, Michigan. Su meta: registrar doscientos nuevos distribuidores en el área de Lansing.

Habían publicado anuncios de radio en varias estaciones y comprado costosos anuncios en los periódicos de Lansing. Rentaron un auditorio de doscientas sillas. El día del evento, caminaron por las calles de Lansing entregando volantes e invitando personalmente a cientos de gente a que asistieran.

Esa noche salieron al escenario del auditorio y encontraron una audiencia de, ¿estás listo para esto?: *Dos personas*. Habían invertido varios miles de dólares e incontables horas para atraer una multitud, sin embargo la audiencia que llegó no habría llenado una cabina telefónica. Habiendo gastado en promoción todo lo que tenían, Rich y Jay no pudieron pagar una noche de hotel. Así que condujeron de vuelta a casa esa noche, llegando a las 2 a.m.

Muchos lo habrían dado por terminado ahí mismo. Rich y Jay perseveraron. Después de un inicio tan poco firme, ¿cómo es que Amway finalmente tuvo éxito? En *Believe! (¡Cree!)* Rich dice que sólo hay una respuesta: "La persistencia ha sido la clave, no la planeación brillante, ni pura suerte, ni la planeación inteligente".

La perseverancia literalmente ha sido una cuestión de vida o muerte para Rich DeVos. Ha estado cara a cara con su propia muerte en varias ocasiones desde su primer bypass cardiaco en 1983. En 1997, cuando su corazón estaba fallando y su única es-

"La persistencia es terquedad con propósito. Es determinación con una meta en mente".
—Rich DeVos

peranza era una cirugía de trasplante de corazón, su cirujano de Londres entrevistó a Rich, le hizo una serie de preguntas duras y de prueba: ¿Cuán fuerte es tu voluntad para vivir? ¿Eres un luchador? ¿Estás listo para enfrentar una prueba de dolor y sufrimiento mental a fin de seguir vivo? El doctor quería saber: ¿Rich se dará por vencido ante la vida cuando el dolor se haga demasiado intenso, o persistirá en medio del dolor y seguirá luchando? La cirugía de trasplante es difícil y costosa, y sólo valdría la pena hacerla si Rich estaba dispuesto a perseverar. Rich y el doctor tuvieron una buena conversación y al terminarla el doctor sabía que su paciente era un luchador. Si alguien tenía la voluntad para vivir, ese era Rich.

Rich ha enfrentado cada reto en su vida con inflexible determinación y perseverancia. Recordando una vida de retos y victorias logradas con mucho esfuerzo, él reflexiona: "Si tuviera que elegir una cualidad, una característica personal que considero como la más correlacionada con el éxito en cualquier campo, elegiría el rasgo de la persistencia. Es la disposición a soportar hasta el fin, ser derribado setenta veces diciendo: '¡Aquí viene la setenta y uno!'".

Su amigo, Michael Novak, autor y maestro del Instituto American Enterprise, me describió la perseverancia de Rich DeVos: "Rich tiene la capacidad de enterrar sus dientes sobre algo y luego no soltarlo, como un bulldog. Cuando ya se ha involucrado, se aferra a eso contra viento y marea. Muchos renuncian cuando ven que renunciar es una opción razonable. Pero un holandés persistente como Rich DeVos nunca considera

"Estaba en el fondo cuando comencé con Amway. Rich sabía que yo estaba luchando, así que me dijo: '¡Tony, no te atrevas a darte por vencido!' Y nunca lo he hecho".
—Tony Renard, empresario independiente

que renunciar sea una opción razonable. Él sigue hasta ganar. Esa es su genialidad. Ese es el secreto de su éxito".

La perseverancia es más determinante en el éxito o fracaso de una persona que cualquier otro factor. Es más importante que el intelecto, el talento, la salud, las habilidades de expresión, el carisma personal, el atractivo físico o cualquier otra ventaja. Te pueden faltar la mayoría o incluso todas estas ventajas, pero aún así puedes ganar y tener éxito si tienes la obstinada determinación de nunca darte por vencido. "La persistencia viene de un profundo lugar del alma", dice Rich. "Es una compensación dada por Dios para lo que nos falta en otras áreas de nuestra vida. Nunca subestimes su poder".

Este mensaje de éxito por medio de la persistencia se ha comunicado por medio de la familia extendida de Rich. El sobrino de Rich, Todd Courts, dice: "Rich y sus dos hermanas crecieron en Baldwin Street y vienen de una familia humilde. Su cuna era un cajón en el vestidor de la habitación. Partiendo de esos comienzos humildes, Rich logró una increíble fortuna con trabajo duro y perseverancia. Él sabe lo difícil que es ganarse un dólar y le muestra a la gente lo que se puede lograr con persistencia. En mi oficina tengo un cartel con un gran título: '¡Cree y triunfarás!'. Debajo de ese título hay una cita de Rich: 'Lo único que se interpone entre un hombre y lo que quiere en la vida, por lo general es sólo la disposición a intentarlo y la fe para creer que es posible'. Esa es la lección de la vida de Rich: sueña grandes sueños, cree y aférrate a ellos sin importar nada, y triunfarás".

Segundo rasgo esencial del carácter: humildad

John E. Avellan era el administrador de una oficina de aeropuerto de Avis Rent A Car cuando conoció a Rich DeVos en el mostrador de Avis en el aeropuerto de Orlando, sólo unos meses antes que Rich comprara la franquicia de los Orlando Magic.

"Antes de ese día nunca había escuchado del señor DeVos", recuerda John. "Estaba devolviendo su auto rentado y dijo que era una cuenta corporativa y no debía cargarse ningún seguro. Miré el contrato y dije: 'Debo hablar con mi jefe al respecto'. Desafortunadamente era una hora fuera del horario regular y nuestra oficina de cuentas corporativas estaba cerrada, así que tuve que volver con el señor DeVos y decirle que no podía obtener una autorización para quitar los cargos de seguro.

Él dijo: '¿Usted sabe quién soy yo?'. Ahora, había escuchado esa pregunta muchas veces antes. Me la han hecho estrellas de rock, presidentes de corporaciones, políticos y figuras deportivas. Cuando alguien hace esa pregunta, generalmente viene acompañada por una diatriba airada. Siempre recibo lo peor. Pero había algo en cuanto a la manera como el señor DeVos hizo esa pregunta, algo en su conducta, que era muy diferente.

Le dije: 'No, lo siento. No sé quién es usted'.

Él sonrió e incluso se rió un poco. 'No se preocupe', dijo. 'Haré que mi empresa se ocupe del asunto del seguro. Gracias por revisarlo'. Y se fue a

abordar su avión. Bueno, vi que debía haber sido alguien muy importante
pero también muy amigable y amable. Eso dejó una impresión en mí. Hasta
el día de hoy recuerdo los detalles de ese encuentro, el hecho de que el señor DeVos haya entregado un Chevy Corsica, con cerca de siete mil millas
en él, el hecho de que estaba usando una chaqueta de paño café y una camisa de color crema. Recuerdo esos detalles diez años después porque esa
es la clase de impacto que el señor DeVos hizo en mí.

Unos días después estaba leyendo la
sección deportiva del diario *Sentinel* de Orlando y vi una fotografía del señor DeVos,
el mismo hombre que había conocido. Leí el
artículo y me enteré que era un billonario y
estaba por convertirse en el nuevo propietario de los Orlando Magic. Y supe algo acerca
de él que el diario no informó: el señor De-
Vos es un hombre humilde y afable. A pesar

> *"El señor DeVos es muy humilde*
> *y con los pies en la tierra.*
> *Es cálido y amigable con*
> *todo el mundo".*
> —Fume Tolonen, empleado del
> Hotel Amway Grand Plaza

de toda su fortuna e influencia, él no siente la necesidad de usar su importancia a su favor, o intimidar a los demás para obtener lo que quiere. Él es
un verdadero caballero, razón por la cual ha desarrollado una organización
de caballeros como John Gabriel, Doc Rivers, Pat Williams y muchos más.
Su actitud de caballerosidad y humildad debe ser contagiosa".

El viejo amigo de Rich, John Bissell, Presidente de Bissell Inc., afirma la
impresión de John Avellan: "Incluso con todo el éxito de Rich, su fortuna y
notoriedad, nunca se ha vuelto arrogante. Todo lo opuesto. El poder por lo
general corrompe a la gente e infla los egos al punto de estallar, pero Rich
nunca se ha visto atrapado por su propia riqueza y poder".

El ex Jefe de Operaciones de Amway, Bill Nicholson, está de acuerdo:
"La humildad de Rich permanece", dice. "Rich nació pobre y fue criado
en un entorno de valores hogareños sencillos, así que Rich sabe quién es
y se rehúsa a permitir que el dinero lo cambie. En el fondo, creo que cada
mañana se levanta y dice: '¡Vaya! ¡Nunca soñé que todo esto me podría
pasar! ¡Soy tan bendecido y no lo merezco!' Creo que esa es la clave de su
humildad".

Un amigo navegante, John Bertrand, afirma: "Rich tiene el asombro de
un niño ante su éxito", dice. "Constantemente expresa su asombro sobre
sus bendiciones materiales pero no se queda en eso. Sólo ve su fortuna
como un medio para ayudar a otros a tener éxito. En el fondo, Rich sería la
misma persona optimista, humilde y atenta, así fuera adinerado o si sólo
tuviera una moneda de diez centavos para frotar".

La hija de Rich, Cheri, ofrece una perspectiva similar: "A papá le asombra su éxito", dice ella. "Él mira todo lo que ha sucedido en su vida, y ríe diciendo '¿Quién habría pensado que esto me sucedería a mí?'. En lugar de ser arrogante al respecto, eso lo humilla. Y está agradecido porque Dios lo haya usado para ayudar a otra gente. Diez mil personas tienen empleo debido al éxito de papá y tres millones son empresarios independientes.

> *"Rich DeVos tiene un corazón humilde y una conciencia propia adecuada. Cuando dice: 'Soy un pecador salvado por gracia', con frecuencia añade, 'espero hacer algo bueno en mi vida'".*
> —Edwin Meese III, ex Fiscal General de los Estados Unidos

Papá nunca se sobrepone al sentido de asombro de que Dios lo haya usado para mejorar la vida de tantas personas y sus familias".

El hijo de Rich, Doug, añade que la profunda fe de Rich en Dios también lo ha mantenido humilde. "Papá cree que ninguno de nosotros tiene algún motivo para hincharse de orgullo y hacerse engreído. Ricos o pobres, todos somos iguales. Es por eso que papá dice: 'Soy sólo un pecador salvado por gracia'. Si todos en el planeta tuvieran su perspectiva, habría mucha más humildad en el mundo y muchos menos problemas. Un corazón humilde es sólo parte de quién es papá como cristiano. Él cree que es importante caminar en humildad con Dios porque la manera como vivimos hoy, es la manera como nos preparamos para la eternidad".

La verdadera humildad comienza con la cita bíblica de que "todos han pecado y están privados de la gloria de Dios" (Romanos 3:23. La Biblia, edición Reina Varela, NVI). Cuando Rich se presenta a sí mismo como "un pecador salvado por gracia", humildemente está reconociendo que todo el éxito, las riquezas, la fama y la sabiduría, vienen de la mano de Dios. Es Él quien merece el crédito, no nosotros. Rich honestamente se ve a sí mismo como un pecador que ha sido bendecido por Dios mucho más de lo que merece. Ese reconocimiento es el comienzo de la humildad sincera.

Una persona humilde es un siervo; no considera cualquier trabajo o tarea como algo degradante. Billy Zeoli me dijo: "Hace algunos años fui a Dallas a hablar en una reunión de los Cowboys de Dallas y Rich fue conmigo. Esto fue en los días de Tom Landry. Antes de la reunión, el mariscal de campo se me acercó y me dijo: 'Pensé que Rich DeVos vendría contigo. Esperaba poder conocerlo'. Yo le contesté: 'Ah sí, él está aquí en el otro salón ordenando las sillas para la reunión'. Esa es la clase de persona que es él. Cualquier trabajo pequeño que haya que hacer, él se involucrará y lo hará. Es un siervo humilde y en este mundo hay muy pocos de su clase".

Alguien humilde no abusa de la riqueza, el poder y la posición para intimidar a otros y obtener lo que quiere. Debbie Blozinski, de Grand Rapids, me contó una historia que dice mucho acerca de la humildad de Rich DeVos: "Estaba trabajando como mesera en Charley's Crab en Grand Rapids", dijo. "Una noche vi llegar solo a Rich DeVos. El restau-

> *"Ya se te ha dicho lo que de ti espera el Señor: practicar la justicia, amar la misericordia, y humillarte ante tu Dios".*
> —Miqueas 6:8 (la Biblia, edición Reina Varela, NVI)

rante estaba lleno, había gente esperando y la recepcionista le dijo que tendría que hacer fila veinte minutos. Así que Rich se sentó a leer el periódico mientras aguardaba. Yo pensé: *¡Oh no! ¡No podemos decirle a un billonario como el señor DeVos que tiene que esperar veinte minutos!*

Rápidamente organicé una mesa, luego salí y le dije a Rich que su mesa estaba lista. Él miró a los otros que estaban esperando. Luego sonrió y dijo: 'No, gracias Debbie. Démosles la mesa a estas personas. Esperaré mi turno'. Nunca he conocido a un hombre más amable y humilde que Rich DeVos".

Cuando la Universidad Estatal Grand Valley de Grand Rapids comenzó la construcción del Centro Richard M. DeVos (un edificio de 256.000 pies cuadrados para alojar una escuela de negocios, una biblioteca y otras instalaciones), Rich le dijo a un reportero de *Saturday Evening Post*: "Le pusieron mi nombre. Eso es bonito. Pero estaba pensando que ellos deberían haberle puesto el nombre de Dios. El dinero que les di no era mío. Fue el dinero que Dios me confió para que lo cuidara y lo administrara, así que le dimos algo a la universidad y ellos dijeron: 'Bien por ti, DeVos'. Pero Dios me dio el talento para ganar dinero, así que su nombre debería estar en él". Ese no es un "acto humilde" de parte de Rich. Conozco a ese hombre y esa afirmación viene del auténticamente humilde fondo de su corazón.

¿Cómo se evidencia la humildad en la vida de una persona? He visto la humildad de Rich en muchas formas. Por un lado, Rich escucha más de lo que habla. Se interesa genuinamente en las opiniones de los demás, y siempre, antes de tomar una decisión, considera varios puntos de vista. Su humildad lo hace un buen oyente.

> *"Las personas humildes no se menosprecian a sí mismas. Sólo piensan menos en sí mismas".*
> —Norman Vincent Peale, autor y orador de inspiración

El escritor deportivo de Orlando, Bill Fay, recuerda: "El día en el que los Magic firmaron un contrato de largo plazo con Penny Hardaway, vi a Rich en el corredor del estadio de los Magic. Él me preguntó: '¿Bueno, qué opinas de nuestro nuevo defensa?'. Yo le respondí: 'Va a ser un jugador estrella, pero como abonado no me alegra mucho. El dinero que le estás pagando hará que el precio de los tiquetes aumente. Con el tiempo, eso va a acabar con el juego'. Él escuchó todo lo que yo tenía para decir. Quería saber lo que piensan los aficionados. Eso es lo que admiro de Rich, puedes hablar con él y ser completamente directo, y nunca toma tu opinión como una ofensa. Nunca te hace sentir como que él es el rico magnate y tú el idiota. Él es un buen oyente".

Doc Rivers, ex entrenador principal de los Orlando Magic, coincide: "Constantemente me impresiona la humildad de Rich. Él se interesa en la gente y en el espíritu de vida. Sólo se interesa en ayudar a la gente y enseñar a los demás a ayudarse a sí mismos. Con Rich, nunca se trata de sí mismo, siempre se trata de los demás".

> "Rich ha conservado un toque común. Con frecuencia la gente asume que él está muy elevado y lejos del alcance porque es adinerado. Siempre se ven agradablemente sorprendidos cuando hablan con él y descubren lo amigable y humilde que es. Su actitud es 'Soy igual que tú. He estado donde tú estás. He repartido periódicos. He bombeado gasolina'".
> —Helen DeVos, esposa de Rich

La humildad de Rich se expresa en su trato igual para con los demás. Él trata a todo el mundo, desde el jardinero que arranca la hierba, hasta varios presidentes de los Estados Unidos a quienes conoce personalmente, como completamente iguales. En el mundo de Rich no hay personas inferiores, no hay personas superiores.

Cada individuo es un hijo de Dios hecho a Su imagen, merecedor de un trato justo y de respeto.

El escritor Brian Schmitz, del *Sentinel* de Orlando, dice: "Rich DeVos es el hombre más asequible del mundo. De todos los propietarios en los deportes profesionales, parece el más humano y con quien es fácil hablar. Para Rich, los Magic son un negocio familiar y él es padre, cualquiera puede venir a hablar con él en cualquier momento. Eso es raro en los deportes profesionales".

Ves la humildad de Rich en la manera como pasa la atención a otros y se sale él del centro del escenario. El ex ejecutivo de Amway, John Gartland, recuerda: "En una ocasión, a finales de los años 1980, Jay Van Andel fue invitado a una cena de Estado en honor a la Reina Beatriz de Holanda en la Casa Blanca. Le dije a Rich que podía arreglar una invitación para él si quería ir pero él dijo que no. 'Iré en otro momento', dijo Rich. 'Esta es la noche de Jay, y no quiero interferir'. Rich y Jay son dos hombres humildes que con frecuencia tenían esa deferencia mutua. Los dos tienen la humildad para dar un paso atrás y permitir que el otro esté en el centro del escenario.

Estoy seguro que esa es una de las razones por las cuales han durado tanto tiempo como socios y amigos".

La humildad de Rich también se evidencia en su sentido del humor. A él le encanta reír, y sus chistes siempre son a costa suya, nunca a expensas de otros. "Rich puede reírse de sí mismo", dice Bryan Schmitz. "Después de haber recibido el corazón de una mujer en una operación de trasplante, él hacia bromas diciendo que ahora tendría una voz de tono más alto y podría cambiar de opinión cuando quisiera".

> *"Rich tiene un gran sentido del humor. Un día hicimos una firma de libros juntos y pasamos riendo la mayor parte del tiempo".*
> —Max DePree, autor de libros éxitos de ventas y ex Director General de Herman Miller, Inc.

El banquero ya retirado de Michigan, Charles Stoddard, me dijo: "El poeta Edgar Guest dijo en una ocasión: 'Preferiría ver un sermón en lugar de escucharlo'. Rich DeVos es un sermón viviente de humildad. Hace unos años, mi cuñado, Phil Ordway, asistió a un evento de gala en Phoenix. El orador invitado para el evento era el doctor Henry Kissinger. Mientras Phil iba entrando al salón de banquetes, accidentalmente tropezó con un hombre que se presentó a sí mismo.

'Hola', dijo, 'mi nombre es Rich DeVos. Vengo de Ada, Michigan'.

'¡En serio!' dijo Phil. 'Mi cuñado, Chuck Stoddard, vive en Ada. ¿Lo conoce?'.

'Ah, claro que sí', dijo Rich. Y conversaron por unos minutos, luego cada uno siguió su camino. Poco después, se anunció que el doctor Kissinger había tenido que cancelar su presentación y que un orador sustituto amablemente había accedido a asistir en el último momento. Phil quedó sorprendido cuando vio que el orador era Rich DeVos, el mismo hombre con quien había estado conversando. Phil no tenía idea de que estaba hablando con el billonario fundador de Amway y el principal orador de la velada. ¡Qué gran ejemplo de humildad!"

Hay quienes dicen que una persona humilde no puede ser ambiciosa y exitosa, pero Rich DeVos demuestra que la humildad y el impulso a triunfar *no* son mutuamente excluyentes. El ejecutivo de *Newsweek*, Bill Youngber, ha conocido a Rich por años, y dice: "Rich DeVos es un hombre con iniciativa y ambición, aunque vive y ejerce su influencia de manera humilde y de bajo perfil. Él no llegó a donde está, pasando por encima de otros, sino edificando a los demás. Él no sólo piensa en sí mismo, él quiere ver triunfar a todo el mundo".

"Rich y Helen son personas completamente comunes, personas sencillas que recuerdan sus raíces".
—Pam DeVos, nuera de Rich (Esposa de Dan)

Hay una historia que habla de un hombre que llegó a ser bien conocido por su humildad. Su espíritu humilde impresionó tanto a sus conciudadanos que lo premiaron con un prendedor que decía: "El hombre más humilde de la ciudad". ¡Al siguiente día le quitaron el prendedor porque lo sorprendieron usándolo! Rich DeVos es la clase de hombre que, si le das un prendedor del "Hombre más humilde", nunca lo usaría. El único prendedor que le verías usando es el que dice "Soy un pecador salvado por gracia".

Tercer rasgo esencial del carácter: amabilidad

Quien ha sido el médico de Rich por muchos años, el doctor Luis Tomatis, me contó una historia acerca de Rich que ilustra uno de sus rasgos más entrañables: su amabilidad y compasión. "Rich y yo estábamos en Washington D.C. visitando a unos senadores. Afuera hacía un día frío, lluvioso y oscuro. Entramos al elevador del edificio del Senado y mientras las puertas del elevador se cerraban, un hombre en una silla de ruedas motorizada llegó. Alguien mantuvo abiertas las puertas y el hombre en silla de ruedas entró. Su cabello y ropa estaban mojados por la lluvia. Cuando el elevador comenzó a subir, el hombre dijo: 'Necesito un limpiaparabrisas para mis lentes'. Los demás sonreímos.

"El elevador se detuvo en el cuarto piso y Rich y yo salimos. También el hombre en la silla de ruedas. Yo comencé a caminar por el pasillo y luego me di cuenta que Rich no estaba conmigo. Volteé a mirar y vi que Rich había vuelto a donde estaba el señor en la silla de ruedas. '¿Le gustaría que limpiara sus lentes?'. Preguntó Rich, y el hombre dijo: 'Sí, por favor'.

Rich había notado algo que yo, un médico, había pasado por alto: el hombre no podía usar sus dos manos, ¡así que no podía limpiar sus propios lentes! Rich sacó su pañuelo, limpió los lentes del hombre, luego los puso de nuevo sobre su nariz. '¿Así está bien?' preguntó Rich. 'Sí, gracias, dijo el hombre. Ésa es la clase de persona que es Rich DeVos. Él ve cuándo la gente necesita ayuda".

Joe Torsella, Presidente del Centro de la Constitución Nacional en Filadelfia, me dijo: "Constantemente me sorprende su espíritu generoso. Rich es una clásica historia de los estadounidenses que vienen de un trasfondo humilde y obtienen gran éxito al disfrutar de las grandes libertades y oportunidades de los Estados Unidos. Para muchas personas exitosas, es ahí donde termina la historia, pero para Rich, el éxito es sólo el comienzo. La mayor parte de su historia está en la manera como retribuye y sigue retribuyendo y retribuyendo, por medio de su filantropía, por medio de sus charlas, de su participación en causas especiales, de la amabilidad que le muestra a la gente de manera cotidiana. Eso no es normal para un hombre como Rich DeVos, pero esa es exactamente la clase de hombre que él es".

El delantero de los Orlando Magic, Tracy McGrady (también conocido como "T-Mac") es una de las estrellas más conocidas de la NBA. Cuando le pregunté sobre qué impresión tenía del propietario de nuestro equipo, T-Mac dijo: "Cuando pienso en Rich DeVos, viene a mí una palabra: *amabilidad*. Rich está interesado en mí como persona, no como jugador. Para él, esa imagen que los demás llama 'T-Mac' no importa. Él quiere saber '¿Quién es Tracy? ¿Qué necesita Tracy?' y él se interesa igual por todos sus jugadores. Conozco a muchos chicos en esta liga que nunca han conocido al propietario de su equipo. Rich está justo a nuestro lado, en los vestidores, detrás de la banca. Él está disponible para nosotros. Él es la amabilidad en persona".

> *"Rich es muy amoroso con sus nietos, y les enseña a ser amables con los demás. Él les dice: 'Ustedes son cristianos, así que sean humildes y amables como Jesús'".*
> —Maria DeVos, nuera de Rich (Esposa de Doug)Miller, Inc.

Tom Michmershuizen recuerda un incidente durante los primeros días de Amway que ilustra la amabilidad de Rich DeVos y el hecho de que la amabilidad da resultado. "Teníamos una distribuidora independiente llamada Ruby Bowles que vivía en Missoula, en el extremo oeste de Montana. Para decirlo suavemente, Missoula no queda sobre la vía más transitada. No queda en el camino hacia ninguna parte. Como Ruby vivía tan lejos de las principales rutas de distribución, ella tenía que comprar sus productos por volumen de la carga total de un camión, ¡y era una vendedora tan dedicada, que lograba vender el volumen del total de la carga de un camión!

Ruby todo el tiempo me pedía que llevara a Rich a Missoula para que hablara en una reunión de ventas. Rich sabía lo duro que trabajaba Ruby y quería ayudarla. Pero debido a lo lejos que estaba, sencillamente no podíamos organizar un viaje a Missoula dentro del programa de viajes de Rich. Un día Rich estaba revisando su itinerario de viaje y vio que tenía una sesión de dos días en Seattle, una reunión de ventas de dos días en Denver y un día para viajar entre esos dos eventos.

Rich dijo: 'Tom, yo podría ir a Missoula durante nuestro día de viaje de Seattle a Denver'. Explicó cómo podíamos hacerlo y tenía sentido.

Así que llamé a Ruby, le di la fecha y le pregunté si podía organizar la reunión. ¡Ruby estaba muy emocionada! Entonces fuimos a Seattle, hicimos el evento de dos días, terminando con una convención que nos mantuvo despiertos hasta tarde. A la mañana siguiente nos levantamos a las cinco y tomamos un avión que hizo paradas en cada pequeño pueblo desde Seattle hasta Missoula. Llegamos a medio día y almorzamos con Ruby.

"Sé paciente y amoroso con la gente. Aprende a tratar a los demás con paciencia. A medida que envejeces entiendes que la mayoría de la gente trata de hacer las cosas bien, y los pocos que no, sencillamente nunca logran organizarse. Lo único malo de estar en la cima es el aislamiento".
—Rich DeVos

Ahora, se suponía que Rich estaba allá para animar a Ruby y a otros distribuidores para que vendieran Amway. Al final, ¡Ruby estaba tan entusiasmada y animada que Rich y yo salimos sintiéndonos inspirados por ella! ¡Ella era un manojo de energía positiva! De hecho, ¡esa reunión en Missoula resultó más emocionante y valiosa que cualquiera de los eventos de dos días en Seattle y Denver!

Siempre me ha sorprendido el hecho de que Rich se interesara en cada distribuidor independiente de la familia Amway. Él mismo había sido distribuidor y sabía cuánto significaba para ellos que él hiciera una aparición en persona. Ningún lugar era demasiado lejos o fuera del camino para Rich. Él sabía que la gente como Ruby Bowles era la columna vertebral de Amway y él haría cualquier cosa para ayudarles.

La amabilidad de Rich DeVos y su interés por sus distribuidores siempre se vio reembolsada con mayores ventas y reclutamiento para Amway. Desde luego, esa no era su motivación para ser amable. Servir a los demás y ayudar a la gente es sólo una parte de lo que hace Rich. Es la clase de persona que es. Pero también es cierto que el corazón sincero de Rich hacia la gente es una de las claves de su éxito.

Cuarto rasgo esencial del carácter: honestidad

Tim Foley jugó como esquinero para los legendarios Miami Dolphins en 1972, el único equipo de la NFL en la Historia que jugó toda una temporada sin una derrota. Como parte de la celebrada "Defensa sin nombre", se forjó un lugar para sí mismo en la Historia de los deportes. Aunque Tim Foley tenía un buen salario como jugador de fútbol profesional, Tim ha hecho una fortuna mucho más grande como empresario independiente que la que hizo en la NFL. Hoy vive en el centro de Florida y está entre los mejores empresarios independientes de Amway del mundo.

"Los dos mayores animadores en mi vida", me dijo Tim, "han sido el entrenador de los Dolphins, Don Shula, el entrenador con mayores triunfos en la Historia de la NFL y Rich DeVos, uno de los hombres más exitosos en la Historia de los negocios en Estados Unidos. Don y Rich son hombres asombrosamente similares. Los dos reunieron personal de entrenamiento y equipos muy talentosos. Los dos son excelentes comunicadores y motivadores. Don Shula pa-

> *"Rich siempre ha enseñado que si siembras amor y respeto, cosecharás diez veces lo mismo. Rich ha sembrado amor y respeto a lo largo de su vida y ahora está cosechándolo en abundancia".*
> —Reverendo Neal Plantinga, Presidente del Seminario Teológico Calvino

trullaba la línea lateral en todos los juegos; Rich patrullaba el escenario en cada convención. Los dos te llenaban el espíritu de esperanza por un mejor futuro. Los dos son hombres generosos que son admirados y amados por sus equipos. Los dos aman el calor de la batalla. Se emocionan con un reto grande.

Una de las cosas que más me ha impactado de Rich DeVos es su completa honestidad e integridad. Si haces negocios con Rich, sabes que se hará correcta, justa y equitativamente. Si hay una pregunta sobre correcto o incorrecto, Rich hará lo que es correcto, así le cueste tiempo, dinero o conveniencia. Esa es la clase de personas con las que quieres hacer negocios y la clase de persona que quieres emular.

"Rich DeVos es más que extraño. Es completamente único. Su vida está edificada sobre principios que nunca fallan. Él y Jay Van Andel comenzaron una empresa en los sótanos de sus casas la cual creció hasta ser una empresa mundial de muchos billones de dólares. Aunque algunas personas en este mundo se enriquecen pasando por encima de otros, Rich y Jay han hecho una fortuna levantando a la gente y ayudando a otros a tener éxito. He tenido la bendición de aprender del ejemplo de Rich DeVos y Jay Van Andel".

> *"Rich es un hombre de gran integridad. Si él dice algo, puedes contar con eso. Es por eso que la gente alrededor del mundo sabe que se puede confiar en él".*
> —Bill Britt empresario independiente

Jody Victor, una empresaria independiente de segunda generación, dice: "Una palabra describe a Rich DeVos, y esa palabra es integridad. Él cree que que tu palabra es lo que vales y lo que vales es tu palabra. He visto a Rich avanzar desde los primeros días de Amway hasta el elevado nivel de éxito que ha logrado hoy, y nunca ha cambiado. Él cree en absolutos como la honestidad y la verdad. Esos principios no son debatibles. 'Cuando pierdes tu buen nombre', dice él, 'nunca lo puedes recuperar'. Rich ha conservado su buen nombre".

Ser una persona honesta significa estar completa e inflexiblemente comprometido con la verdad. Eso quiere decir que tus hechos respaldan tus palabras. La persona pública y privada que eres es una y es la misma. No proyectas una imagen al mundo; le muestras al mundo quién eres realmente.

> *"He sido parte de muchas juntas directivas con Rich. Él es un hombre de compromiso e integridad. Él dice: 'Nunca hagas lo mejor para el momento. Sencillamente, haz lo correcto'".*
> —Robert Hooker,
> líder comunitario y de
> negocios de Grand Rapids

La honestidad no es cuestión de grado. No hay tal cosa como ser "un poco deshonesto". O estás comprometido con ser honesto y real, o no lo estás. Como lo dijo Tom Peters: "Un 'pequeño desliz de integridad' no existe".

Es claro que nadie es perfecto. Pero una persona honesta traza una meta consciente de perfecta honestidad. Y ¿qué cuando fallas en mantener esa meta? ¡Sólo sé honesto! La gente te respeta cuando admites honestamente tus fallas y errores.

Rich DeVos se ha ganado el respeto de quienes lo rodean y de las personas que trabajan para él. "Rich DeVos es un hombre leal y confiable", dice Horace Grant, ex jugador de los Orlando Magic. "Él es un verdadero premio. Genuino. Honesto. En lo que respecta a propietarios de equipos de la NBA, sitúa a Rich de un lado y a todos los demás en el otro lado. Rich es más que simplemente un jefe. Es un amigo para toda la vida. Puedes confiar en él".

Quinto rasgo esencial del carácter: capacidad de trabajo duro

"Se necesita mucho valor y duro trabajo para iniciar una empresa", me dijo Doug, el hijo de Rich, "pero papá y Jay estaban dedicados a hacer lo que fuera necesario para hacerlo realidad. Con frecuencia papá decía: 'Para triunfar debes trabajar por lo menos ochenta horas a la semana. Trabajas las primeras cuarenta horas para subsistir, y las otras cuarenta horas para llegar a alguna parte'. Y eso es lo que papá y Jay hicieron cuando comenzaron. Dirigieron dos empresas de tiempo completo todos los días. Administraban una escuela de aviación de día y un restaurante durante la noche. Papá dice: 'Todo el mundo debería, en algún momento, estar en el negocio de los restaurantes. Sólo para decir que lo has hecho'".

Rich DeVos trabaja duro y espera que sus empleados den lo mejor de sí mismos. Recordando unas de las charlas de ánimo que le había dado a sus jugadores antes de un juego de los Magic, Rich dijo: "Les dije a los jugadores, 'algún padre ha ahorrado su dinero para poder traer a su familia al juego. No me digas que estás cansado. No inventes excusas por un esfuerzo a medias. Sal a jugar con todo tu potencial. Le debes tu mejor esfuerzo a los aficionados'".

Una implacable ética de trabajo es central en la personalidad de Rich, esencial para su ser. Él cree que el trabajo es honorable, y le da significado y dignidad a la vida. Él considera que el trabajo de una persona es una "vocación" una posición noble en la vida dada por Dios. Visto de esa manera, el trabajo se hace una búsqueda santa, casi un sacramento.

En su libro *Compassionate Capitalism (Capitalismo Solidario)*, Rich reflexiona sobre el hecho de que las diferentes culturas han visto el trabajo de manera distinta a lo largo de las edades. Los antiguos griegos y romanos, por ejemplo, pensaban que el tener que trabajar duro para ganarse la vida era evidencia de que sus dioses los odiaban y querían hacer que sus vidas fueran miserables. Tanto en griego como en latín, la palabra *trabajo* viene de una palabra que significa *pena*.

> *"Debes tener algo dentro de ti que te impulse, que te posea, que te diga: 'Tengo una razón para vivir y trabajo para hacer'. No me importa cuál sea ese trabajo porque trabajar es valioso a cualquier nivel, ya sea operando una cámara, conduciendo un camión o pegando ladrillos".*
> —Rich DeVos

Durante el Renacimiento y la Reforma, las actitudes hacia el trabajo comenzaron a cambiar. Los reformadores como Martin Lutero y Juan Calvino enseñaron que el trabajo no era una maldición impuesta por Dios sobre la humanidad a manera de castigo; en lugar de eso, el trabajo en realidad era un medio para servir a Dios y una fuente de dignidad humana. Este fue el comienzo de la "Ética de trabajo protestante", la cual se convirtió en el fundamento del Capitalismo Moderno. "El trabajo significativo", concluye Rich, "siempre rinde utilidades más allá del salario cuando nos dedicamos a él con energía y compromiso... El trabajo es una fuerza poderosa en la formación de un sentido de identidad en una persona".

Desde luego han habido muchos tiempos y lugares en los que el trabajo no ha sido significativo o ennoblecedor, tiempos en los que la gente ha sido esclavizada. Siendo esclavizadas, las personas son forzadas a trabajar bajo condiciones exigentes y miserables y ni siquiera se les permite disfrutar del fruto de su labor. Pero el trabajo significativo, el hecho de realizar una labor útil para sostenerse uno mismo y a su familia, y aportar valor a la sociedad, es honorable y noble. Quienes son privilegiados por hacer una labor significativa, deberían estar agradecidos por la oportunidad que Dios les ha dado.

"Rich DeVos comenzó desde ceros y logró todo lo que tiene con trabajo duro. Pero él no se atribuye su éxito. En lugar de eso, se lo atribuye a Dios por darle la habilidad para trabajar".
—Peter Cook, líder comunitario y de negocios de Grand Rapids

Rich tiene un profundo respeto por las personas que ven su trabajo como un llamado de Dios y que lo toman con diligencia y actitud concienzuda. Con frecuencia cuenta la vieja historia de un empleado de Amway llamado Harry. El trabajo de Harry era cuidar de los céspedes y jardines en las oficinas en las instalaciones de Amway. Un día Rich se le acercó a Harry mientras él estaba de rodillas arrancando hierba.

"Harry", dijo Rich, "¿por qué no me dejas darte un trabajo mejor pago dentro de la planta? Quizá podrías trabajar en la línea de producción donde no hace calor y no te ensuciarías tanto las uñas". "No gracias" respondió Harry. "Estoy haciendo lo que quiero hacer. Mi vocación es cuidar este lugar y hacer que se vea bien".

Harry no sólo sabía lo que quería hacer, sino que estaba haciendo *aquello* a lo que había sido llamado a hacer, lo que se *suponía* que debía hacer. Su trabajo tenía significado y él lo disfrutaba. Él no lo tendría de otra manera.

Rich DeVos cree que una firme ética de trabajo es la clave para tener éxito en cualquier emprendimiento, y lo ha demostrado con su propia vida. El amigo de toda la vida de Rich, Boyd Hoffman, me dijo: "Rich surgió por la vía difícil. Sus padres nunca tuvieron mucho dinero, así que Rich comenzó sin ninguna ventaja mundana en la vida. Logró su éxito por medio del trabajo duro y la perseverancia. Su teoría de éxito era sencilla: 'Todo lo que debes hacer es seguir trabajando duro y lo lograrás'".

"Rich DeVos es un caballero entre los caballeros. Él trata a todo el mundo con respeto y amabilidad. Nunca he escuchado que una palabra de desprecio o despectiva salga de sus labios. Él siempre es positivo. Una persona especial".
—Chuck Daly, ex entrenador principal de los Orlando Magic

El empresario de Grand Rapids, Bob Israels, coincide: "Una de las declaraciones clásicas de Rich", dice, "es 'Inténtalo o deja de llorar'. En otras palabras, no te sientes a lamentarte porque el éxito no se te presenta en una bandeja de plata. El mundo no le debe nada a nadie. Si quieres tener éxito, tienes que intentarlo, tienes que esforzarte, tienes que salir a buscarlo. Si pones todo lo que tienes en todo lo que estás haciendo, y sigues haciéndolo, rehusándote a darte por vencido, vas a triunfar. Rich DeVos es una muestra viviente de eso. Él es la ética de trabajo protestante en persona".

Incluso después de su trasplante de corazón, Rich sigue trabajando duro. Él cree que todavía tiene delante de él mucho trabajo sin concluir y no renunciará hasta que el trabajo que Dios le dio esté terminado. En una ocasión Rich me dijo: "Tengo un corazón de una mujer de cuarenta y cuatro años y yo tengo setenta y seis, así que eso me da una edad promedio de aproximadamente sesenta años. Todavía tengo trabajo que hacer, y eso es lo que pretendo hacer".

Sexto rasgo esencial del carácter: optimismo

Paul Conn, Presidente de la Universidad Lee, recuerda: "Yo tenía veintinueve años y era profesor universitario cuando conocí a Rich. Él tenía cuarenta y nueve. Yo era un demócrata liberal; él era un republicano conservador. Toda esta idea del poder del pensamiento positivo era completamente nueva para mí. Rich era tan consistente y articulado acerca del estilo de vida optimista, que me impactó tremendamente.

Hace poco estuve en su casa en Grand Rapids. Era un día frío de otoño, y estábamos viendo un juego de fútbol americano en el estudio. Parecía que salían comerciales después de cada jugada y yo me quejé: '¡Avancemos con el juego! ¡Todos estos comerciales son muy molestos!'.

"Los teólogos han dicho que la necesidad de realizar un trabajo significativo está arraigada en la urgencia dada por Dios a ser cocreadores de la Tierra, que al emprender el mejoramiento de nuestro mundo o servir a nuestro prójimo, compartimos la actividad de Dios. Así que nuestro trabajo asume una clase de santidad que permea incluso las actividades más ordinarias de todos los días".
—Rich DeVos

Rich me miró y dijo: 'Bueno Paul, ¿te gustaría estar sentado en el juego justo ahora? Está venteando y nevando, los tiquetes valen setenta dólares cada uno, hay todo un tráfico con el cual luchar y en el estadio no puedes ver el juego tan bien como en televisión. Estás aquí sentado completamente cómodo, caliente, ver el juego es gratis, tienes repeticiones inmediatas en cámara lenta, y el único precio que pagas es estar al día con comerciales a cada rato'.

Así es como Rich ve la vida. Mientras yo me quejo de los comerciales, Rich dice: '¡Excelente! ¡Qué gran vida! ¡Mira todo lo que tenemos para disfrutar!' Durante los años que lo he conocido, he aprendido mucho de

Rich, pero todavía tengo mucho que aprender acerca de lo que significa ser positivo, vivir tu vida con una mirada 'hacia arriba'.

Todavía tengo la tendencia a ser gruñón y quejarme, pero cuando lo hago, mi esposa me dice: 'Paul, si Rich estuviera aquí, ¿qué diría de tu actitud ahora?'. Eso es todo lo que debe decir. Cuando lo pone en esos términos, '¿Qué diría Rich?', todo cambia de enfoque. Porque sé *exactamente* qué diría Rich".

Rich le atribuye su inquebrantable optimismo a su padre. "Siempre he abordado todo en la vida con una perspectiva positiva", dice Rich. "Mi padre inculcó en mí la idea de que podía aprovechar las oportunidades cuando se me presentaran y ese método me ha ayudado a ser optimista ante la decepción".

"Rich tiene un entusiasmo increíble y es un supremo optimista. Él nunca se desanima, nunca se da por vencido".
—Casey Wondergem,
ex ejecutivo de Amway

Se dice que los pesimistas miran medio vaso de agua y dicen: "El vaso está medio vacío". Los optimistas miran el mismo vaso y dicen: "El vaso está medio lleno". Pero Rich es único en su clase. Él dice: "¿Por qué quedarnos con medio vaso? ¡Hay mucha más agua de donde vino esta! ¡Salgamos y llenemos todo un balde!". ¡Hay mucho más optimismo en su dedo meñique que en la mayoría de nosotros en todo nuestro cuerpo!

Rich acuñó una frase que ha estado usando por años: "Una mirada hacia arriba". Él habla de una perspectiva optimista, una actitud positiva. "Creo en la mirada hacia arriba", dijo en una ocasión. "Soy optimista por elección al igual que por naturaleza". En otras palabras, el optimismo no es algo con lo que la gente nace. Es una elección que se debe tomar intencionalmente.

La vida, dice Rich con frecuencia, tiende a forjarse según nuestras expectativas. Si esperamos ser miserables e infelices, entonces no nos decepcionaremos. Nuestras expectativas pesimistas se verán realizadas. Pero si mantenemos una mirada hacia arriba, una actitud positiva, entonces, de nuevo, no nos decepcionaremos. Nuestro optimismo será recompensado.

Rich ilustra el poder de la actitud de una persona con un incidente que se presentó hace muchos años. Era un hermoso día soleado y él se sentía en la cima del mundo cuando llegó a una estación de servicio para ponerle gasolina a su auto. El empleado de la estación de servicio se acercó a su auto. (Esto fue en los días cuando una estación de servicio era una verdadera estación de *servicio*, antes de que el cliente tuviera que poner su propia gasolina). El joven empleado vió con preocupación a Rich y le preguntó:

"¿Señor, se siente bien?" "Me siento excelente", dijo Rich con una sonrisa. "¿Por qué pregunta?"

"No se ve muy bien" dijo el empleado. "Debería verse en un espejo".

Rich giró para verse en el espejo retrovisor y se sorprendió. Su cara se veía enferma, pálida, de color amarillo. Lo primero que pensó fue: *¡Ay no! ¡Ictericia! ¡Tengo problemas de riñón, probablemente hepatitis!* Cuando Rich salió de la estación de servicio se sentía miserable y asustado. Estaba convencido de que tenía una enfermedad mortal y empezó a sentirse enfermo. Como consecuencia todo su día se vio arruinado.

Luego, Rich descubrió por qué se había visto tan enfermo: la estación de servicio había sido pintada de amarillo. La luz que reflejaba la pintura amarilla hacía que *todos* los que llegaran se vieran enfermos y con ictericia. "Es asombroso", concluye Rich, "lo poderoso que puede ser un sólo pensamiento negativo".

"Rich DeVos hace parte de nuestra junta directiva y su presencia nos inspira a apuntar alto y lograr grandes cosas. Hay una mentalidad organizacional natural que fácilmente se satisface con la mediocridad. Pero Rich sigue presionándonos a apuntarle a la luna. Él es una persona tan positiva con una perspectiva tan optimista que nos estimula a todos".
—Rick Breon, Director Ejecutivo de Cuidado de Salud de Grand Rapids

El otro lado de esa historia es el hecho de que tiempo después, Rich sí desarrolló serios problemas de salud, incluyendo un corazón con problemas que necesitó ser reemplazado. En cada crisis de salud, en medio de cada procedimiento quirúrgico crítico que enfrentó, su asombroso espíritu de optimismo ha sido un factor importante en su recuperación. Una y otra vez, todos los médicos de Rich han dicho que más que todo fue su "mirada hacia arriba" lo que lo ayudó a superar todo.

El optimismo es un ingrediente esencial para el éxito. Es básico para el Sueño Americano. Estados Unidos fue construido sobre un fundamento de optimismo, esperanza y actitud de poder. Como lo dice Rich: "Estados Unidos por tradición ha sido una nación con una mirada hacia arriba". Sólo las personas optimistas y esperanzadas se atrevieron a dejar Europa, cruzar el Atlántico en embarcaciones con goteras y de madera y llegaron a América creyendo que podían construir una mejor vida para sí mismos. Los pesimistas se quedaron en casa. Solamente las personas optimistas y esperanzadas se atrevieron a creer que podían romper con las ataduras de los impuestos ingleses y el gobierno colonial, y construir una nación libre y democrática con libertad y justicia para todos. Sólo las personas optimistas y esperanzadas se atrevieron a aventurar por todo el continente en carretas cubiertas, pasando montañas, planicies y desiertos para establecerse en el Oeste de los Estados Unidos.

"La actitud estadounidense básica siempre ha sido el optimismo. En años recientes", Rich observa, "hemos gastado mucho tiempo y energía desgastándonos, criticando nuestros logros, encontrando culpas en los demás. Definitivamente Estados Unidos tiene sus fallas. En este país hay algunos capítulos horribles en su Historia: la esclavitud, el maltrato a los nativos americanos, la segregación y la debacle del Vietnam, para nombrar unos.

Aunque estas tragedias e injusticias han sido (o están siendo) superadas debido a nuestro amor de tanto tiempo por la libertad, la justicia, la equidad, el optimismo y la esperanza. En el fondo creemos que el Sueño Americano le pertenece a todos. Creemos que a nadie se le debería negar la oportunidad de tener esperanza y soñar una mejor vida, así como las opciones de hacer que esas esperanzas y sueños se hagan realidad". Eso es lo que Rich DeVos cree, y ese es el mensaje optimista que ha predicado toda su vida.

"Rich es único por su espíritu positivo" me dijo Jay Van Andel. "Siempre ha sido una persona positiva. No importa lo mala que sea la situación, Rich siempre se pone frente a una audiencia y esparce esperanza y optimismo. La hace ver fácil".

Joe Torsella, Presidente del Centro de la Constitución Nacional, me dijo: "La lección más importante que he aprendido de Rich DeVos es el valor del optimismo. Él ha enfrentado cada reto en su vida, ¡y han sido retos serios!, con completo optimismo. Él ha mostrado que ese optimismo es contagioso y es una elección que todos podemos hacer, no importa lo difíciles que se pongan las circunstancias. Todos podemos ser como Rich si elegimos enfrentar el futuro con confianza y un corazón alegre".

"Para Rich", dice John Brown, ex ejecutivo de Amway, "no existe el día promedio. Cuando surgían problemas en Amway, él decía, '¡Oigan ¿no es genial?! Para eso es que estamos aquí ¿cierto? Nuestra labor es solucionar problemas'. Él tiene una gran manera de poner todo en una perspectiva positiva. Estar cerca de Rich te hace creer que hay verdadero gozo al comenzar cada nuevo día. Él está lleno de entusiasmo por el momento y con sólo estar cerca de él quedas recargado". El ejecutivo de la industria de la construcción en Grand Rapids, Gary Vos, atribuye el éxito de Rich como líder de negocios a su infalible optimismo. "Rich DeVos es un gran líder", dice Vos, "porque es un eterno optimista y un gran motivador". Ese mismo optimismo hace de Rich un líder entre líderes en el mundo de los deportes. "Rich DeVos es el perfecto propietario deportivo", dice Bob Vander Weide, "porque todos los años piensa que los Magic ganarán el título. Siempre ha tenido ese optimismo, incluso después de derrotas y adversidades".

> *"Rich DeVos es mi héroe, la persona que quisiera emular en la vida. No hay nadie a quien respete más que a Rich. Él, con éxito, ha completado la carrera de la vida y ahora está disfrutando una vuelta triunfal al inculcar sus lecciones de vida, optimismo, y espíritu emprendedor a la siguiente generación".*
> —Jon L. Christensen,
> ex Congresista
> de Estados Unidos

¿Cómo ser como Rich? ¿Cómo experimentar tu propio éxito asombroso? ¿Cómo hacer realidad tus propios sueños? ¿Cómo tener la clase de influencia estimulante y edificante que Rich ha tenido en tantas vidas con el paso de los años?

Para ser como Rich DeVos, debes ser un líder, un comunicador y un vendedor, venderte tú y tus sueños. Debes ser sabio y correr riesgos audaces. Debes ser alguien sociable y ser enriquecedor de vidas.

Para ser como Rich DeVos, debes amar a Dios, a tu familia, a tu país y a tu prójimo, y recuerda demostrar ese amor por medio de tu generosidad y compasión hacia los demás. Más que todo, para ser como Rich debes tener estos rasgos esenciales del carácter: la voluntad para perseverar. Un corazón de humildad y amabilidad. Una ética decidida de trabajo fuerte.

Por sobre todo, si quieres ser como Rich, entonces mantén la mirada hacia arriba. Cuando surjan los problemas, sonríe y agradece a Dios por la oportunidad para encontrar soluciones creativas para esos problemas. Cuando surjan los problemas, recuerda que la vida sigue siendo buena y los problemas pasan. Cuando la gente es ruda o mezquina, sé paciente y perdonador, probablemente sólo están teniendo un mal día. Diles una palabra amable y avanza. Como te diría Rich, la mayoría de la gente es decente y buena la mayor parte del tiempo.

Así que ahí lo tienes. Así es como se puede ser como Rich DeVos. Ahora tienes las herramientas, tienes el conocimiento, tienes tus propios sueños.

¡Ahora ve y haz esos sueños realidad!

EPÍLOGO

¡Esto es por ti, Rich!

Este libro fue escrito, listo, terminado. Cada capítulo estuvo lleno de historias y perspectivas, extraídas de la vida de mi amigo Rich DeVos. Sólo hubo un problema: ¡me sobraron más de una docena de historias! Algunas de ellas sencillamente no encajaban con una categoría o tema del libro, pero eran muy valiosas como para dejarlas por fuera. Así que decidí ponerlas en este epílogo.

Mientras investigaba y escribía este libro, hice un descubrimiento fascinante. De los literalmente cientos de entrevistas que realicé en el proceso, no escuché una sola palabra negativa acerca de Rich DeVos, ¡ni una! Cada persona con quien hablé, desde la camarera, el botones y el ama de casa hasta el ex presidente de los Estados Unidos, no tenían más que admiración y aprecio por Rich.

Así que es adecuado que termine este libro con algunos de los invaluables recuerdos y anécdotas que esas personas compartieron conmigo. Piensa en eso como una reunión de muchos amigos que Rich ha hecho con los años. Todos están levantando sus copas en un brindis.

¡Esto es por ti, Rich!

—*Pat Williams*

El Rey de Amway

Joan Williamson, empleada de Amway:

"En los primeros días de Amway, Rich viajaba mucho por largos periodos pronunciando discursos y dando a conocer la empresa. Cuando regresaba a la oficina era como una ola de energía que entraba al edificio. Todos podíamos decir cuándo estaba de vuelta. Iba escritorio por escritorio saludando a todos. Todos sabían que a Rich le encantaban las pastillas de limón, así que muchos tenían frascos con pastillas de limón en el escritorio. Rich siempre iba primero a esos escritorios. Él saludaba a todos, '¡Hola! ¿Cómo estás? ¿En qué estás trabajando?'. Siempre fue cómodo hablar con Rich porque nunca era como un jefe, nunca estaba por encima de ti. Él te hacía sentir como si fueran compañeros, te hacía sentir especial".

Steve Hiaeshutter, ex empleado de Alticor:

"Mi primer encuentro real con Rich DeVos fue en 1973. Tenía diecisiete años y trabajaba en mi primer empleo como vigilante en la bodega de productos de

"Nunca escucharás a nadie decir una palabra negativa acerca de Rich. Eso es muy inusual respecto a un hombre que es tan exitoso. La gente por lo general es envidiosa de cualquiera que tiene riquezas. Nunca vi eso con Rich. La gente sólo piensa: 'Este es un hombre que lo merece'".
—Chuck Daly, ex entrenador principal de los Orlando Magic

Amway. Sólo llevaba dos semanas en ese cargo y era una noche caliente de agosto. Había varias puertas de entrada al edificio, así que ponía botellas de aerosol vacías encima de cada puerta. Si un intruso abría una puerta, la botella caería al piso y yo escucharía el ruido.

Esa noche escuché un ruido así que fui a buscar al intruso. Volteando por una esquina vi a un hombre bien vestido caminando por la bodega. Me le acerqué y le dije: 'Lo siento pero ésta es un área restringida'.

Él dijo: 'No lo sabía'. 'Tendré que pedirle que se vaya'. 'Muy bien' dijo. Y se fue sin decir nada.

En aquellos días yo era algo así como un rebelde. Tenía cabello largo por la espalda agarrado como cola de caballo y usaba jeans azules y mocasines. Cuando llegué a casa, mi papá, un oficial de policía, me preguntó cómo había sido mi noche. '¿Pasó algo? ¿Algún visitante?'.

Le conté del hombre que había sacado del edificio.

¿Tienes idea de quién era ese hombre? preguntó mi padre. '¡Ese era Rich DeVos! ¡Sacaste a tu propio jefe de su propia bodega!'.

Rich con frecuencia pasaba por las oficinas de la empresa en la noche. Después que le dije que se fuera, Rich llamó a mi papá y le dijo lo que había pasado y Rich pensó que había sido chistoso. Yo estaba asombrado, Rich en ningún momento ejerció toda su autoridad, ni me preguntó si yo sabía quién era él. Sólo dejó que un vigilante de diecisiete años hiciera su trabajo".

Milt Weeks, empleado jubilado de Amway:

"Cuando comencé con Amway, Rich me preguntó: 'Milty, ¿qué tan lejos quieres llegar con Amway?' Yo le respondí: '¿Ves esa cómoda silla ejecutiva detrás de tu escritorio?'. Rich sonrió y dijo: 'Bienvenido a bordo'".

Viajes con Rich

Tom Michmershuizen, empleado jubilado de Amway:

"En 1963, Rich le prometió a los distribuidores canadienses de Amway que iría a Canadá el primer martes de cada mes. Ellos querían que él hablara en eventos para ayudar con sus esfuerzos de reclutamiento. Yo fui con él como en media docena de esos viajes.

La primera vez que Rich y yo fuimos a Canadá, volamos en un avión privado. Mientras viajábamos, Rich me dijo: 'Tom, ¡la única manera de ir es volando! No hay señales de alto, no hay cruces de ferrocarril, no hay congestiones de tráfico, absolutamente nada que te detenga'.

En otra ocasión después, íbamos a volar a Canadá, pero una tormenta helada hizo que todos los aviones de la zona se quedaran en tierra. Así que tomamos un auto y salimos de Ada, Michigan, a media noche y condujimos durante toda la noche. Mientras viajábamos, Rich me dijo: 'Tom, ¡la única manera de ir es en auto! No puedes confiar en los aviones cuando hay mal clima, pero casi siempre puedes llegar en auto'.

Después, Amway compró un autobús que estaba convirtiendo en una oficina para viajes. Durante uno de nuestros viajes en ese bus, Rich dio media vuelta y me dijo: 'Tom, este bus es la única manera de ir. Esto tiene baños, tenemos nuestras máquinas de escribir, podemos trabajar y no desperdiciamos nada de tiempo como si estuviéramos en un avión o un auto'.

El punto es que Rich era infaliblemente positivo, sin importar cuál fuera su situación. Él siempre sacó el mayor provecho de lo que fuera que tuviera para trabajar".

William F. Buckley Jr., Fundador de National Review:

"Mi encuentro más memorable con Rich fue cuando viajé a Notre Dame para estar presente en la ordenación del Profesor Gerhart Niemeyer. Rich iba en el mismo avión. El vuelo tenía una o dos paradas en su recorrido hacia Indiana y Rich se iba a quedar en una de esas paradas donde tomaría un avión de la empresa para ir a Grand Rapids. Él me dijo: '¿Por qué no vas conmigo a Grand Rapids en mi avión? ¿No te preocupes por la llegada a Notre Dame desde Grand Rapids, te llevaré allá en uno de mis aviones'.

Yo accedí y me pregunté cuántos aviones tenía. Aterrizamos y me llevó a un hangar y me mostró la 'fuerza aérea' de su empresa, si no me falla la memoria, ahí habían ocho o diez aviones, probablemente más. Fue un gran gesto, pero fue hecho con tal sencillez que es muy común en Rich DeVos. Desde entonces hemos seguido en contacto y muchas veces he visto su generosidad".

Un amigo de presidentes y gobernadores

Bill Nicholson, ex Jefe de Operaciones de Amway:

"Conocí a Rich DeVos en el otoño de 1974. En ese tiempo yo trabajaba para el Vicepresidente Gerald Ford. En una ocasión, él me dijo: 'En Michigan hay dos personas que quiero que conozcas, Rich DeVos y Jay Van Andel. Presiento que ustedes van a ser amigos'. Tan sólo ocho días después que Ford dijera eso el Presidente Richard Nixon dimitió de la presidencia y Ford pasó a ser el Presidente. En ese otoño muchos de sus amigos cercanos y aliados fueron a cenar a la Casa Blanca, incluyendo a Rich DeVos. Esa fue la ocasión en que lo conocí. No tenía idea del importante papel que Rich jugaría en mi vida".

John C. Gartland, ex ejecutivo de la Corporación Amway:

"Mientras Gerald Ford estuvo en la Casa Blanca, le encantaba que Rich DeVos y Jay Van Andel lo visitaran. La razón por la cual disfrutaba que ellos fueran se debía a que ellos nunca le preguntaban nada. Ellos sólo hablaban con él y le ofrecían ayuda y respaldo".

Joe Tomaselli, Vicepresidente y Gerente General del Hotel Amway Grand Plaza:

"En el otoño de 1992, el Presidente George H. W. Bush estaba haciendo una gira de campaña por el Medio Oeste poco antes de las elecciones. Tenía programado hospedarse en el Hotel Amway Grand Plaza y al momento de su llegada yo lo iba a recibir y darle la bienvenida. Media hora antes que el Presidente Bush llegara, Rich DeVos llegó sin anunciarse. El Presidente y Rich se conocían bien el uno al otro y Rich sólo quería saludar a su amigo, George Bush.

El Servicio Secreto nos informó que Bush no se sentía muy bien, tenía algo de influenza. Así que se había cancelado la sesión de saludos y presentaciones que se había planeado para su llegada. Cuando Bush llegó al hotel, Rich y yo estábamos de pie detrás de la cuerda de la línea de seguridad. Bush entró y saludó con la mano a las quinientas o más personas que estaban en el vestíbulo. Estaba usando un gabán para la lluvia con el cuello levantado.

Mientras iba saludando presurosamente a lo largo de la línea, el señor Bush vio a Rich y se detuvo en seco. Se acercó rápidamente, pasó por encima de la cuerda y le dio un abrazo a Rich. Esto puso completamente fuera de control los arreglos de seguridad porque todo el mundo se le acercó. El Presidente invitó a Rich a su habitación para conversar. Eso me pareció maravilloso. El Presidente Bush no se estaba sintiendo bien, pero, por lo visto, el ver a Rich lo vigorizó. El Presidente de verdad quería pasar tiempo con Rich. Ese es el efecto que Rich tiene en las personas. Sólo estar cerca de él es refrescante".

Paul Kennedy, anunciador de televisión de los Orlando Magic:

"En el juego de todas las estrellas de 1992 en Orlando, yo estaba en una de las fiestas de los Magic cuando Rich se me acercó para conversar. Trajo a un amigo a quien presentó como John. Rich dijo: 'John, él es Paul Kennedy, él ayuda con la trasmisión de nuestros juegos. Hace entrevistas con todos los jugadores'. Rich siguió y siguió respecto a cuán bueno era yo.

Luego Rich dijo: 'Paul, John es el Gobernador del Estado de Michigan'. Era John Engler, y Rich quería que nos conociéramos. En la mente de Rich éramos iguales y deberíamos ser presentados el uno al otro".

John C. Gartland, ex ejecutivo de la Corporación Amway:

"Durante los años de Reagan en la Casa Blanca, David Gergen buscó a Ronald Reagan y le sugirió que hiciera un programa de radio cada sábado a medio día.

Reagan dijo: 'Gergen, esa es la mejor idea que jamás, hayas tenido'. Así que David Gergen contactó a todas las cadenas de radio y todas le rechazaron de plano. Decían que era demasiado político. Una de las cadenas que dijo no, fue Mutual Network, propiedad de Amway en ese entonces. Gergen me dijo lo que la Casa Blanca quería hacer y cómo se habían estrellado con una pared de ladrillo. Así que dije: 'Déjame ver qué puedo hacer'. Llamé directamente a Rich DeVos y él y Jay dijeron: 'Lo haremos'. De inmediato tomaron la decisión. Y así es como comenzó la emisión de radio presidencial del sábado. Desde Reagan cada presidente ha seguido con la tradición y esas conversaciones radiales mantienen informado al público y con frecuencia dan noticias importantes. Podemos agradecerle a Rich y a Jay por eso, porque no les dio miedo hacer lo correcto".

Nada usual en lo absoluto

Tom Michmershuizen, empleado jubilado de Amway:

"En una ocasión, Gordy, el portero de nuestra planta, estaba visiblemente triste y deprimido. Rich le preguntó a Gordy acerca de qué le sucedía y Gordy respondió: 'Mi padre viene desde Los Paises Bajos para los Estados Unidos. Él no habla nada de inglés y se va a quedar varado en New York por la huelga de pilotos, no hay manera de sacarlo de allá y traerlo a Michigan'.

'Yo creo que podemos resolver ese problema', dijo Rich. Teníamos reuniones de Amway programadas en el noreste. Rich tenía programado hablar en eventos en Pittsburg, Filadelfia y en el norte del Estado de New York. El viaje lo íbamos a hacer en avión privado, así que Rich llevó también a Gordy. Cuando llegamos a Pittsburg, Rich le pidió al piloto que llevara a Gordy a New York y recogieran a su padre. Así que Gordy pudo recoger a su padre y llevarlo de vuelta a Michigan. Al final de la visita Rich hizo que el piloto llevara al padre de Gordy de vuelta a New York.

"¿Cuántos billonarios se sentarían contigo a hablar y decirte cómo llegar a serlo? Rich es un gran estadounidense que ha jugado un papel importante en la Historia de los Estados Unidos. Pocos ven lo importante del papel que ha jugado. Rich es adinerado e influyente, pero es el mismo Rich DeVos humilde que era al comienzo".
—Ron Puryear, empresario independiente

Después le mencioné a Rich que se había tomado muchas molestias y gastos por hacerle un favor a un portero. Pero Rich no creyó haber hecho algo inusual para nada. Él dijo: '¿Acaso Gordy no se merece el mismo tratamiento que tú o yo nos merecemos?'".

El Señor Magic

Chuck Daly, ex entrenador principal de los Orlando Magic:

"Cuando decidí retirarme de mi cargo como entrenador de los Magic, todavía me faltaban $5 millones en mi contrato, era dinero que dejaría ir si me retiraba.

Llamé a Rich y le informé mi decisión, y él me preguntó: '¿Estás seguro de que es esto lo que quieres hacer?'. Rich quería asegurarse de que yo estaba tomando la decisión correcta para mí y mi familia. Él sabía que podía contratar a un entrenador por una quinta parte de lo que yo estaba ganando. Pero en ese momento no estaba pensando en el dinero. Estaba pensando en mis necesidades".

Grant Hill, ex jugador de los Orlando Magic

"Por tres años mis lesiones me mantuvieron en la banca. Rich DeVos me estaba pagando mucho dinero y yo no había producido nada para él. Aún así él se interesa en mí como persona y ha sido de completo apoyo durante los tiempos difíciles".

Horace Grant, ex jugador de los Orlando Magic

"Había decidido retirarme del baloncesto en la primavera del año 2002. Ese verano estaba de compras en Park Avenue en Winter Park, Florida. No lo creerás, resulta que vi a Rich DeVos. Traté de evitarlo porque sabía que trataría de hablar conmigo para que jugara otro año. Bueno, desde luego. Él me vio. Se me acercó y dijo: 'Horace, un año más'. Así no más, yo sabía que no podía renunciar. Por eso regresé. ¿Cómo podía decirle no a él?".

Mike Miller, ex jugador de los Orlando Magic

"Cuando Rich decidió vender el equipo, se reunió con los jugadores y nos dijo primero. No muchos propietarios harían eso. Él nos dijo cuánto significaba el equipo para él y cuánto lo iba a extrañar. Luego, cuando cambió de opinión y decidió no vender, todos quedamos aliviados. No hay otro propietario en la liga como Rich DeVos".

Carol Beeler, ex empleada de los Orlando Magic

"Yo estuve presente en la primera reunión que tuvo Rich DeVos con los empleados de los Orlando Magic. Él escuchó atentamente a varios miembros del personal dar sus informes. Las personas a cargo de Operaciones de Baloncesto le dieron un resumen acerca de dónde estaba viajando el buscador de jugadores para buscar nuevos elementos. Había muchas universidades en la lista.

Cuando fue el turno de Rich para hablar, yo me preguntaba si daría un discurso preparado, alguna clase de charla de ánimo y estímulo. En lugar de eso preguntó: '¿Hacia dónde más estamos mirando?'. Le estaba haciendo esa pregunta a los de Operaciones de Baloncesto. La pregunta fue sorprendente porque la lista parecía extensa. ¿A qué punto quería llegar? ¿Habíamos pasado por alto algún jugador estrella, o alguna universidad importante?

Operaciones de Baloncesto respondió que había un par de universidades más que también estaban mirando. Rich dijo: '¿Dónde más?' Las personas de Operaciones de Baloncesto se veían perplejas. Rich dijo: '¿Sólo estamos mirando en universidades?'.

Hubo una pausa en la sala.

Rich continuó. '¿Qué si hay un jugador talentoso', dijo, 'pero no puede pagar sus estudios en la universidad?', otra pausa larga. 'La razón por la cual pregunto esto es porque mi familia no pudo pagarme la universidad. Nuestra familia no tenía dinero y yo tuve que salir a trabajar. Y mi amigo Jay y yo iniciamos Amway en los sótanos de nuestras casas. Sólo quiero asegurarme de que no estemos pasando por alto a alguien sólo porque no pueda ir a la universidad'.

Yo quedé sorprendida. Había esperado un discurso enlatado de nuestro nuevo propietario billonario. En lugar de eso, había escuchado las sencillas palabras de un hombre que no tenía nada de vergüenza de sus humildes inicios. Él era real. Expresó lo que tenía en mente. No se dio aires. No aparentó. Él es real; es genuino. Es por eso que, en los Orlando Magic, amamos a Rich DeVos".

> "Rich DeVos es un hombre atento que no quiere nada más que lo mejor para ti".
> —Bo Outiaw, ex jugador de los Orlando Magic

El navegante de Michigan

Bob Vander Weide, yerno de Rich y Director General de los Orlando Magic:

"Hace unos años, cuando Australia tenía la Copa América, nos involucramos en un esfuerzo por traer de vuelta la copa a los Estados Unidos. Rich se hizo cargo de un grupo, comprometiendo una gran suma de tiempo y dinero para ese esfuerzo. Desafortunadamente recibimos una paliza y no logramos llegar a las rondas finales. Después de la derrota, los medios se acercaron a Rich y comenzaron a hablar sobre su 'tragedia'. Rich les dijo: 'Bueno, si no entras a la carrera, nunca ganarás. Así es como funciona la vida. Entramos, participamos, competimos, pero no ganamos'. Esa en resumen es la perspectiva de vida de Rich: nunca ganarás nada a menos que estés dispuesto a arriesgarte a perder. La vida no siempre resulta como quieres. Rich no es un espectador. Todos los días Rich se despierta y se sumerge en la vida".

John Bertrand, un amigo navegante:

"Un amigo de Michigan y compañero de navegación le pidió a Rich que ayudara para que el Club de Yates de New York ganara la Copa América en 1987. Rich fue traído como Copresidente de la Junta *América II*. (La embarcación fue llamada *América II* por el equipo *América*, que fue el que primero ganó la copa en Inglaterra en 1851). Era una situación contenciosa pero Rich estaba dispuesto a participar sólo por el reto que significaba. Fue elegido por sus habilidades de liderazgo, incluyendo su habilidad para reunir a varias personalidades en un esfuerzo común. Amway era uno de los tres patrocinadores del equipo, así que Rich tenía una razón más para querer que el equipo ganara.

En todo su papel como Presidente, Rich enfrentó uno de sus más grandes retos cuando llegó a Australia para las pruebas de retador. Los australianos trataron hostilmente al equipo de los Estados Unidos. El Club de Yates de New York había sido vilipendiado con los años por su fiera defensa de la copa, así que los australianos veían a los americanos como "Yanquis" que harían lo que fuera por ganar. El Club de Yates de New York había ganado la Copa América por 132 años pero la perdió en 1983 y los australianos estaban muy orgullosos por ser el primer país fuera de los Estados Unidos en ganar la copa. Burlarse y mofarse de los estadounidenses se había convertido en un deporte para los australianos. Recuerdo haber pasado por las aduanas en Sídney y haber sido objeto de los insultos de los agentes porque habíamos perdido la copa.

"Cuando estaba en séptimo grado, tuvimos que hacer una gran exhibición de alguien que haya influido en la Historia. Yo elegí a mi abuelo, Rich DeVos, e hice toda una exhibición de él. Teníamos una competencia estatal, y yo llegué a las regionales con mi exhibición".
—Rick DeVos, nieto de Rich (hijo de Dick y Betsy)

Pero cuando Rich llegó, caminó por todas partes, estrechó las manos de la gente, conversó y demostró humildad y gracia a dondequiera que iba. La gente vio que esos 'yanquis' no eran tan malos después de todo. El *América II* no lo logró en su intento y fuimos eliminados en las pruebas de retadores, pero Rich gana aún cuando pierde. Gracias a la calidez personal de Rich, la gente de Australia quedó con una mejor impresión de nuestro equipo y país".

Herb Vander Mey, amigo de mucho tiempo de Rich DeVos:

"En una ocasión estuve con Rich en su bote por la costa de Australia. Un bote cerca de nosotros daba señas de tener problemas a bordo, el capitán propietario había tenido un ataque cardiaco. Rich envió a Tim uno de sus ayudantes de seguridad con un desfibrilador. Una camarera, Marianne, también fue, con un par de cobijas extra. Todo fue atendido lo que más se pudo porque Rich se toma el tiempo para cuidar de quienes lo necesitan. Desafortunadamente el hombre no pudo ser reanimado a pesar de todos los esfuerzos de Tim con el desfibrilador. Así que las autoridades fueron notificadas y Marianne se quedó a bordo para dar apoyo emocional hasta que llegaran".

Greg Bouman, amigo del hijo de Rich, Doug:

"En unas vacaciones de primavera cuando estábamos en secundaria, seis de nosotros nos quedamos con Doug en la casa de sus padres en Florida. Tarde esa noche nos escapamos de la casa y subimos al bote de Rich. Nos pusimos a hacer travesuras y la Policía nos sorprendió y llamaron a Rich. Cuando la Policía nos trajo a la casa, Rich nos estaba esperando y de hecho nos gritó. Teníamos mucho miedo, y nos sentíamos terriblemente ya que Rich es un hombre con un temperamento muy calmado y nunca lo habíamos escuchado alzar la voz. Todos nos acostamos sintiéndonos culpables y miserables.

A la mañana siguiente Rich se levantó temprano y nos hizo panqueques de banana. Todos nos disculpamos con Rich. Él simplemente sonrió y dijo: 'Está bien, vámonos de pesca'".

Patrón de las Artes

Stu Vander Heide, líder de negocios de Grand Rapids

"Un año Rich y Helen hicieron una donación de varios millones de dólares a la Sinfónica de Grand Rapids. Eso trazó una tonalidad de liderazgo para toda la organización. Con frecuencia, cuando un patrocinador hacer una donación de mil dólares, se siente con el derecho a exigir y decir qué selecciones presentar y cosas así. Eso organiza el escenario para muchas opiniones diferentes y choques de personalidad. Pero Rich y Helen no son egoístas. No usan sus donaciones para manipular y salirse con la suya. Su filosofía es: 'Aquí estamos para respaldar a la organización. Queremos que la Sinfónica sea excelente, pero no le vamos a decir a la Gerencia de la Sinfónica qué hacer o cómo hacerlo'. Su manera de dar sin intereses ni egoísmo ha tenido un tremendo efecto en las directivas y en los patrocinadores de la Sinfónica. Ahora, quienes donan mil dólares saben que no pueden hacer exigencias porque el que donó un millón de dólares no las hizo. Admiro a Rich DeVos porque no tiene intereses cuando hace donaciones. Él no saca ventaja de su dinero".

Theo Alcantara, ex Director de la Sinfónica de Grand Rapids:

"Rich escribió un libro titulado *Believe! (¡Cree!)*. Me dio una copia y me encantó. Un día le dije: 'Rich, tu libro es muy bueno, ¡sencillamente me encanta! Cuando leí ese libro, me sentí tan tranquilo, que me quedé dormido'. Rich respondió: 'Sé a qué te refieres. A veces escucho tus conciertos y tengo la misma experiencia'".

En los vestidores

Billy Zeoli, Presidente de Gospel Communications International:

"En 1984 los Tigers y los Padres fueron a la Serie Mundial. Yo presté el servicio de capilla para los equipos el domingo y Rich fue conmigo. Primero hablé con los Padres, luego fuimos a los vestidores de los Tigers. 'Vas a hacer un mejor trabajo con los Tigers', Rich bromeó, 'porque quieres que ellos ganen'.

En el vestidor de los Tigers, Lance Parrish se puso de pie y le dedicó el juego a mi padre, quien había fallecido a comienzos de ese año. Eso me conmovió mucho. Comencé a hablar, pero después de tres o cuatro minutos, sencillamente me quebranté. Estaba pensando en mi padre que estaba en el cielo y en el hecho de que estos chicos le hubieran dedicado el juego a él. Eso sencillamente me abrumó.

Rich vio que se me estaba dificultando terminar mi charla así que tomó la palabra y habló por unos minutos hasta que yo me recuperé. Luego yo terminé.

Después, el lanzador Frank Tanana dijo: 'Es la primera vez que tenemos un PD, un Predicador Designado'".

Sparky Anderson, ex Gerente de Béisbol de Ligas Mayores:

"Rich DeVos venía a nuestros servicios de capilla en Detroit. Eso significaba mucho para nosotros. Siempre estaba tan ocupado y tenía tanto éxito, pero se tomaba el tiempo para conducir desde Grand Rapids hasta Detroit a nuestra reunión. A veces nos hablaba y animaba al equipo; a veces sólo alababa con nosotros. Nuestros jugadores apreciaban que estuviera ahí. Cuando una persona exitosa como Rich es tan generosa con su tiempo, eso dice mucho de esa persona".

Diestro en casa

Scott Reininger, amigo del hijo de Rich, Doug:

"Yo tenía siete años la primera vez que pasé la noche en casa de Doug. Él había ido al baño a cepillarse los dientes y yo estaba solo en su habitación. En ese momento el padre de Doug entró a la habitación. Yo nunca antes había visto a Rich DeVos, quien en ese momento había ido a cambiar la bombilla, así que le pregunté: '¿Qué estás haciendo?' Él dijo: 'Yo soy el hombre de mantenimiento'. Yo le pregunté: '¿Cómo te llamas?' Él dijo: 'Mi nombre es Rich. ¿Y el tuyo?' Yo le dije y él terminó de cambiar la bombilla, luego se fue.

A la mañana siguiente, Doug y yo estábamos sentados a la mesa tomando el desayuno. Rich entró y besó a Helen. Yo miré a Doug y le dije: '¿El hombre de mantenimiento siempre besa a tu mamá?'".

Thelma Vander Weide, madre de Bob Vander Weide:

"En Navidad, cuando se abren los regalos, Rich corre por todas partes y de inmediato recoge el papel de regalo. Él no soporta tener nada tirado por ahí, ni siquiera por un segundo. Después de una cena, va a la cocina a limpiar. En una ocasión me encontré con él en la cocina cuando estaba lavando los platos y guardando todo. Yo le dije: 'Ese es mi trabajo'. Él agregó: 'Te voy a ayudar'".

Un acto de clase

Harvey Gainey, líder de negocios de Grand Rapids:

"Cuando comencé en el negocio de transportes, transportamos mucha carga para la Corporación Amway. Después, Amway trajo a un ejecutivo que cambió el acuerdo para que todos los cobros se hicieran por medio de una firma con base en Texas. Cuando la empresa de Texas entró en problemas financieros, dejamos de recibir nuestros pagos. Cuando la empresa ya había superado los noventa días de mora, fui a ver al ejecutivo de Amway para hablar respecto al dinero que se nos adeudaba. Él fue rudo y no cooperó, me dijo que saliera de su oficina.

Yo estaba muy enfadado, así que solicité una llamada de Rich. Él estaba de vacaciones en Peter Island, en el Caribe. Me asombró e impresionó cuando me llamó de inmediato. Le hablé de mi problema y al siguiente día recibí un cheque en mi oficina pagando todo. No sé qué sucedió con el ejecutivo que me trató tan mal, pero sé que a Rich no le agradó la manera como manejó las cosas. Rich hizo lo imposible para solucionar todo, y no hay nadie en el mundo a quien yo admire más que a Rich DeVos".

Maestro de ceremonias

David M. Hecht, Procurador de Grand Rapids:

"He conocido a Rich por más de treinta años y constantemente me asombra su habilidad para hacer y decir exactamente lo correcto en cualquier situación. En una ocasión Rich sirvió como maestro de ceremonias durante una premiación en la cual un anciano galardonado, un hombre en sus noventas, comenzó a dar un largo discurso de agradecimiento. Empezó a leer sus comentarios en un montón de páginas, y era claro que se iba a demorar. ¡Peor aún, al perder el punto en el que iba, comenzó a leer su discurso de nuevo!

"Rich DeVos es un héroe. Él ejemplifica el líder centrado en principios descrito por Stephen Covey. Su vida está regulada por principios y valores y esto le permite trabajar como un ser humano altamente efectivo".
—Doctor Oliver Grin, médico en Grand Rapids

Con su infinitamente amable y compasiva forma, Rich paso adelante y dijo: 'Creo que tus páginas están desordenadas. Déjame ayudarte'. Fue un gran alivio para la audiencia y Rich salvó al orador de una gran vergüenza. Esta es exactamente la clase de actos sabios y compasivos que hemos llegado a esperar de Rich DeVos".

Rich el huzmeador de pastelería

Esther Brandt, empleada de Alticor:

"En una ocasión, en un vuelo hacia el exterior en el jet de la empresa, escuché un ruido en el área de la cocina. Fui a ver y ahí estaba Rich DeVos hurgando en la despensa de comida. Lo miré y él me miró y los dos supimos qué estaba haciendo: ¡buscando comida que el médico le había dicho que no debía comer! Él parecía un niño sorprendido con las manos en la caja de galletas.

'No quiero una rosquilla', dijo con una tímida sonrisa, 'pero si fueras una rosquilla, ¿dónde te esconderías?', 'Pensé que las rosquillas no estaban en tu dieta', le dije.

'Ah, no quiero una', dijo. 'Sólo pensé en revisar'. Lo dejé ahí huzmeando en la despensa. Poco después, volví y revisé el estante donde se guardaban las donas. Faltaban tres".

Joe Tomaselli, Vicepresidente y Gerente General del Hotel Amway Grand Plaza:

"Un día, Rich DeVos entró a la cocina del restaurante Bentham's. Tomó un rollo de la cesta, partió un trozo y empezó a comer. Algunos de los empleados no lo reconocieron y estaban sorprendidos. Se podía ver en sus rostros. Estaban pensando, *¿quién se cree ese hombre?*

Rich les sonrió y les dijo: 'Según como me estoy comportando, ustedes dirían que soy el propietario'".

El alma confiable

Doctor Luis Tomatis, uno de los médicos de Rich:

> *"Rich DeVos tiene mucha sabiduría. La única manera de explicarlo es su relación con Dios. Dios lo ha hecho sabio".*
> —Barb Van Andel Gaby, hija de Jay

"He sido el médico de Rich por muchos años. He tenido que tomar varias decisiones de vida o muerte con él, lo cual significa que mi responsabilidad es enorme. Cuando pienso en Rich, la palabra que viene a mi mente es *confianza*.

En 1983 Rich estaba teniendo problemas cardiacos. Le expliqué el problema, él me miró y preguntó: '¿Luis, crees que tengo que hacerme esta cirugía?', Yo le dije: 'Sí'. Rich respondió: 'Bueno, hagámosla'. Esa cirugía se hizo en Grand Rapids.

En 1992, Rich requirió otro tratamiento para su corazón. Fuimos a la Clínica Cleveland, y después que los médicos examinaron su caso, recomendaron otra cirugía. Rich pidió mi opinión. Yo le dije: 'Debemos hacerla'. Rich comentó: 'Bien, hagámosla'.

Luego se presentó una infección. Esto requirió tres cirugías más. Rich estuvo enfermo durante todo ese tiempo pero cada vez que le presentaba las razones para la siguiente cirugía, él me preguntaba: '¿Crees que debo hacerla? y yo le decía 'Sí'. Y él decía: 'Bueno, hagámosla'.

Pocos años después, supimos que su corazón estaba fallando y su única esperanza sería un trasplante de corazón. El doctor Rick McNamara y yo nos reunimos con el hijo de Rich, Dick DeVos, y su esposa, Betsy. En un punto Dick preguntó: '¿Crees que debemos hacerla?' Yo pensé: *'De tal palo tal astilla'*. Luego Dick, Betsy, el doctor McNamara y yo viajamos a Manalapan, Florida, para reunirnos con Rich.

Rich me hizo una serie de preguntas acerca del procedimiento de trasplante de corazón. Él tenía buena información sobre la situación, incluyendo los riesgos. Luego dijo: 'Muy bien, hagámoslo'. Rich confiaba en nosotros como médicos. Esa es la manera como Rich siempre ha procedido. Elige personas en quienes puede confiar, en quienes él tiene confianza. Luego, cuando lo aconsejan, él confía en su consejo y dice: 'Muy bien, hagámoslo'".

Palabras finales del autor y de Rich

No puedo pensar en una mejor manera de terminar este libro que dándole la palabra a Rich:

"Todas las maravillosas historias me conmueven, pero seamos honestos. ¡Nadie puede ser tan bueno! Así que déjame decir nuevamente lo que realmente soy: soy un pecador salvado por la gracia de Dios. Si algunas de las cosas relatadas en este libro te son de ayuda, lo agradezco y te deseo lo mejor en la búsqueda de tu sueño".

—Rich DeVos

Reconocimientos

Con profundo aprecio reconozco el respaldo y la orientación de las siguientes personas que ayudaron a que la realización de este libro fuera posible.

Un agradecimiento especial a Bob Vander Weide y John Weisbrod de los Orlando Magic.

Un gran agradecimiento a toda la familia DeVos por recibirme en sus casas y vidas y expresar tantos recuerdos especiales de Rich. Las historias que compartieron conmigo son invaluables y aportaron mucho para este libro. Por siempre estaré agradecido por su generosidad.

Le debo un profundo agradecimiento a mi ex asistente Melinda Ethington, por todo lo que hizo por mí durante años y a mi practicante, Doug Grassian, quien ha derramado su corazón y alma en este libro.

Me quito el sombrero ante tres confiables compañeros: mi consejero Ken Hussar, Hank Martens, que antes trabajaba en la sala de correos y copias de los Orlando Magic, y mi veloz mecanógrafa, Fran Thomas.

Gracias de corazón también a Peter Vegso y su excelente equipo de trabajo en Health Communications Inc., incluyendo a mi editora Susan Heim y a mi compañero en la escritura de este libro, Jim Denney. Gracias a todos por creer que tenía algo importante para compartir y por proporcionar el respaldo y el espacio para decirlo.

Dos compañeros de trabajo de Rich DeVos, Joll Grzesiak y Kim Bruyn, fueron mucho más allá de su deber al ayudarme en la investigación de este libro. También agradezco a Kim Bruyn y a Marc Longstree por tomar el tiempo para revisar el manuscrito y por su generosidad al compartir sus valiosas perspectivas conmigo.

Un especial agradecimiento y aprecio para mi esposa, Ruth, y a mi maravillosa familia que ha sido de gran apoyo. Son la columna vertebral de mi vida.

Finalmente, quiero agradecerle a todas las personas listadas a continuación que tomaron tiempo para compartir sus historias y reflexiones sobre la vida y el carácter de Rich DeVos. Sus aportes fueron invaluables para ayudarme a pintar el retrato de esta persona tan especial.